AF524809

CO2

Nachhaltigkeitskodex des oekom verlags
http://datenbank2.deutscher-nachhaltigkeitskodex.de/Profile/CompanyProfile/9023/de/2015/dnk

Bibliografische Information der Deutschen Nationalbibliothek:
Die Deutsche Nationalbibliothek verzeichnet diese Publikation in der Deutschen Nationalbibliografie; detaillierte bibliografische Daten sind im Internet über www.dnb.de abrufbar.

1. Auflage

oekom – Gesellschaft für ökologische Kommunikation mbH
Waltherstraße 29, 80337 München

Lektorat: Laura Kohlrausch, oekom verlag
Korrektorat: Maike Specht
Umschlaggestaltung: Esther Gonstalla | gonstalla.com
Satz und Infografik: Esther Gonstalla
Druck: Grafisches Centrum Cuno GmbH & Co. KG

978-3-96238-412-8

natürlich oekom!

Mit diesem Buch halten Sie ein echtes Stück Nachhaltigkeit in den Händen. Durch Ihren Kauf unterstützen Sie eine Produktion mit hohen ökologischen Ansprüchen:

- mineralölfreie Druckfarben
- Verzicht auf Plastikfolie
- Kompensation aller CO_2-Emissionen
- kurze Transportwege – in Deutschland gedruckt

Weitere Informationen unter www.natürlich-oekom.de und #natürlichoekom

ATLAS EINES BEDROHTEN PLANETEN

155 geniale Grafiken für alle, die die Welt retten wollen

ESTHER GONSTALLA

Erdklima
Wird über die Zusammensetzung der Atmosphäre gesteuert und ist abhängig von Wasserdampfgehalt und Treibhausgasen

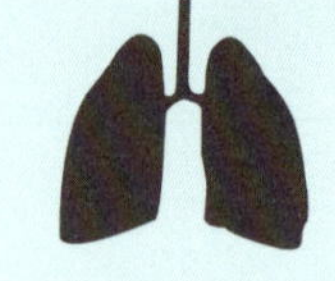

Sauerstoff
Tiere und Menschen benötigen Sauerstoff zum Überleben.

Die schützende Schicht, die unseren Planeten umgibt

Wetter
Regen, Sonnenschein, Wolken, Stürme: Das Wetter in der Atmosphäre ändert sich ständig.

ATMOSPHÄRE

ANTHROPOSPHÄRE

Alles von Menschen Geschaffene und Umstrukturierte

Landwirtschaft
Viehzucht, Anbau von Obst, Gemüse und Energiepflanzen

Industrie
Produktion von Waren und Energie sowie Abfallstoffe

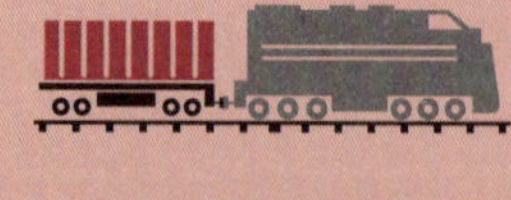

Infrastruktur
Straßen, Zugtrassen, Flughäfen und Häfen für den globalen Transport

Rohstoffproduktion
z. B. Minen für Kohle, Eisen, seltene Erden, Ölförderung oder Kahlschlag für Holz

Siedlungen
Von Dörfern bis zu Megacitys

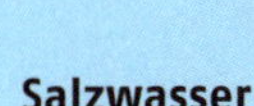

Salzwasser
Die salzigen Ozeane machen den Großteils unseres Wassers aus.

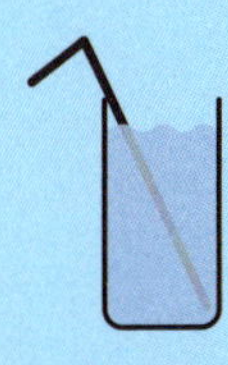

Süßwasser
Vom Grundwasser über Quellen, Flüsse und Seen bis zu unseren Wasserhähnen

Gefrorenes Wasser
Eis, Gletscher, Schnee, gefrorene Böden und Gewässer

Das lebensspendende Wasser in all seinen Formen

Wasserkreislauf
Wasser wird ständig zwischen Land und Atmosphäre ausgetauscht.

HYDROSPHÄRE

BIOSPHÄRE

Alle Tiere und Pflanzen auf, über und unter der Erde

Pflanzen
Algen, Gräser, Kakteen, Bäume oder Kelpwälder unter Wasser: Pflanzen sind so vielfältig wie ihre Lebensräume.

Tiere
Von winzigen Meerestieren über die größten Säugetiere an Land bis zu Zugvögeln in der Luft hat jedes Tier seine Nische.

Ökosysteme
Pflanzen und Tiere leben in komplex vernetzten Lebensräumen.

Quelle: AGCI (2022)

DIE ATMOSPHÄRE

Luft, Wetter & Klima

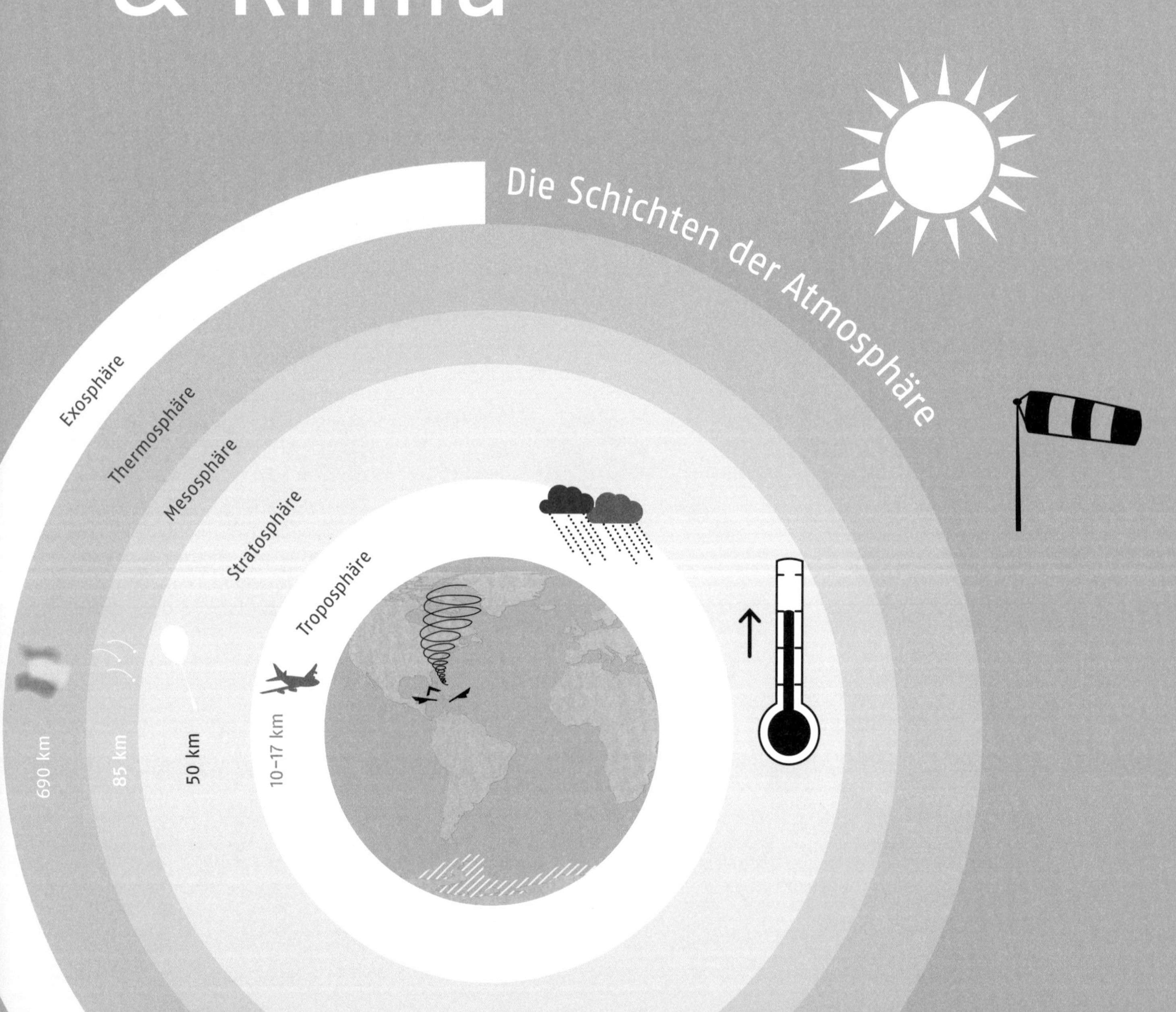

At | mo | sphä | re
[altgriechisch atmós = Dunst & sphaĩra = (Erd-)Kugel]

Die Atmosphäre ist die gasförmige Hülle der Erde. In ihr bilden sich Wolken, Wind und Niederschlag. Sie filtert, absorbiert und reflektiert die Strahlung der Sonne und macht damit das Leben auf der Erde erst möglich. Ohne Atmosphäre würde unser Planet einem Schneeball gleichen.

Luft & Wetter

Wasserkreislauf der Erde

Etwa 70 % der Erdoberfläche sind von Wasser bedeckt. Atmosphäre, Grundwasser, Flüsse, Ozeane und Eismassen tauschen stetig Wasser aus. Dabei ändert sich auch sein Zustand: z. B. von flüssig zu gasförmig oder zu gefroren.

Bei der Evaporation (Verdunstung) wird Wasser zu Wasserdampf. Wenn die Sonne eine Wasseroberfläche aufwärmt, beschleunigen sich die Wassermoleküle, bis sie so schnell sind, dass sie als Gas in die Luft entweichen.

Der Wasserdampf formt Wolken, ...

... von denen viele durch Winde zu Landmassen transportiert werden.

Im Vergleich zur Masse der Erde sind unsere Wassermassen winzig.

Quellen: Markart & Kohl (2009), Perlmann et al. (2019), USGS (2019), Zimmermann et al. (2008)

Luft in Bewegung

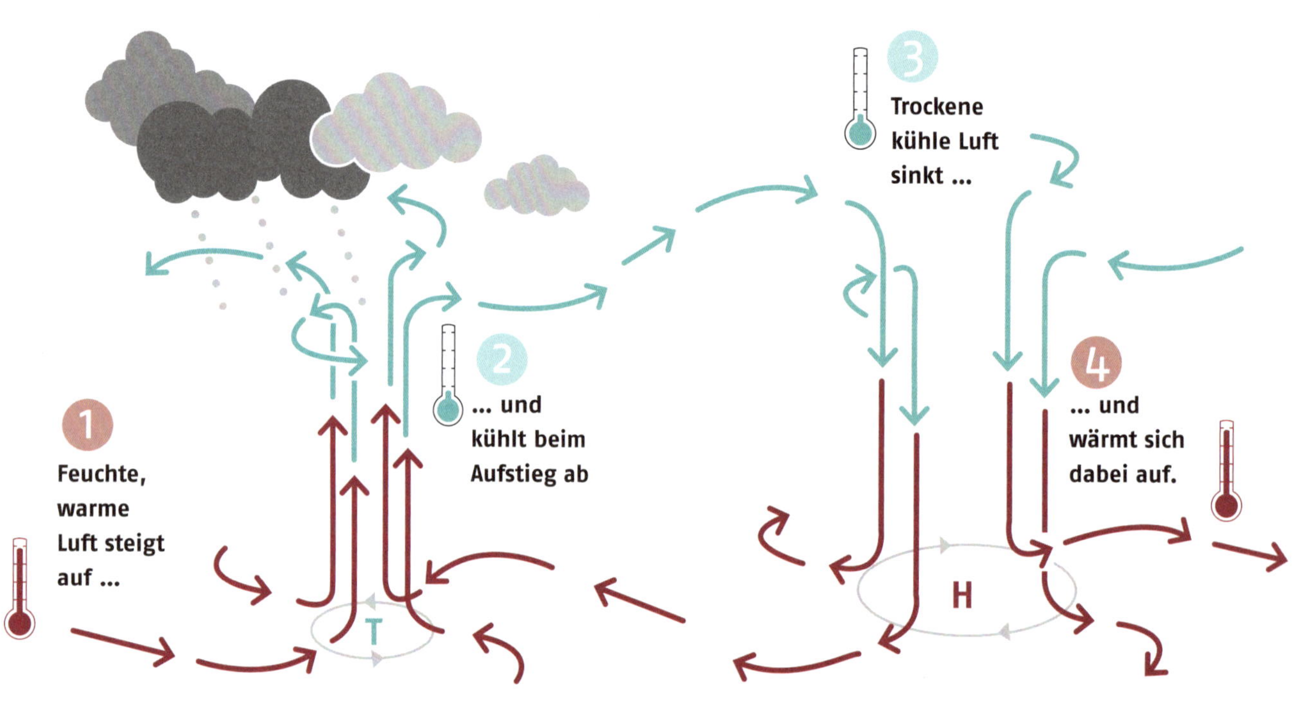

TIEFDRUCKGEBIET

HOCHDRUCKGEBIET

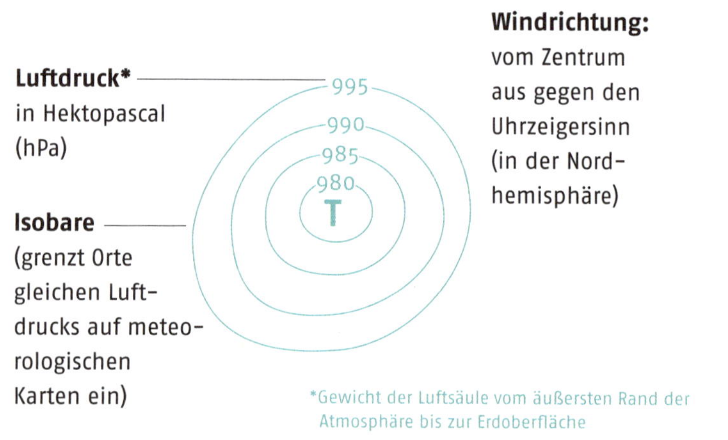

Windrichtung: vom Zentrum aus gegen den Uhrzeigersinn (in der Nordhemisphäre)

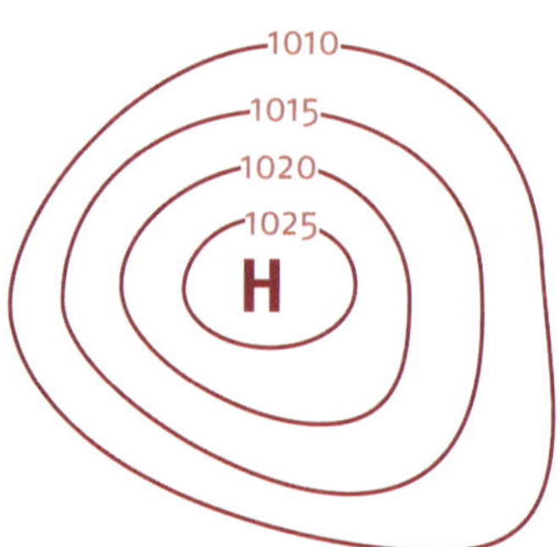

Windrichtung: vom Zentrum aus im Uhrzeigersinn (in der Nordhemisphäre)

*Gewicht der Luftsäule vom äußersten Rand der Atmosphäre bis zur Erdoberfläche

Die Luft in der Atmosphäre steht nie ganz still. Das hat vor allem mit den Temperaturunterschieden zwischen Erdoberfläche und höheren Luftschichten zu tun, die Hoch- und Tiefdruckgebiete erzeugen.

Wenn die Sonne die Erdoberfläche und damit auch die Luft erwärmt, evaporiert Wasser aus Böden und Gewässern und reichert die Luft mit Feuchtigkeit an, zudem dehnt sich die Luft beim Erwärmen aus. So entsteht ein Tiefdruckgebiet: Die warme, feuchte Luft steigt auf, kühlt sich dabei ab und kondensiert, Wolken entstehen. Daher regnet und stürmt es oft in Tiefdruckgebieten.

Etwas weiter entfernt sinkt die abgekühlte Luft wieder ab und erwärmt sich, je näher sie dem Boden kommt. So entsteht ein Hochdruckgebiet, durch dessen absinkende Luftmassen sich die Wolken auflösen. Daher bringen Hochdruckgebiete strahlenden Sonnenschein.

Quelle: DWD (2022)

Luftströme an den Polen

Stabiler Polarwirbel
Im Winter geht die Sonne an den Polen nicht mehr auf. Dann sorgt der stärkere Temperaturunterschied zwischen dem jetzt sehr kalten Pol und dem Äquator für einen Polarwirbel: In der Stratosphäre (in 10–50 km Höhe) bildet sich ein schneller Luftstrom kreisförmig um den Nord- und Südpol.

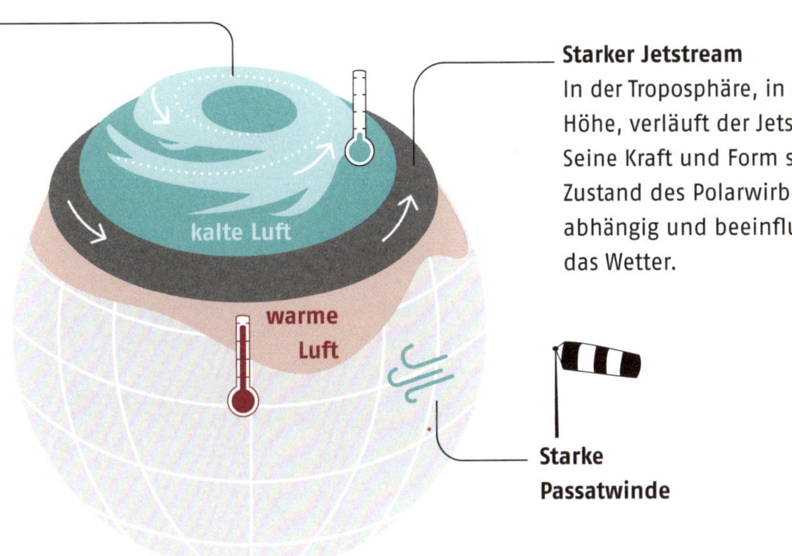

Starker Jetstream
In der Troposphäre, in ca. 8 km Höhe, verläuft der Jetstream. Seine Kraft und Form sind vom Zustand des Polarwirbels abhängig und beeinflussen das Wetter.

Starke Passatwinde

Auflösung des Polarwirbels
Der arktische Wirbel löst sich im April auf, in Ausnahmefällen wie 2018, 2019 und 2021 bricht er schon im Januar/Februar in mehrere Teile. Die Folgen sind ein schwächerer Jetstream und länger anhaltende, ortsfeste Wetterlagen, die zu extremen Wetterereignissen werden können.

Schwacher Jetstream & schwache Passatwinde

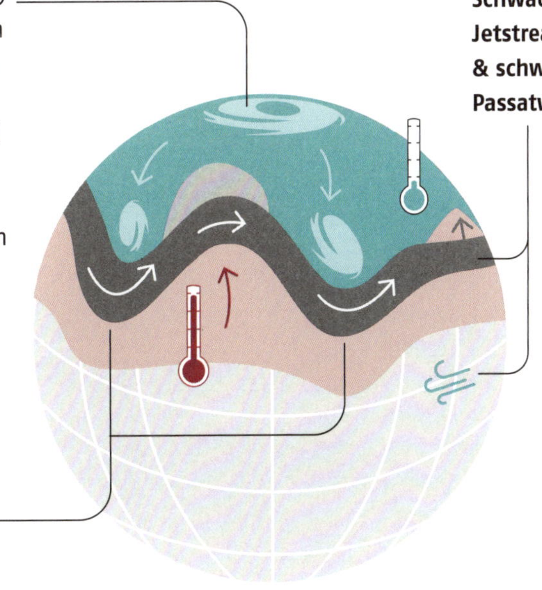

Rossby-Wellen
Wenn das Temperaturgefälle zwischen Pol und Äquator sehr groß wird, schlägt der Jetstream Wellen, sogenannte Rossby-Wellen. Diese können so stark werden, dass sie den Polarwirbel abschwächen und sogar zerteilen.

Klimawandel
Wissenschaftler*innen sind sich uneinig, ob und inwieweit die globale Erwärmung Einfluss auf Polarwirbel und Jetstream hat. Falls die Rossby-Wellen durch die globale Erwärmung stärker werden, könnte das zu stärkeren Dürren und zum Einbruch der globalen Nahrungsmittelproduktion in Regionen führen, in denen ca. 1/4 der weltweiten Nahrungsmittel angebaut werden.

Quellen: Coumou et al. (2018), Kornhuber et al. (2019), NOAA (2019, 2021), Voosen (2020), WOR (2019)

Extreme Stürme

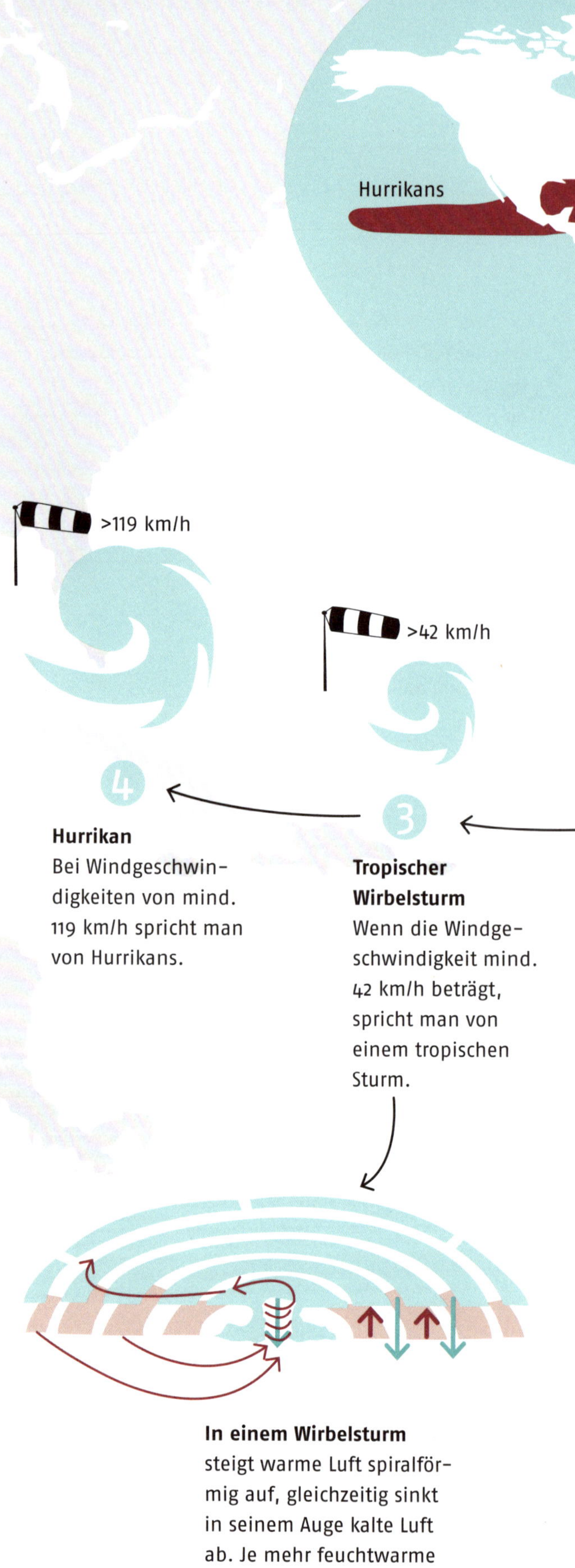

Die Bewegung der Luft kann extreme Formen annehmen, vor allem wenn sich über dem Wasser Wirbelstürme bilden. Je nach Weltregion spricht man von Hurrikans (Atlantik und Ostpazifik), Orkanen (Nordatlantik), Taifunen (Nordwestpazifik) oder Zyklonen (Indischer Ozean und Südwestpazifik).

Im Spätsommer beginnt die Hurrikansaison im Atlantik. Der Ozean ist dann am wärmsten und evaporiert am meisten Wasser. Beträgt die Wassertemperatur an der Oberfläche mehr als 26 Grad, entstehen aus Tiefdruckgebieten tropische Stürme. Durch die globale Erwärmung kann diese Temperaturgrenze in Zukunft öfter überschritten werden, und zerstörerische Stürme wie Hurrikanes werden überall auf der Welt wahrscheinlich an Häufigkeit und Stärke zunehmen, besonders stark betroffen sind die karibischen und pazifischen Inselstaaten sowie stark bevölkerte Küsten- und Flussdeltagebiete in Nordamerika und Asien.

2

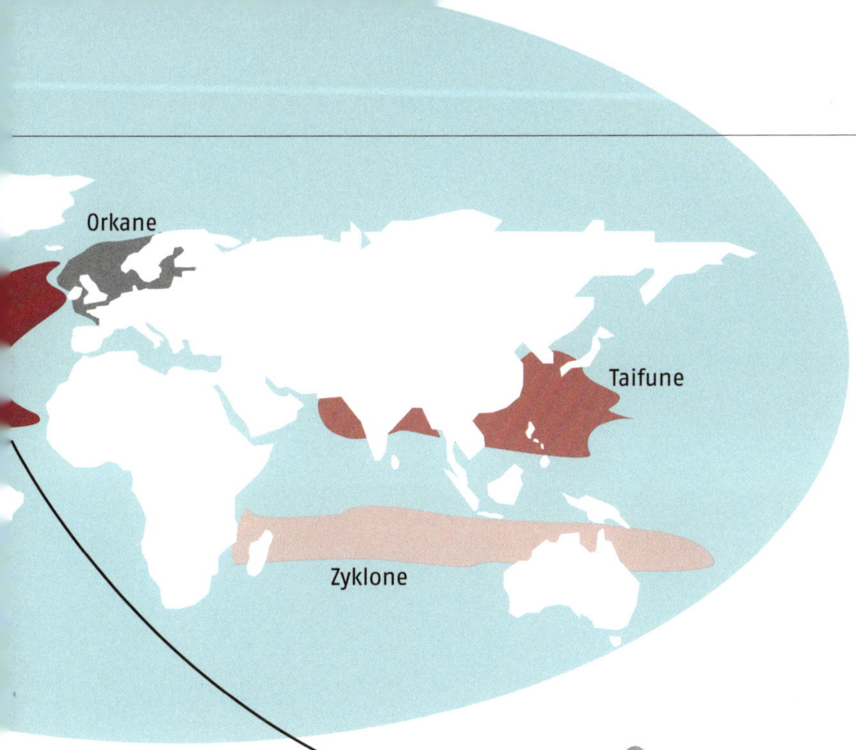

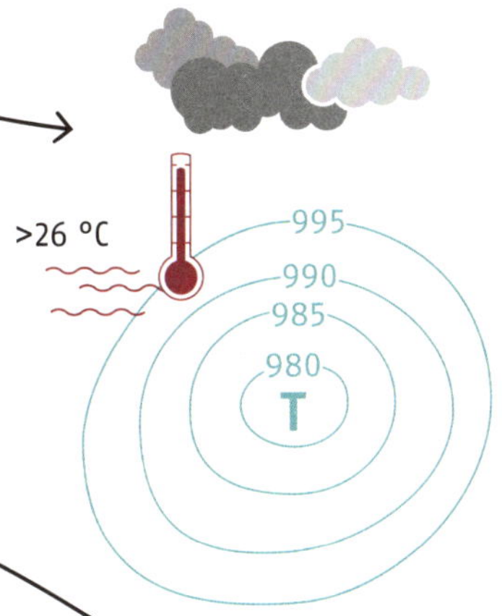

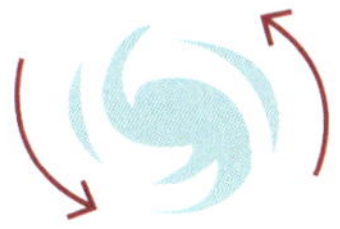

Windwirbel
Am Boden sinkt der Druck, in den höheren Luftschichten steigt er. Das Tief beginnt daraufhin zu rotieren.

1

Tiefdruckgebiet in den Tropen
Warme, feuchte Luft steigt vom Ozean auf, wenn die Wassertemperatur auf über 26 Grad steigt, können Hurrikanes entstehen.

Hurrikan-Kategorien
nach Saffir-Simpson

Windstärke

Schäden

MINIMAL | MODERAT | EXZESSIV | EXTREM | KATASTROPHAL

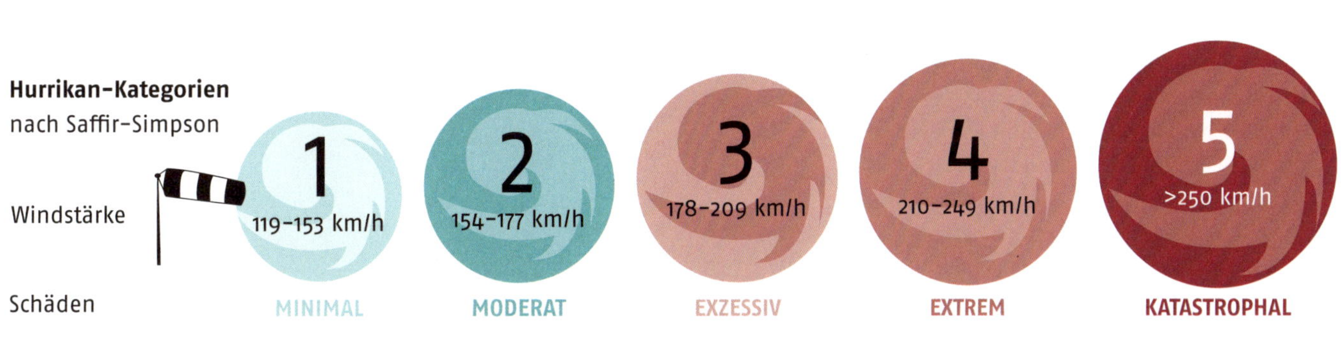

Quellen: NOAA (2022), Rahmstorf (2018), Velden et al. (2017)

Klima

Der natürliche Treibhauseffekt

schuf seit Ende der letzten Eiszeit bis ca. 1880 ein moderates, stabiles Klima

Das Leben auf der Erde ist nur möglich, weil auf ihr Temperaturen herrschen, in denen Lebewesen sich wohlfühlen. Diese Temperaturen haben wir den sogenannten Treibhausgasen oder »Klimagasen« zu verdanken: Gasen, die in der Atmosphäre dafür sorgen, dass ein Teil der von der Erde ausgehenden Wärmestrahlung (verursacht durch die Umwandlung von Sonnenlicht) nicht ins All verschwindet, sondern in der Atmosphäre bleibt. Natürliche Treibhausgase sind v. a. Wasserdampf, Kohlendioxid und Spurengase wie Methan.

Solange die Konzentration der Klimagase im Gleichgewicht ist, bleibt die Durchschnittstemperatur auf der Erde nahezu konstant – wenn jedoch durch Menschen verursachte Klimagase hinzukommen, wird es immer wärmer.

Mehr zu menschengemachten Treibhausgasen ab S. 20

Zusammensetzung der Klimagase

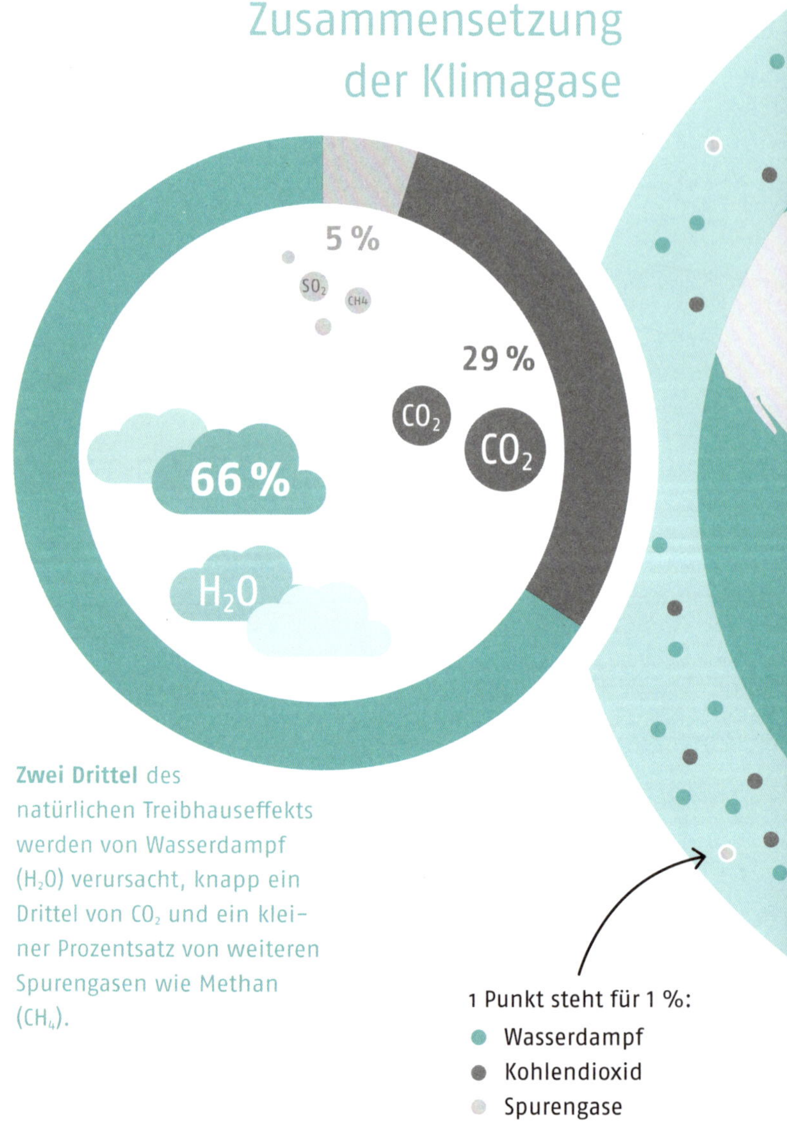

Zwei Drittel des natürlichen Treibhauseffekts werden von Wasserdampf (H_2O) verursacht, knapp ein Drittel von CO_2 und ein kleiner Prozentsatz von weiteren Spurengasen wie Methan (CH_4).

Quellen: DWD (2018), Rahmstorf (2013), Riedel & Janiak (2015), UBA (2021), UNFCCC (2022)

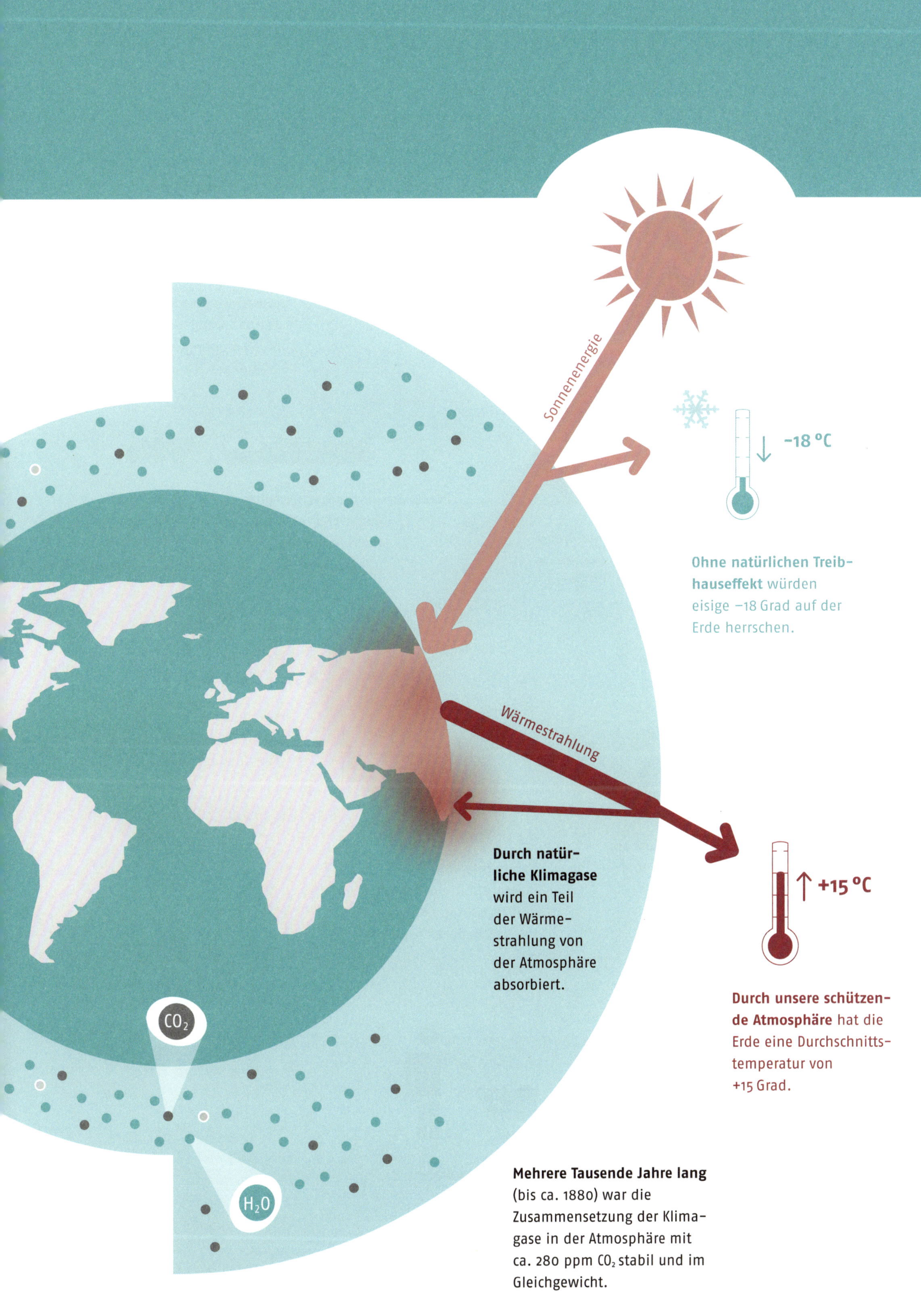

Ohne natürlichen Treibhauseffekt würden eisige −18 Grad auf der Erde herrschen.

Durch natürliche Klimagase wird ein Teil der Wärmestrahlung von der Atmosphäre absorbiert.

Durch unsere schützende Atmosphäre hat die Erde eine Durchschnittstemperatur von +15 Grad.

Mehrere Tausende Jahre lang (bis ca. 1880) war die Zusammensetzung der Klimagase in der Atmosphäre mit ca. 280 ppm CO_2 stabil und im Gleichgewicht.

Wir verändern das Klima

mit hohen CO_2-Emissionen, verursacht durch:

Industrielle Landwirtschaft, Futtermittelherstellung und Massentierhaltung sowie Bodendegradation

Verbrennung fossiler Brennstoffe wie Kohle, Öl und Gas für den weltweit steigenden Energiebedarf

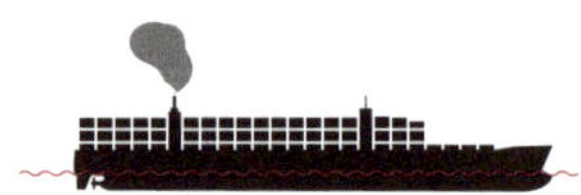

Personen- und Gütertransport auf Straßen, Flüssen, Meeren und in der Luft

Waldbrände, Waldnutzung und Forstmanagement

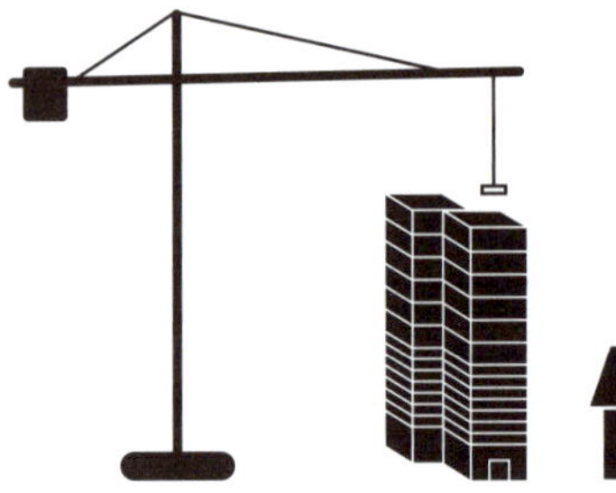

Wohnungs- und Hausbau, Heizen und Energiebedarf im privaten Sektor

Herstellung von Waren, Transportmitteln, Textilien und Möbeln in energieintensiven Prozessen

Wir Menschen entlassen seit Beginn der industriellen Revolution (ca. 1880) immer mehr Treibhausgase in die Atmosphäre, sodass die Temperatur immer weiter steigt – seit 1880 bereits um etwa 1,2 Grad. Dass das problematische Folgen hat, wurde bereits auf dem 1. Weltklimagipfel in Berlin 1995 anerkannt. 1997 trat daher das Kyoto-Protokoll der Vereinten Nationen (UN) in Kraft, in dem sich die Industrienationen zur Reduktion ihrer Treibhausgasemissionen verpflichteten.

Steigender globaler (Online-)Konsum und Lebensstil des Überfluss- und Wegwerfkonsums

Fast 200 Staaten unterzeichneten den Paris-Klimaakkord. Darin einigten sich die Regierungschef*innen darauf, die Erwärmung auf unter 2 Grad, besser 1,5 Grad zu begrenzen. Damit das Leben auf unserer Erde auch für die heutigen Kinder und deren Kinder lebenswert bleibt.

Anthropogener Treibhauseffekt

(2021)

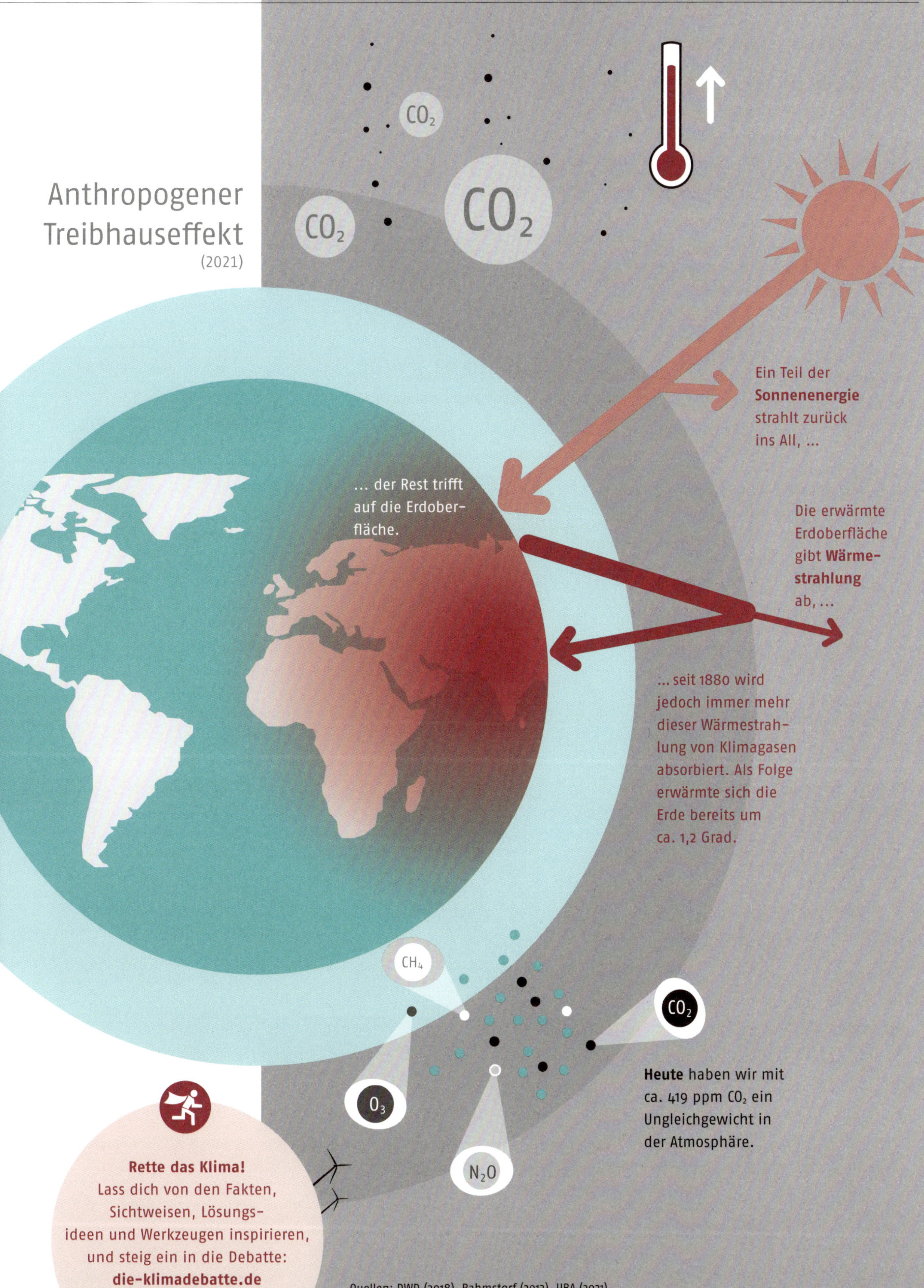

Rette das Klima!
Lass dich von den Fakten, Sichtweisen, Lösungsideen und Werkzeugen inspirieren, und steig ein in die Debatte:
die-klimadebatte.de

Quellen: DWD (2018), Rahmstorf (2013), UBA (2021)

Anthropogene Treibhausgase

Die globale Erwärmung ist menschengemacht, das belegen unzählige Studien der letzten 30 Jahre. Die wachsenden anthropogenen Treibhausgasemissionen, besonders die Erhöhung des CO_2-Gehalts, sind dafür verantwortlich.

Bis auf die F-Gase waren alle hier dargestellen Spurengase in geringerer Konzentration auch vor dem industriellen Zeitalter in der Atmosphäre vorhanden, ihre Konzentration in der Atmosphäre steigt jedoch stetig an.

64 % Kohlendioxid (CO_2)

aus fossilen Brennstoffen und Industrie

Die Förderung, das Verarbeiten und das Verbrennen von fossilen Brennstoffen wie Kohle, Erdgas und Erdöl emittierten die größte Menge des Treibhausgases CO_2.

11 % Kohlendioxid

aus Forstwirtschaft und Landnutzung

Entwaldung, Waldbrandrodung, Trockenlegung von Torfmooren und Veränderung der Böden durch die Landwirtschaft entlassen ebenfalls CO_2 in die Atmosphäre.

18 % Methan

Durch Massentierhaltung, Mülldeponien, Abwasserkläranlagen, Abbau und Förderung von Brennstoffen und das Tauen des Permafrostbodens entstehen Methanemissionen.

4 % Lachgas (Distickstoffmonoxid)

Der Großteil der Lachgasemissionen stammt aus der Landwirtschaft. Die Bearbeitung der Böden, stickstoffhaltige Düngemittel wie Nitrat und Ammoniak sowie Massentierhaltung sind dafür verantwortlich.

2 % F-Gase (Fluorkohlenwasserstoffe)

Fluorkohlenwasserstoffe werden als Treibgas, Kühl- und Löschmittel oder bei der Produktion von Schallschutzscheiben verwendet.

Quellen: IPCC (WG-III) (2022), UBA (2021)

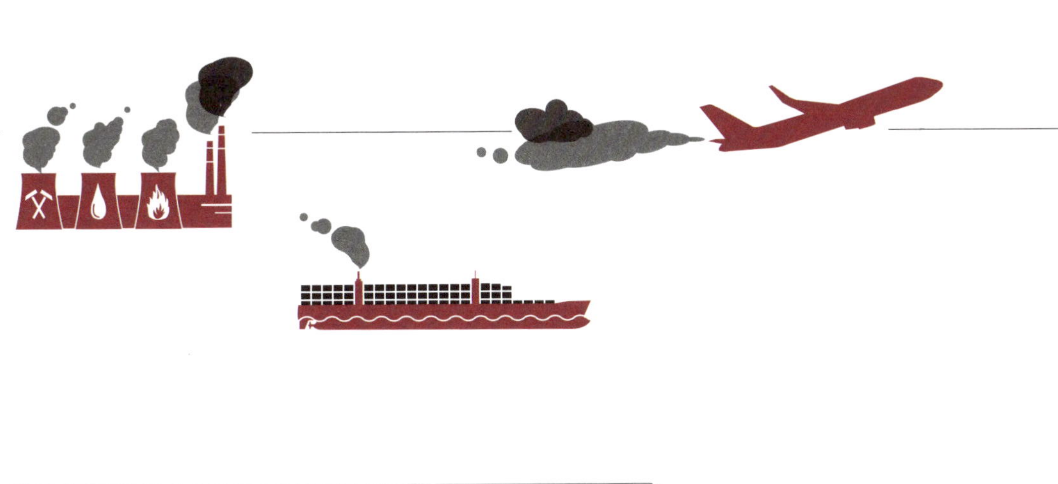

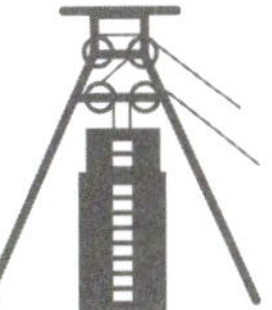

ca. 2/3

Wasserdampf

In unserer Atmosphäre befindet sich viel Wasserdampf. Er trägt zu 2/3 zum natürlichen Treibhauseffekt bei, ist also das wichtigste Treibhausgas. Je mehr die Ozean- und Lufttemperaturen ansteigen, umso mehr Wasserdampf gelangt in die Atmosphäre. Weil Wasserdampf Wolken und Regen bildet, ergibt sich ein ständiger Kreislauf, der das Klima stark beeinflusst.

Komplexe Kohlenstoffkreisläufe

Kohlenstoffdioxid (CO_2) ist das am meisten diskutierte Klimagas. Seine Grundlage, Kohlenstoff, ist ein Baustein allen Lebens auf der Erde und wird in einem globalen Kreislauf aufgenommen, gespeichert und wieder an die Atmosphäre abgegeben. Pflanzen nutzen Kohlenstoff z. B. zur Photosynthese – sie erstellen daraus Zucker, der für das Wachstum der Pflanze unersetzlich ist. Kohlenstoff kann sich dabei mit anderen Elementen verbinden, wie z. B. Sauerstoff, Stickstoff oder Phosphor. Pflanzen nehmen also CO_2 auf, geben ihn aber auch wieder in die Atmosphäre ab, etwa wenn Blätter verrotten.

Durch menschliche Aktivitäten gelangen zusätzlich große Mengen Kohlenstoffdioxid in die Atmosphäre, da es z. B. bei der Verbrennung von Öl, Gas und Holz entsteht. Auch durch die Zerstörung von Ökosystemen, die viel CO_2 gespeichert haben, etwa Moore, erhöhen wir die CO_2-Emissionen.

Die menschengemachte Erderwärmung führt zudem zu »Rückkopplungen« im Klimasystem: Durch die zunehmende Erwärmung der Meere können diese z. B. weniger CO_2 aufnehmen, was die CO_2-Konzentration in der Atmosphäre weiter steigen lässt.

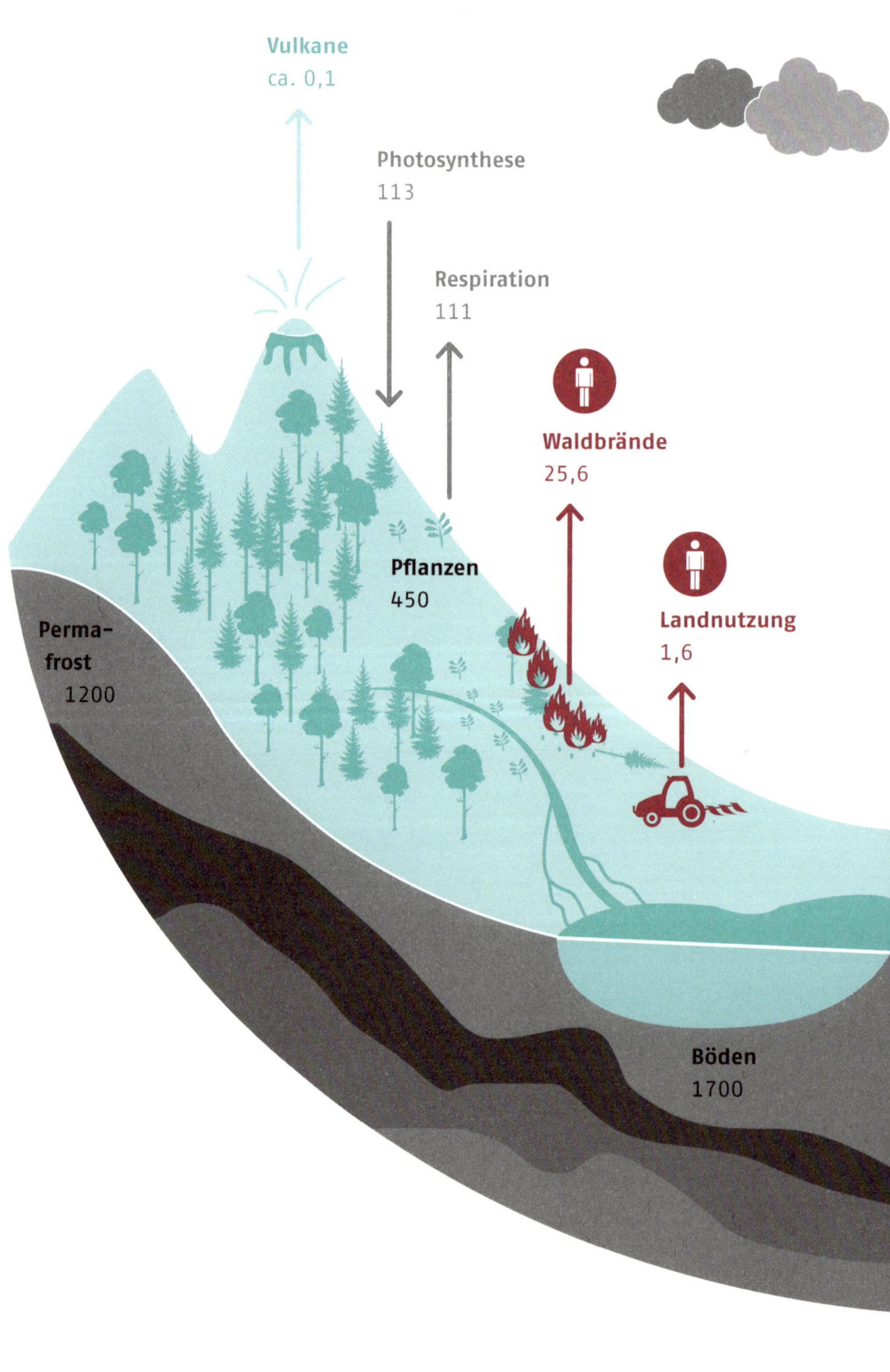

Quelle: IPCC (2021)

UNSER »CO_2-BUDGET«

Je mehr CO_2 wir emittieren, desto stärker steigt die globale Temperatur. Ziel sollte eine Beschränkung auf +1,5 Grad sein.

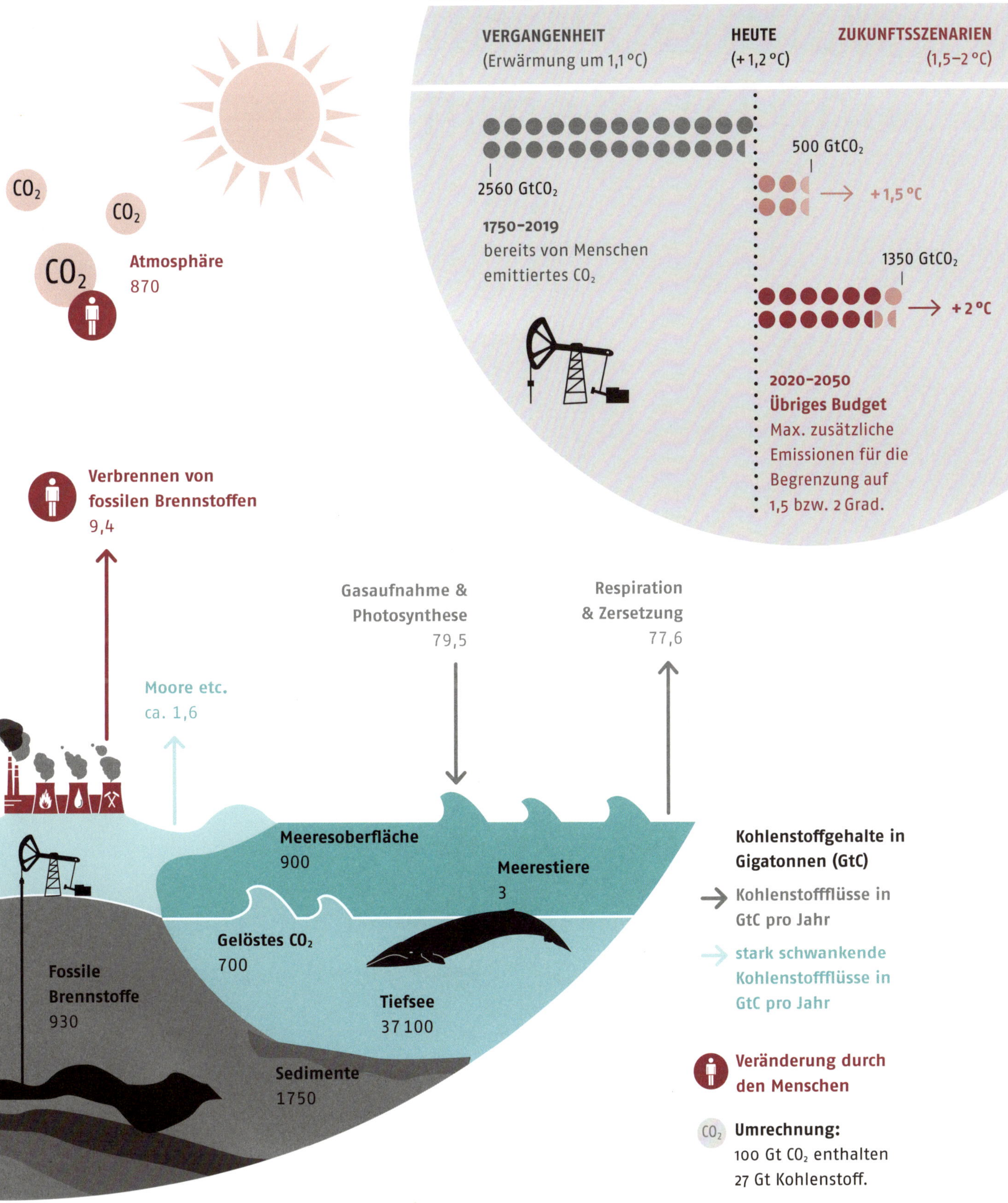

8,0

7,0

6,0

5,0

4,0

3,0

2,0

1,0

0,0

Paralleles Wachstum: Weltbevölkerung und CO_2-Gehalt

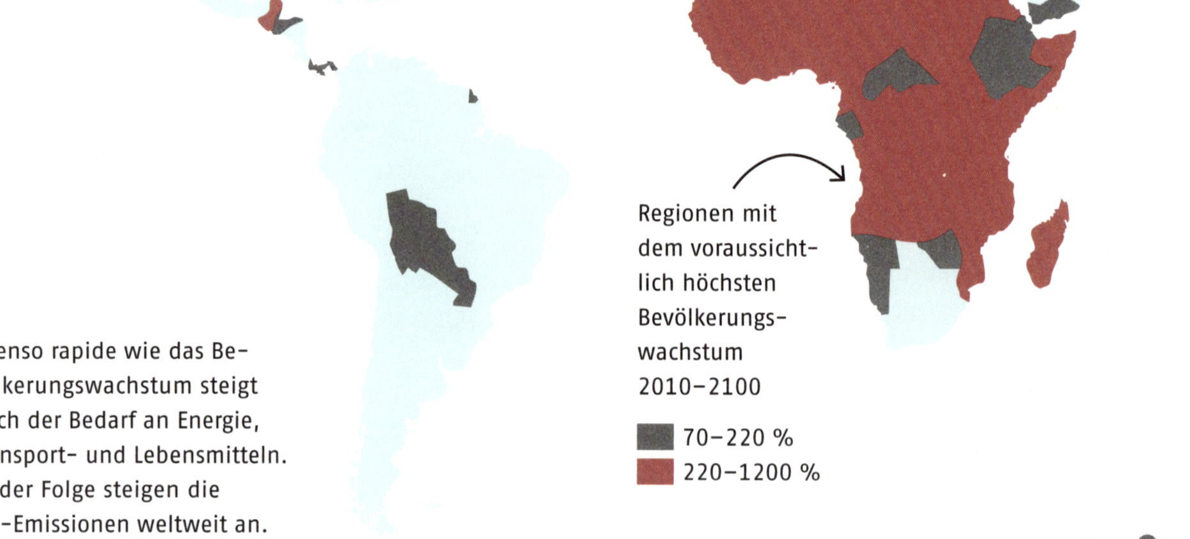

Ebenso rapide wie das Bevölkerungswachstum steigt auch der Bedarf an Energie, Transport- und Lebensmitteln. In der Folge steigen die CO_2-Emissionen weltweit an.

Weltbevölkerung in Milliarden

Weltbevölkerung 1800:
0,9 Milliarden Menschen
CO_2-Gehalt: 270 ppm

1800

1850

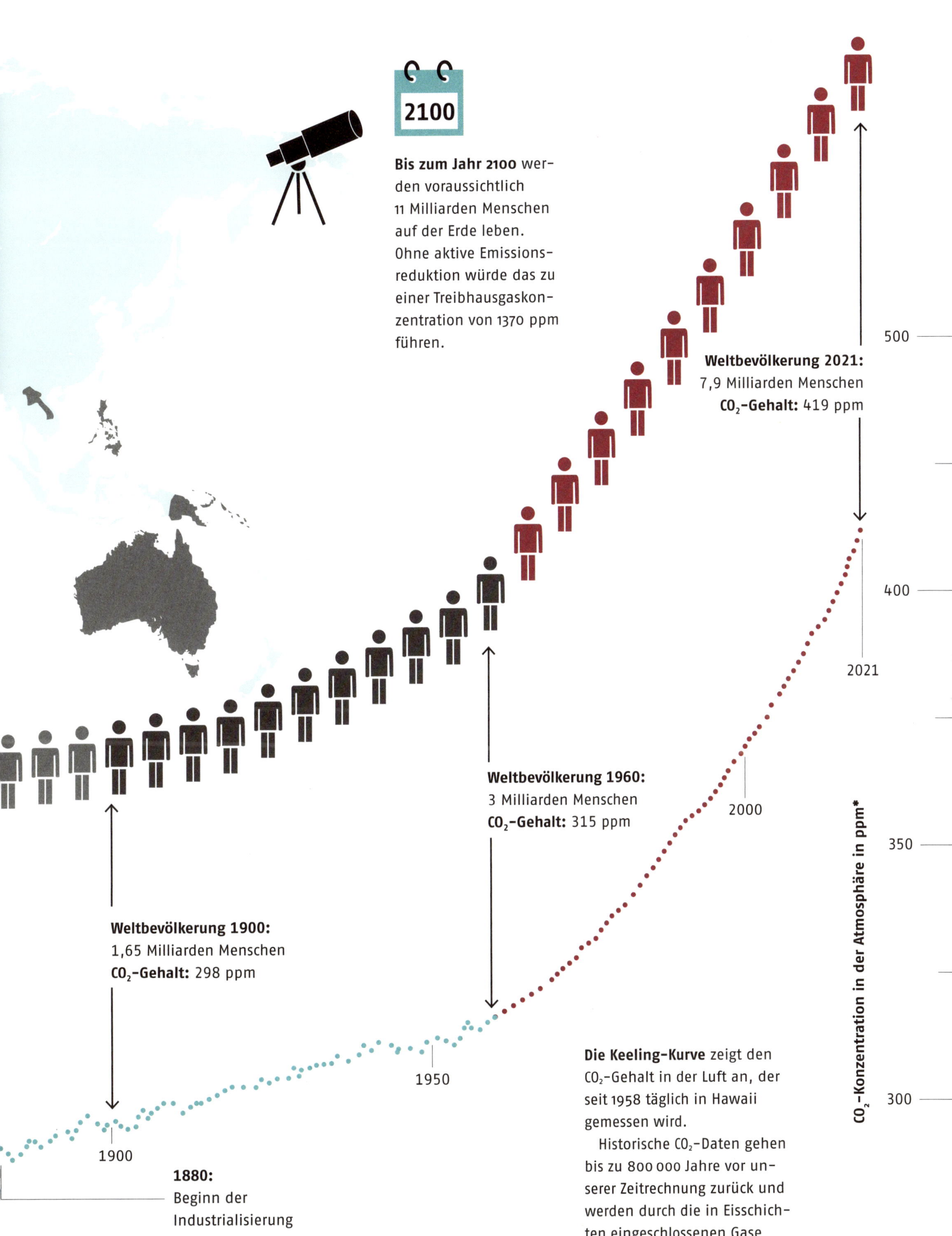

Die Keeling-Kurve zeigt den CO_2-Gehalt in der Luft an, der seit 1958 täglich in Hawaii gemessen wird.

Historische CO_2-Daten gehen bis zu 800 000 Jahre vor unserer Zeitrechnung zurück und werden durch die in Eisschichten eingeschlossenen Gase ermittelt.

Quellen: NOAA (2022), UN (2013+2018) *ppm = ein Millionstel (parts per million)

CO_2-Emissionen: Top 10

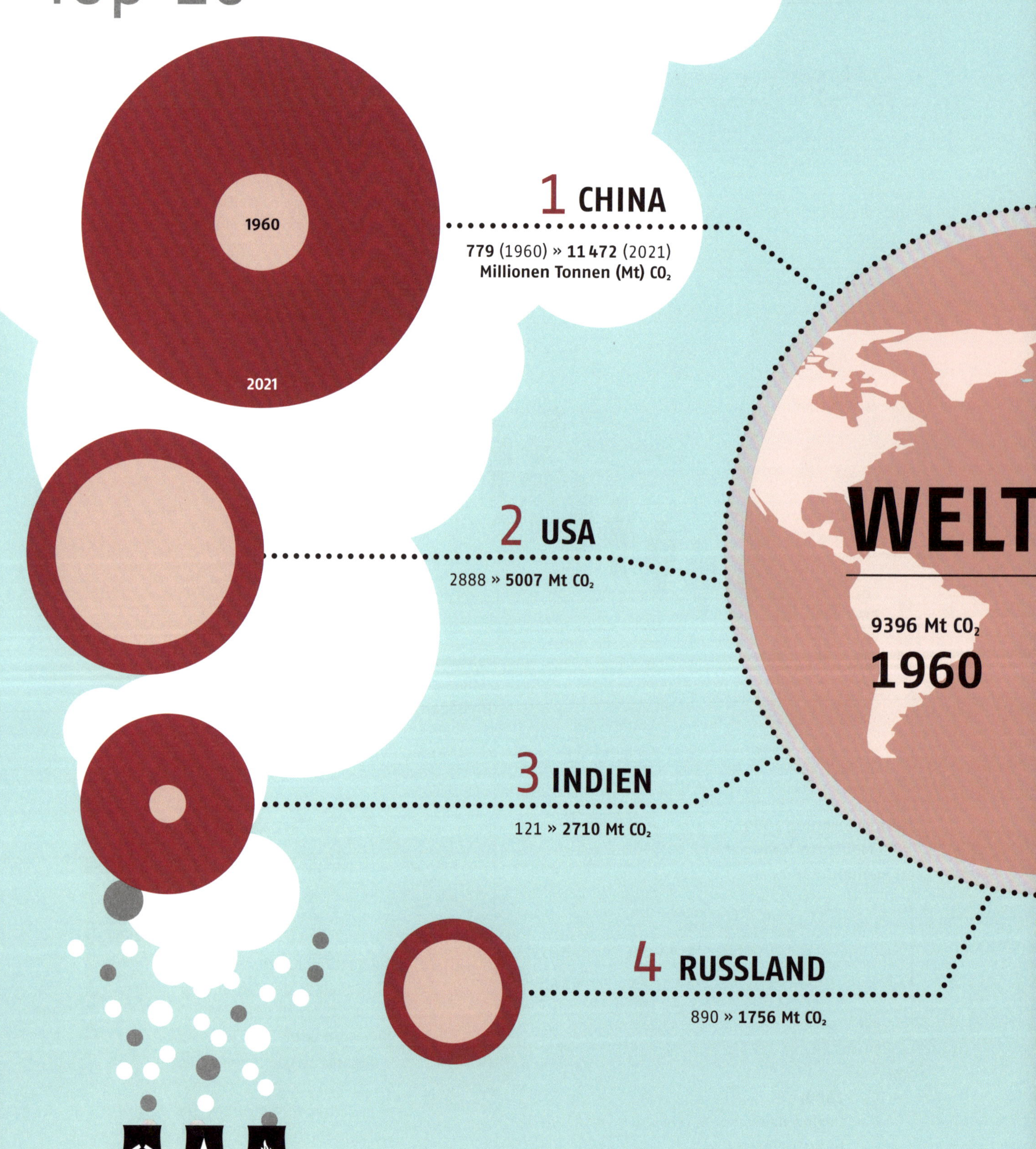

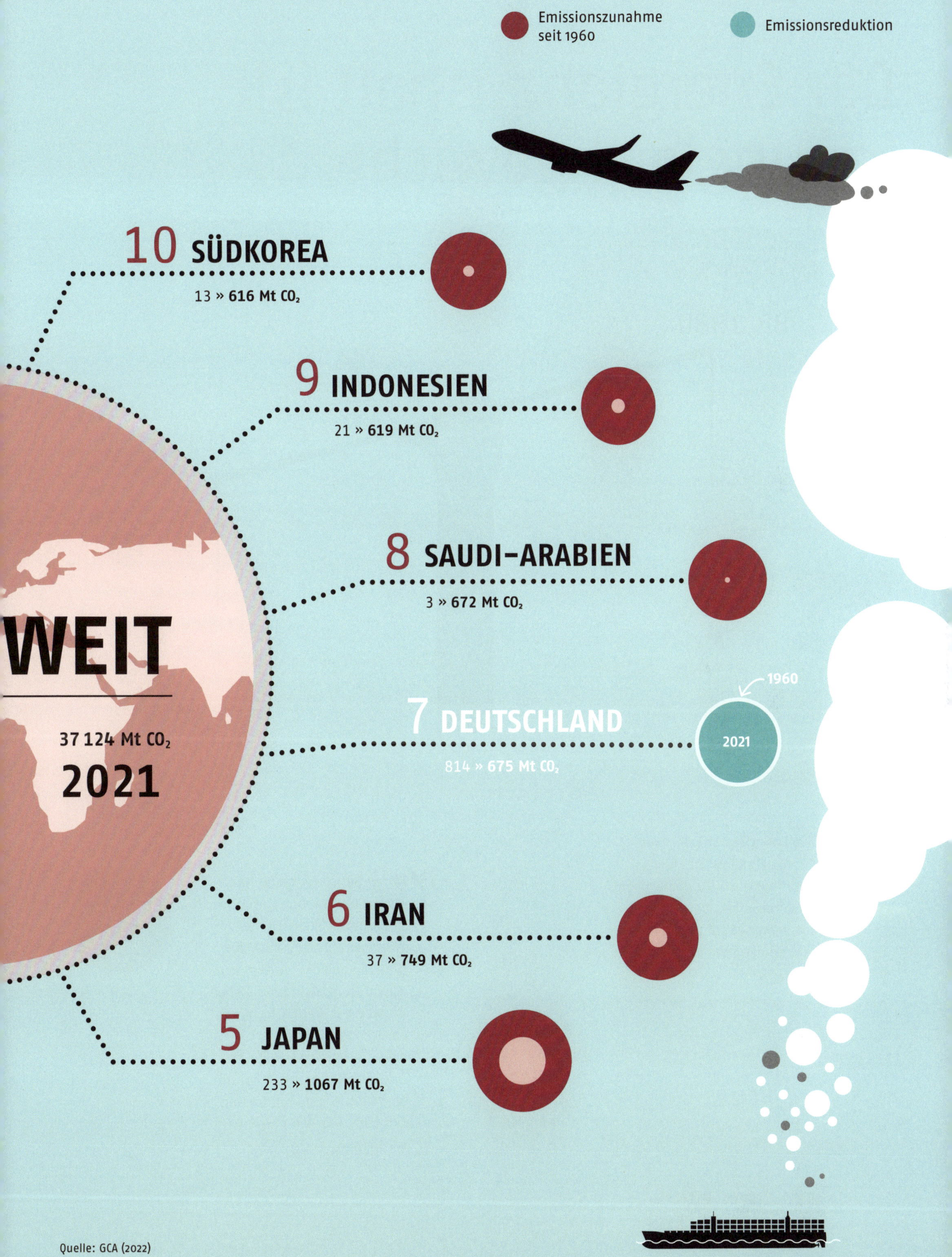

Emissionszunahme seit 1960

Emissionsreduktion

10 SÜDKOREA
13 » 616 Mt CO_2

9 INDONESIEN
21 » 619 Mt CO_2

8 SAUDI-ARABIEN
3 » 672 Mt CO_2

WEIT

37 124 Mt CO_2
2021

1960

7 DEUTSCHLAND
2021
814 » 675 Mt CO_2

6 IRAN
37 » 749 Mt CO_2

5 JAPAN
233 » 1067 Mt CO_2

Quelle: GCA (2022)

Der Energiehaushalt ist im Ungleichgewicht, ...

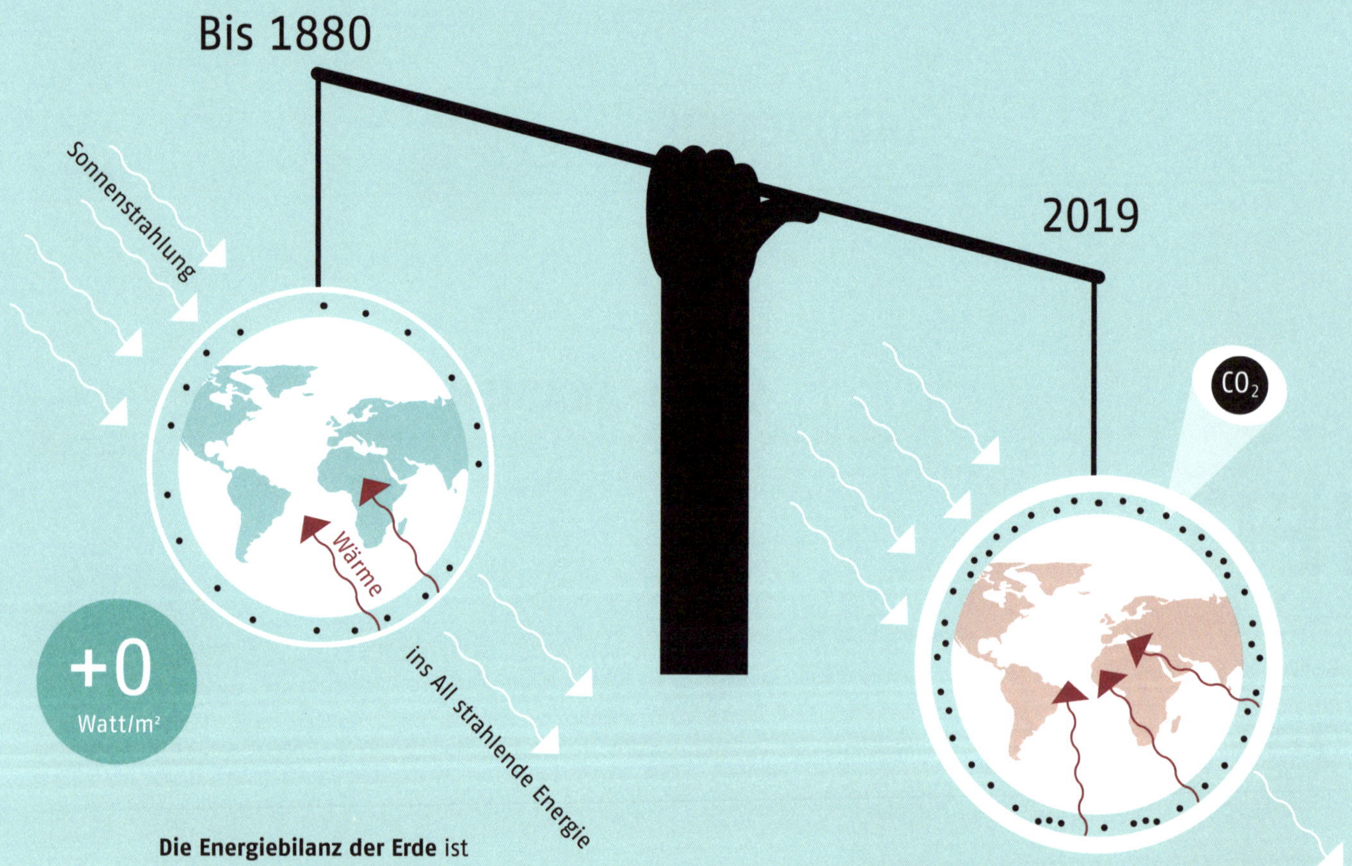

Bis 1880

Sonnenstrahlung

Wärme

ins All strahlende Energie

+0 Watt/m²

2019

CO_2

Die Energiebilanz der Erde ist für die Stabilität des Klimas verantwortlich. Der natürliche Treibhauseffekt bewirkt, dass unser Planet auf angenehmen 15 Grad gehalten wird.

Durch die stetig steigende Menge an Treibhausgasen in der Atmosphäre wird mehr Wärmestrahlung zurück auf die Erde gelenkt. Zudem wird durch das schwindende Meereis weniger Wärmestrahlung zurück ins All reflektiert.

Als Resultat erwärmt sich unser Planet heute (2019) um ca. 1 Watt pro Quadratmeter, seit 2005 hat sich dieser Wert verdoppelt.

Quellen: Loeb et al. (2021), NASA (2022), NOAA (2022)

… und die Erde erwärmt sich

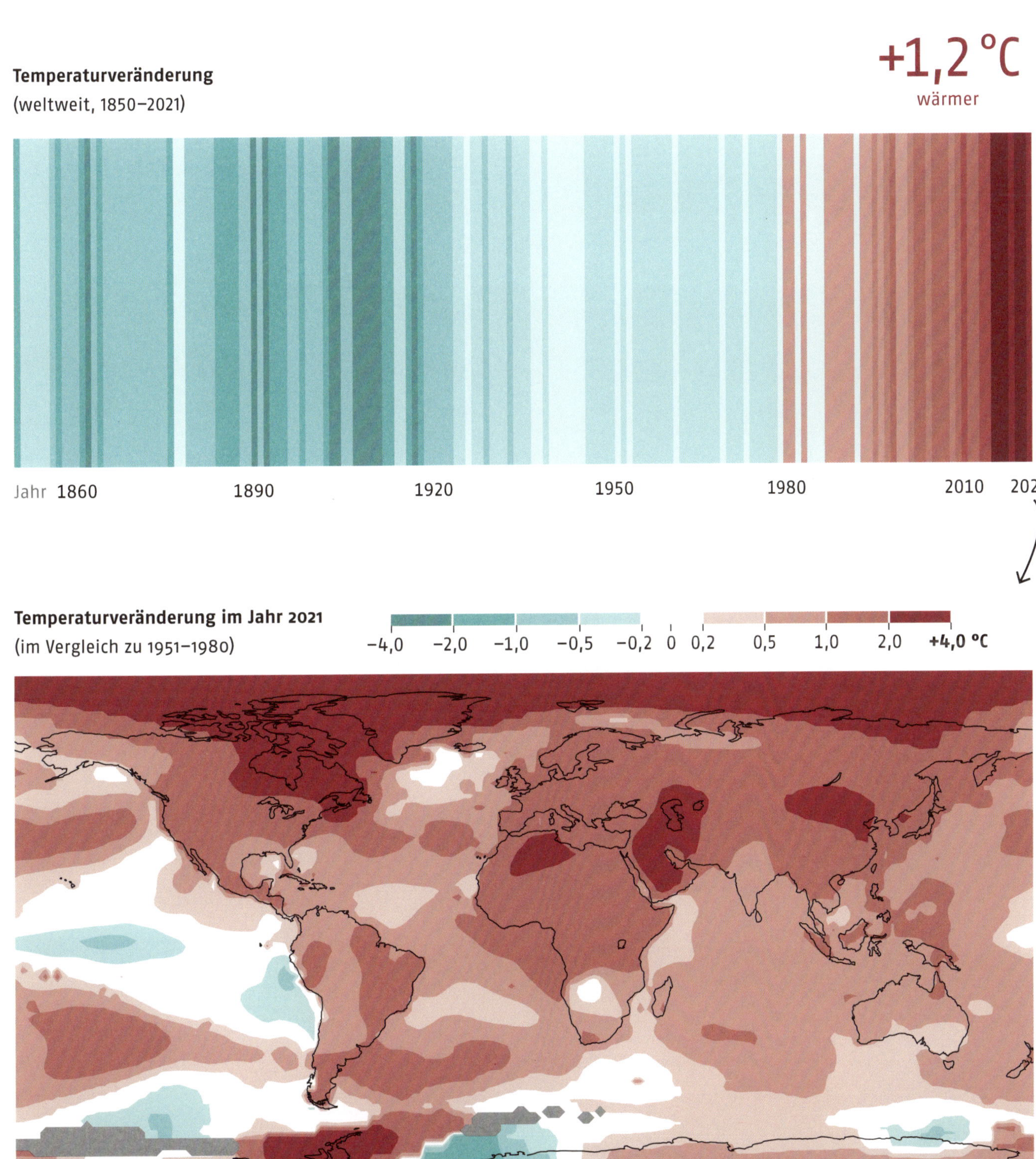

Die Verteilung der Wärme

Die durch den Treibhauseffekt zusätzlich erzeugte Wärmeenergie wird aufgenommen von:

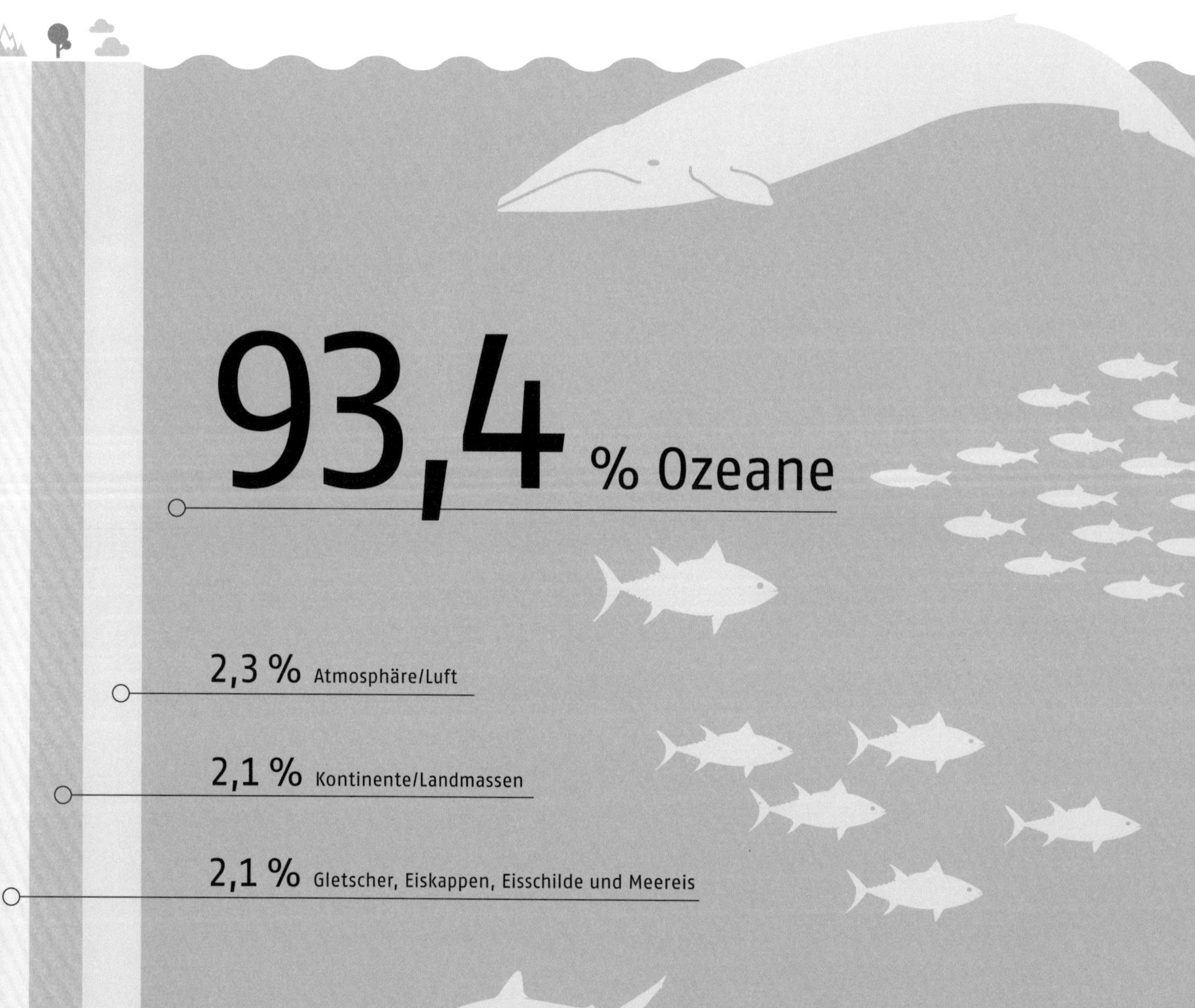

Quellen: Cheng et al. (2019), EPA (2016), Gleckler et al. (2016), IPCC (2021), Resplandy et al. (2018)

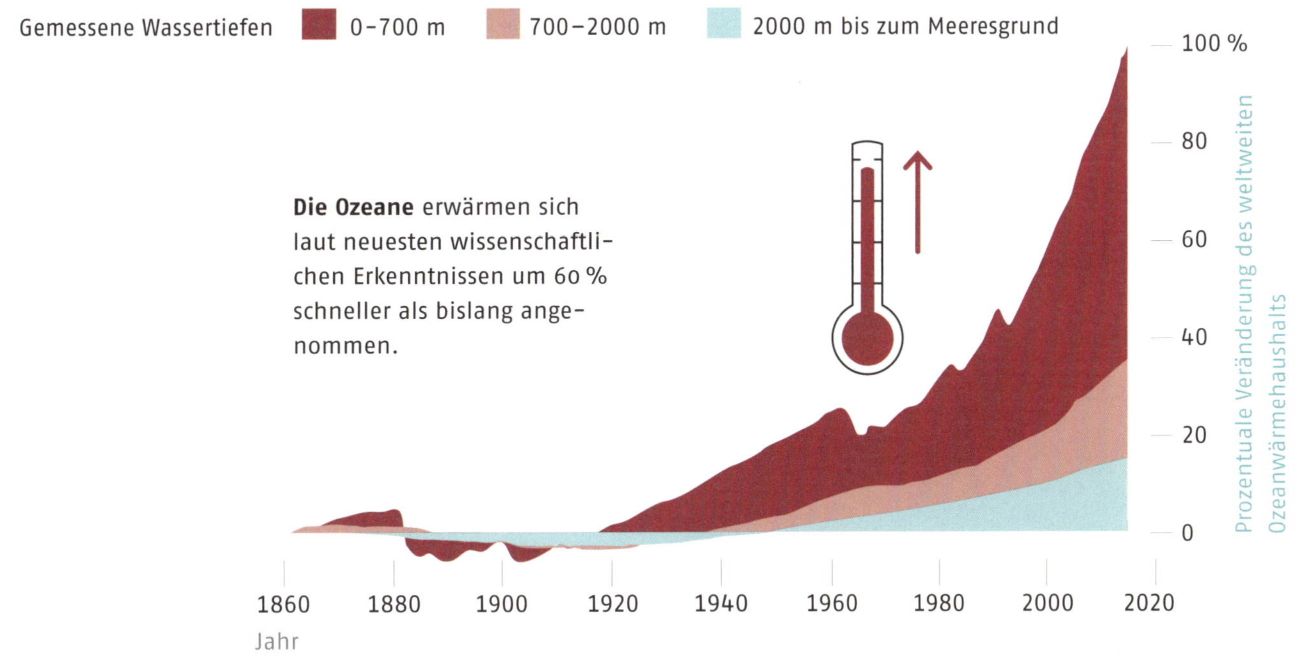

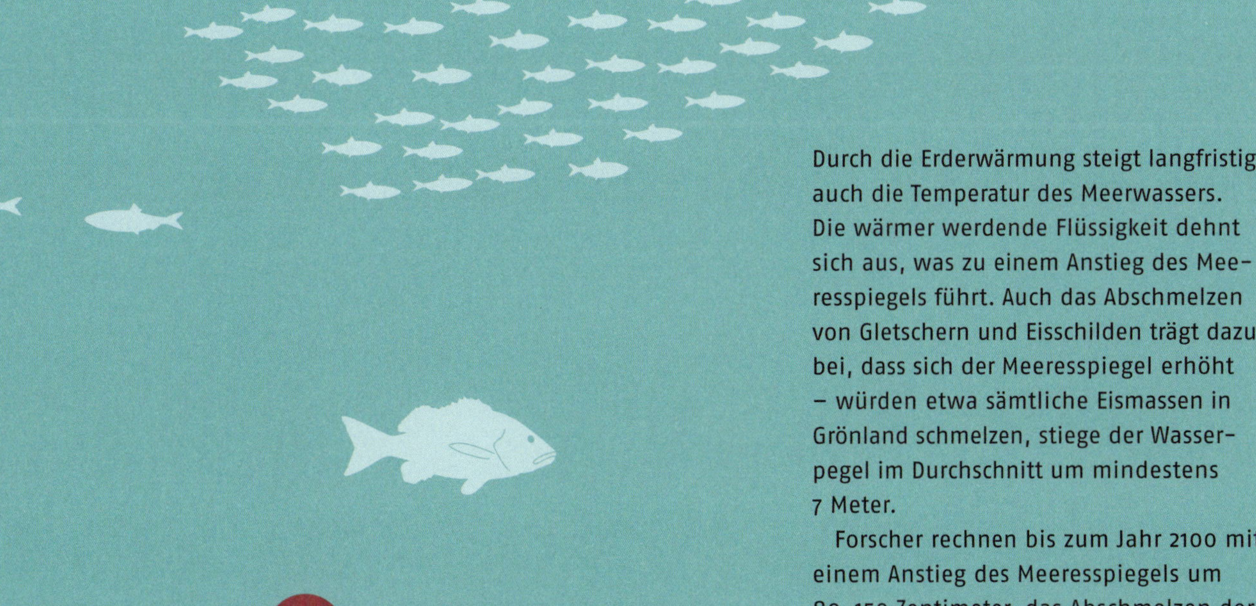

Durch die Erderwärmung steigt langfristig auch die Temperatur des Meerwassers. Die wärmer werdende Flüssigkeit dehnt sich aus, was zu einem Anstieg des Meeresspiegels führt. Auch das Abschmelzen von Gletschern und Eisschilden trägt dazu bei, dass sich der Meeresspiegel erhöht – würden etwa sämtliche Eismassen in Grönland schmelzen, stiege der Wasserpegel im Durchschnitt um mindestens 7 Meter.

Forscher rechnen bis zum Jahr 2100 mit einem Anstieg des Meeresspiegels um 80–150 Zentimeter, das Abschmelzen der Eisschilde miteingerechnet. Allerdings lässt sich gerade dieses Abschmelzen nur schwer mit Computermodellen berechnen: Durch immer wärmer werdende Ozeane verändert sich die Dynamik der Eismassen, daher ist bislang unklar, wie schnell der Eisverlust an den Antarktischen Eisschilden fortschreiten wird. s. S. 82/83

Rette die Meere!
Die Ozeane sind wichtig und müssen vor Ausbeutung bewahrt werden. Hilf mit und engagiere dich bei einer der vielen NGOs, z. B.
meeresstiftung.de
sea-shepherd.de

Das Klima kippt bereits

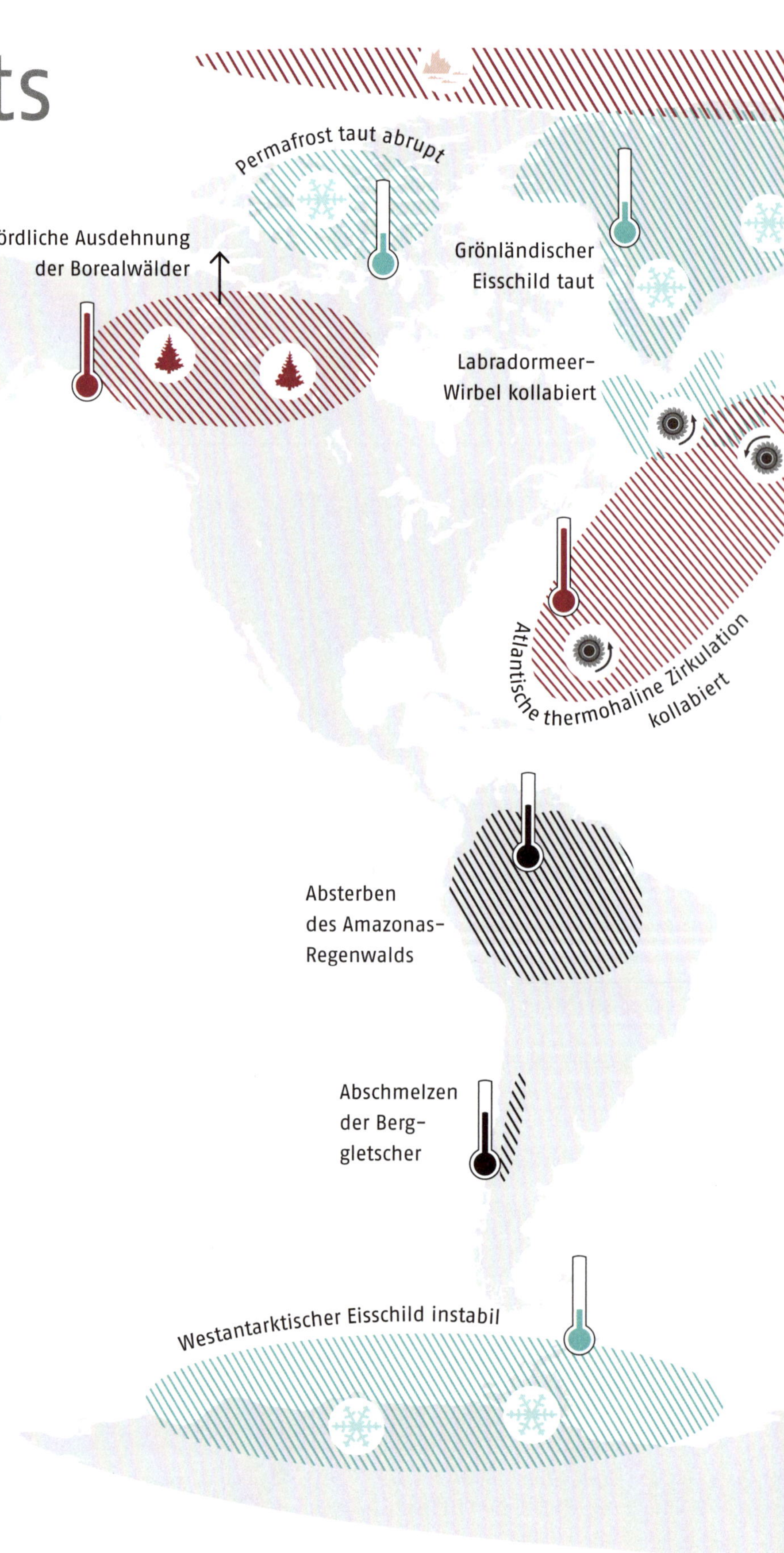

Quelle: Armstrong McKay et al. (2022)

Die Erde erwärmt sich und mit ihr Regionen, die sensibel auf kleinste Temperaturerhöhungen reagieren. Neueste wissenschaftliche Erkenntnisse zeigen, dass bereits einige Kipppunkte im Klimasystem mit der heutigen Erwärmung um 1,2 Grad erreicht sein könnten und dass bei 1,5 bis 2 Grad Erwärmung sechs Kipppunkte unumkehrbar ausgelöst werden: Der Westantarktische Eisschild ist solch ein Kipppunkt und bereits instabil, sein Abschmelzen würde den Meeresspiegel drastisch erhöhen. Permafrostböden tauen bereits in Kanada und Russland und entlassen das potente Klimagas Methan in die Atmosphäre. Die drohende Veränderung dieser Gebiete wird oft zusätzlich dadurch verschärft, dass sie – wie etwa das drohende Absterben der Korallenriffe – unwiederbringlich sind.

Eine lebensbedrohliche Verstärkung der menschengemachten Klimakrise ist ab 2 Grad Erwärmung vermutlich nicht mehr zu stoppen, da sich die Klimafolgen wie im Dominoeffekt gegenseitig verstärken und neue Kipppunkte auslösen werden.

Die Zeit zu handeln ist jetzt dringender denn je: Wir steuern mit den aktuellen Emissionsreduktionen auf 2,6 Grad zu – das ist nicht akzeptabel.

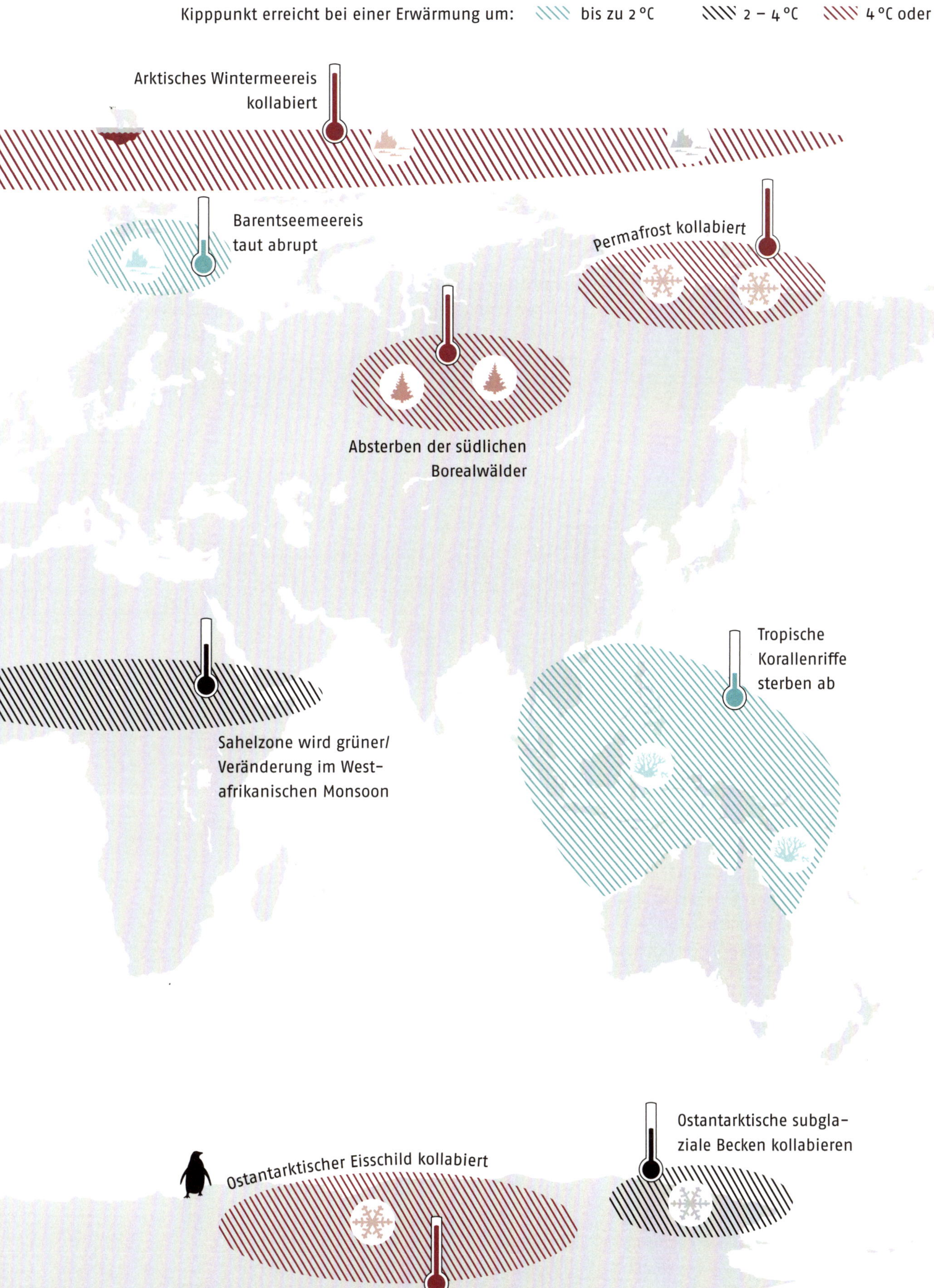

Kipppunkt erreicht bei einer Erwärmung um:
bis zu 2 °C
2 – 4 °C
4 °C oder höher
Arktisches Wintermeereis kollabiert
Barentseemeereis taut abrupt
Permafrost kollabiert
Absterben der südlichen Borealwälder
Tropische Korallenriffe sterben ab
Sahelzone wird grüner/ Veränderung im Westafrikanischen Monsoon
Ostantarktischer Eisschild kollabiert
Ostantarktische subglaziale Becken kollabieren

Folgen der Klimakrise

Veränderung von Ökosystemen führt u. a. zu sinkender Artenvielfalt und höherer Rate an aussterbenden und bedrohten Arten.

Steigender Wassermangel durch länger andauernde Dürren und höheren zukünftigen Bedarf

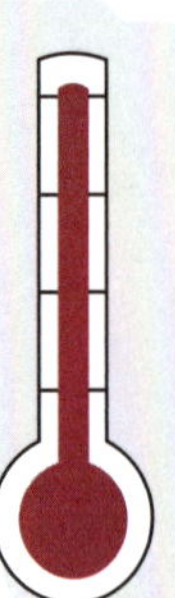

4 °C

höher wird die Durchschnittstemperatur voraussichtlich in Afrika im Jahr 2100 sein.

Afrika ist von der Klimakrise besonders stark betroffen. In den Staaten um den Äquator ist die Durchschnittstemperatur bereits stärker angestiegen als im globalen Durchschnitt und die finanziellen Mittel, um sich vor den Klimafolgen zu schützen, sind nicht ausreichend vorhanden.

Für ein Drittel aller Bewohner Afrikas sind lang anhaltende Dürren, schrumpfende oder austrocknende Seen und eine sehr beschwerliche Landwirtschaft bereits Realität. Während einige Regionen durch die Klimakrise weniger Regen erhalten, werden andere Regionen z. B. in Westafrika in Zukunft mit stärkeren Niederschlägen, Stürmen und Überflutungen konfrontiert sein.

Trinkwasser- und Nahrungsmangel werden sich durch die Klimakrise global noch verstärken. Die UN geht von weltweit ca. 50 Millionen zusätzlichen »Umweltflüchtlingen« aus, die durch den Klimawandel nahezu unbewohnbare ländliche Gegenden verlassen und vermehrt in größere Städte ziehen werden. Für jedes zusätzliche Grad Erwärmung werden ca. 1 Milliarde Menschen weltweit z. B. aus Überflutungs- oder Dürregebieten umsiedeln müssen.

Meeresspiegelanstieg und Extremwetter führen u. a. durch Überflutungen zu Problemen in der Infrastruktur, Trinkwasserversorgung und zu Gesundheitsproblemen.

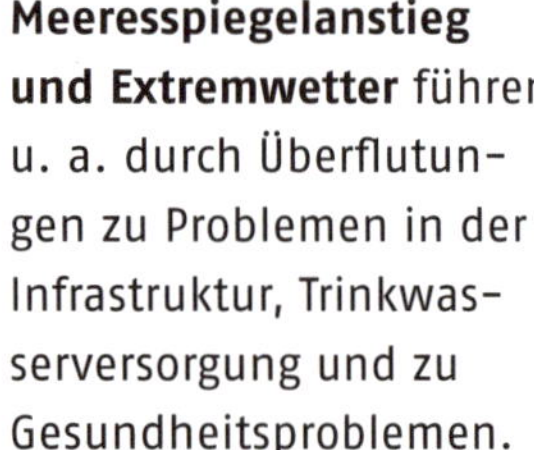

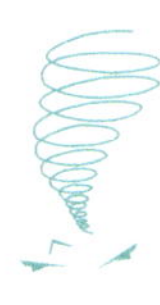

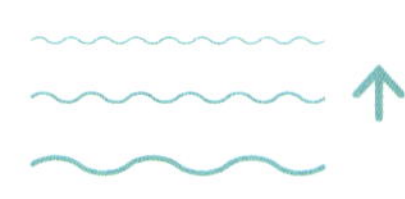

Rette Leben!
Unterstütze natürliche Regenerationsprojekte wie die FMNR-Methode, um verödete Landschaften nachhaltig wieder zum Ergrünen zu bringen:
fmnrhub.com.au

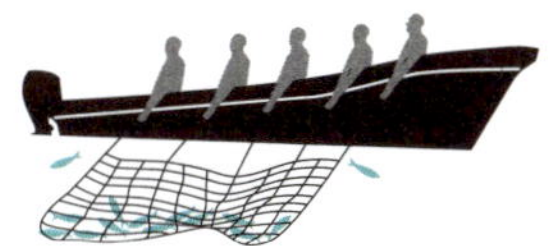

Degradation der Korallenriffe führt zu sinkenden Fischbeständen sowie Erwerbs- und Nahrungseinbußen der traditionellen Fischer.

Hohe Ernteausfälle durch Dürren und Überflutungen führen zu Nahrungsmittelknappheit und Gesundheitsproblemen.

Geschwächte Nutztiere sind durch Hitze, Trinkwasserknappheit und Futtermangel anfälliger für Krankheiten und vorzeitigen Tod.

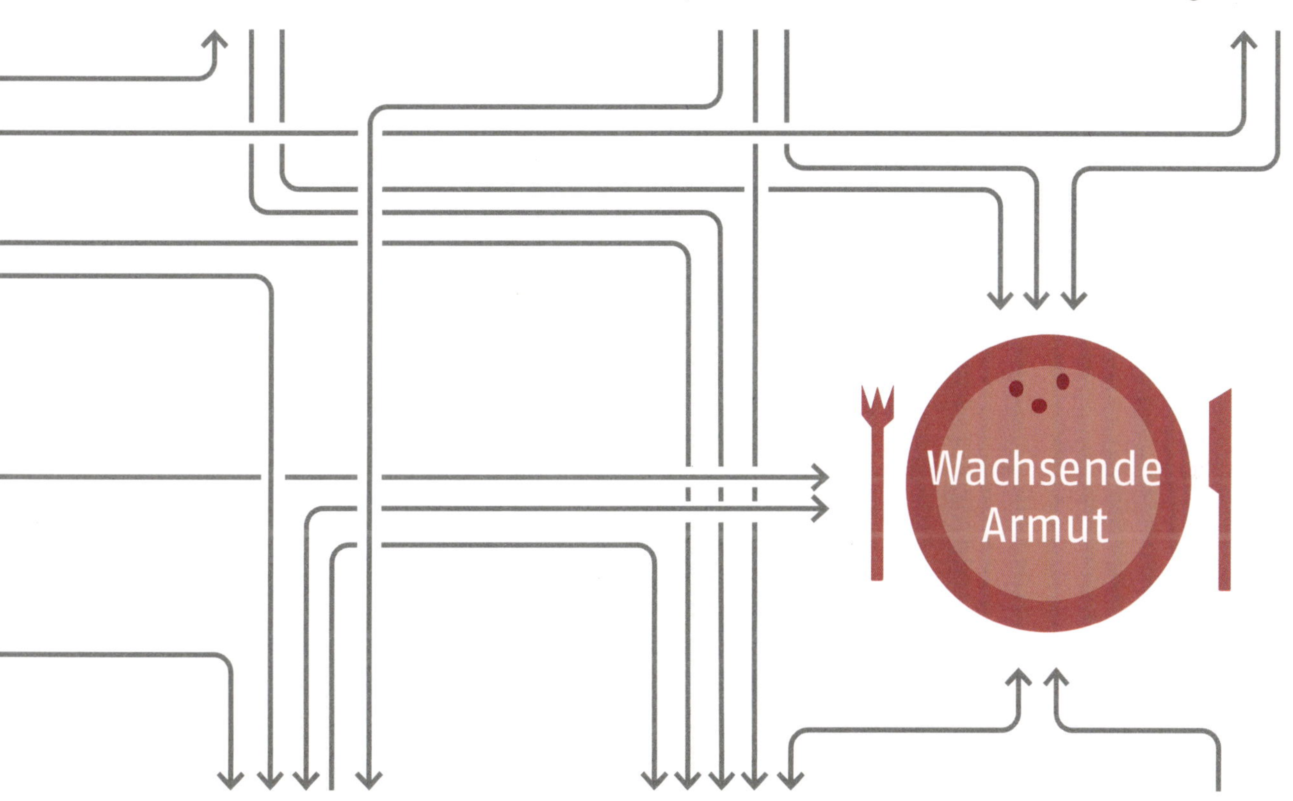

Klimamigration nimmt zu und kann zu Unruhen, zum Verstärken von gewaltsamen Konflikten, Menschenrechtsverletzungen und politischer Instabilität führen.

Unterernährung steigt in der Bevölkerung und führt zu lebenslangen Gesundheitsproblemen. Auslöser sind u. a. klimabedingte Ernteausfälle oder Flucht.

Von Mücken oder kontaminiertem Wasser übertragene Krankheiten wie Malaria oder Cholera nehmen durch Starkregen und Hitze zu und verlagern sich geografisch.

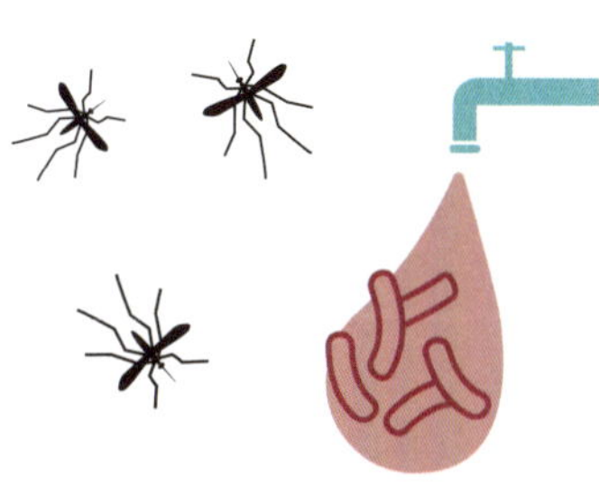

Quellen: Cho (2021), IPCC (2022)

Extremes Wetter

Die Klimakrise ist überall auf der Welt bereits in Form zunehmender extremer Wetterereignisse spürbar, auch in Deutschland.

Seit dem Jahr 2000 gibt es ein eigenes, stetig wachsendes Forschungsgebiet namens »extreme event attribution« (»Zuordnung von extremen Ereignissen«). Dabei wird berechnet, wie wahrscheinlich es ist, dass ein Ereignis in Zusammenhang mit der menschengemachten Klimakrise steht: ob oder inwiefern der Einfluss des Klimawandels thermische Prozesse verändert hat, die zu dem Ereignis geführt haben könnten.

In dieser Karte sind die Ergebnisse von knapp 100 Studien verortet, die eindeutig zu dem Ergebnis kamen, dass die menschengemachte Klimakrise als Auslöser oder Verstärker des jeweiligen Wetterereignisses identifizierbar ist.

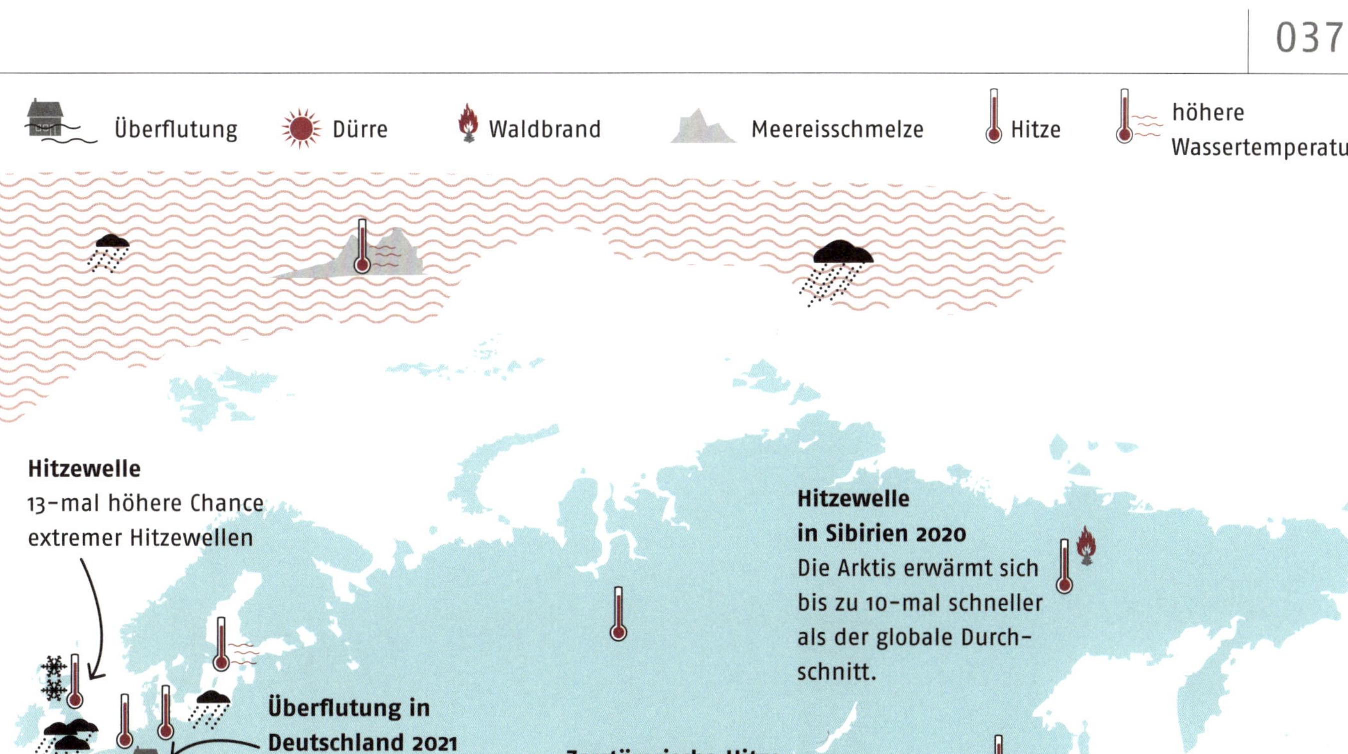

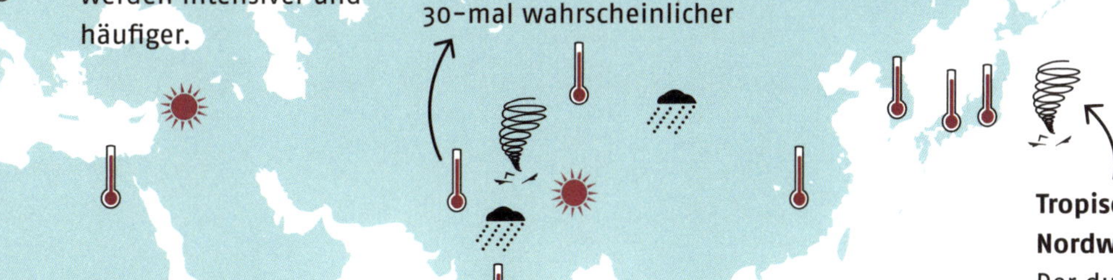

Hitzewelle
13-mal höhere Chance extremer Hitzewellen

Hitzewelle in Sibirien 2020
Die Arktis erwärmt sich bis zu 10-mal schneller als der globale Durchschnitt.

Überflutung in Deutschland 2021
Starkregenereignisse werden intensiver und häufiger.

Zerstörerische Hitze Indien & Pakistan 2022
30-mal wahrscheinlicher

Tropische Zyklone im Nordwestpazifik
Der durch den Klimawandel hervorgerufene Taifun »Hagibis« hat 2019 in Japan Schäden in Höhe von ca. 4 Mrd. Euro verursacht.

Dürre in Ostafrika 2014
Dürren werden gravierender und wahrscheinlicher.

Rekordwassertemperatur im zentralen Pazifik
Höhere Temperaturen werden wahrscheinlicher.

Hitzewellen 2014
16 % höhere Chance extremer Hitzewellen

Große Waldbrände 2019/20
werden extremer und ca. 30 % wahrscheinlicher.

Aktuelle Informationen zu Extremwettern und deren Zuordnung zum Klimawandel gibt es z. B. hier: **www.worldweather attribution.org**

Quellen: CB (2017), Funk et al. (2015), Kam et al. (2015), King et al. (2015), Junghänel et al. (2021), Murakami et al. (2015), Sweet et al. (2013, 2016), Szeto et al. (2016), Shiogama et al. (2013), Zhang et al. (2016), WWA (2020, 2021, 2022)

Zukunftsklima

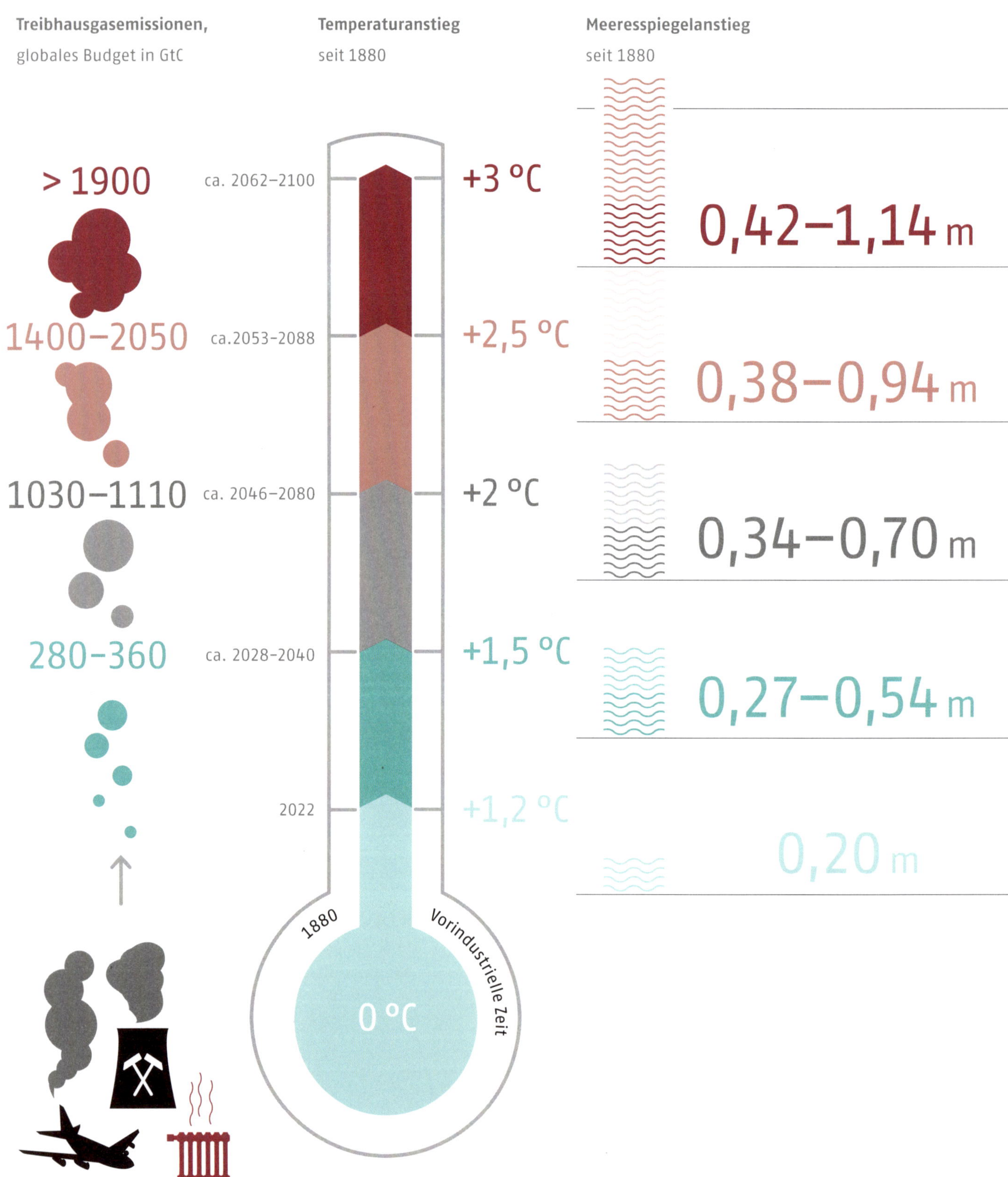

Quellen: Eakin et al. (2018), Friedlingstein et al. (2022), IPCC (2021), MCC (2022), Mora et al. (2017), NASA (2022), WRI (2022)

Korallensterben,
je nach Temperaturanstieg

Von extremen Hitzewellen* betroffen,
Prozent der Weltbevölkerung

* mehr als 20 Tage im Jahr

74 % ca. 2062–2100

R.I.P. 100 %

67 % ca.2053–2088

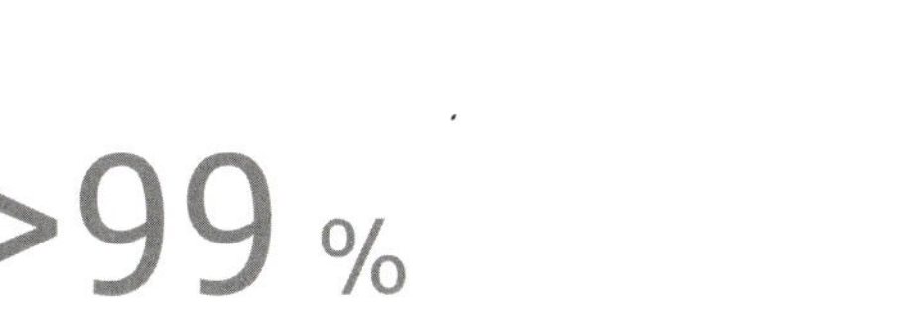

>99 %

61 % ca. 2046–2080

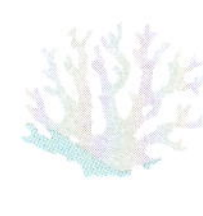

70–90 %

48 % ca. 2028–2040

70 %

30 %

30 % 2022

Leben wir weiter wie bisher, statt die Treibhausgasemissionen drastisch einzudämmen, dann steht uns bis zum Ende des Jahrhunderts eine Erwärmung um knapp 3 Grad bevor (der IPCC-Klimabericht** geht im Worst-Case-Szenario sogar von 4,4 Grad Erwärmung aus).

In einer 3 Grad wärmeren Welt wären die Folgen für Ökosysteme und damit auch für uns Menschen dramatisch. Küsten, Flussdeltas und Inseln weltweit würden von Überflutungen bedroht sein, Millionen von Menschen würden fliehen. Marine Ökosysteme wie Korallenriffe würden abgesterben, wodurch ein Viertel aller Meereslebewesen ihre Nahrungsgrundlage verliert.

Auch die menschlichen Nahrungsmittel werden zur Neige gehen, wenn stärkere Hitzewellen, jahrelange Trockenheit und Übernutzung die Erde weiter belasten. Um den Planeten lebenswert zu erhalten, sollte daher +1,5 Grad das angestrebte Limit sein.

**Intergovernmental Panel for Climate Change (IPCC) = Weltklimarat der Vereinten Nationen, bestehend aus über 250 Wissenschaftler*innen

Klimaschutz

Nahrungsmittelsicherheit 1

Weltweit sind rund 800 Millionen Menschen chronisch unterernährt. Die Klimakrise verschärft diese Situation. In den ärmsten Regionen der Welt sind ca. 500 Millionen Kleinstfarmen für 80 % der Lebensmittelproduktion zuständig. Ihnen muss finanziell geholfen werden, um die Nahrungsmittelsicherheit zu verbessern.

Trinkwassersicherheit 2

Neben Nahrungsmitteln sollte gewährleistet sein, dass jeder Mensch auf der Welt genügend sauberes Trinkwasser zur Verfügung hat. Die Klimakrise verschärft den Trinkwassermangel in ca. 20 Staaten extrem.

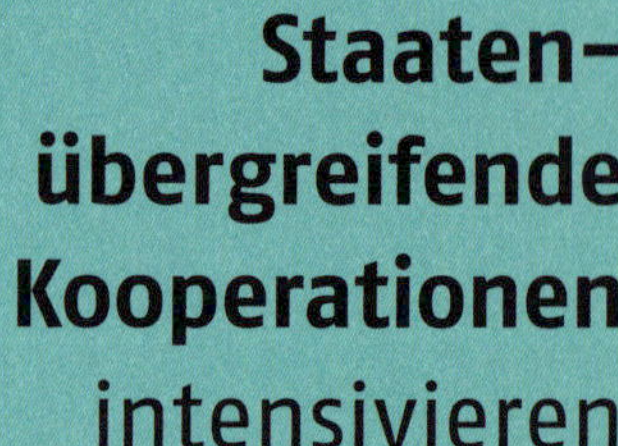

Staaten-übergreifende Kooperationen intensivieren

z. B. nach COP26 und Kyoto-Protokoll Handlungsgruppen bilden

Schutz vor Wetterextremen 3

Meeresspiegelanstieg und immer häufiger werdende Extremwetterereignisse wie Starkregen und Hurrikans zerstören das Zuhause und die Lebensgrundlage unzähliger Menschen, besonders in den ärmsten Ländern.

Waldaufforstung und -schutz 4

Ein sofortiger weltweiter Stopp von Waldrodungen würde einen schnellen und enormen Effekt auf die CO_2-Bilanz haben: Indem die Bäume CO_2 aufnehmen, fungieren sie als Klimaschützer.

Quellen: Bai et al. (2018), Gitz et al. (2016), Scherer & Tänzler (2018)

10 Persönlicher Wandel

... werde Klimaheld*in!
Mehr dazu ab Seite 198

9 Mobilitätswende

Ein Ausbau des Nahverkehrs durch Züge, Elektrobusse und Radwege. Mit dem Ziel, insgesamt das Verkehrsaufkommen zu reduzieren, auch im Warentransport: z. B. mehr Güterzügen statt LKWs.

Aufklärungsarbeit vernetzen und ausweiten

z. B. Onlineplattformen, Klimawochen, Bildung, Medien, TV, Bücher

8 Agrarwende

Weg von Pestiziden, Nahrungsmittelverschwendung, Biodiversitätsverlust und industrieller Monokultur, zurück zur biologischen Landwirtschaft, vielen kleinen Permakulturhöfen und gesunden Böden, die als CO_2-Speicher dienen.

7 Wirtschaftswende

Das Ende des Wachstums einleiten: In Zukunft sollten Nachhaltigkeit, Recycling, grüne Produktion und Ressourcenschonung oberste Priorität haben. An die Stelle von Expansion und Ausbeutung rückt »grüne Effizienz«.

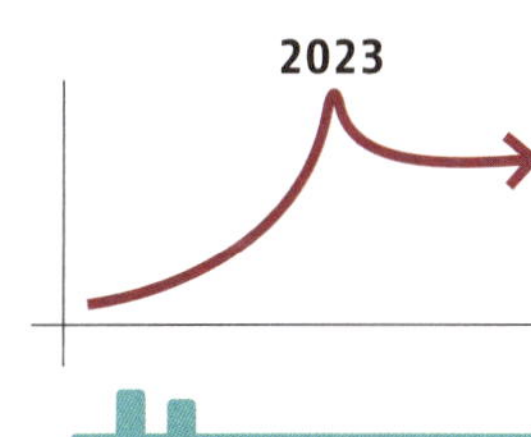

6 Energie- und Politikwende

Der Ausbau der Solarenergie und eine effiziente Speicherung müssen in den Fokus der Subventionen rücken, Kohle- und Gaskraftwerke sollten dagegen CO_2-Abgaben leisten, statt Subventionen zu erhalten.

5 Smarte Städte

Mehr als die Hälfte der Weltbevölkerung lebt in Städten, in denen 75 % der weltweiten Energieemissionen produziert werden. Nachhaltiger grüner Umbau der Infrastruktur, Energieproduktion und Hausisolierung sollten hier oberste Klimaziele sein.

4 Werkzeuge, um Klimarisiken zu minimieren

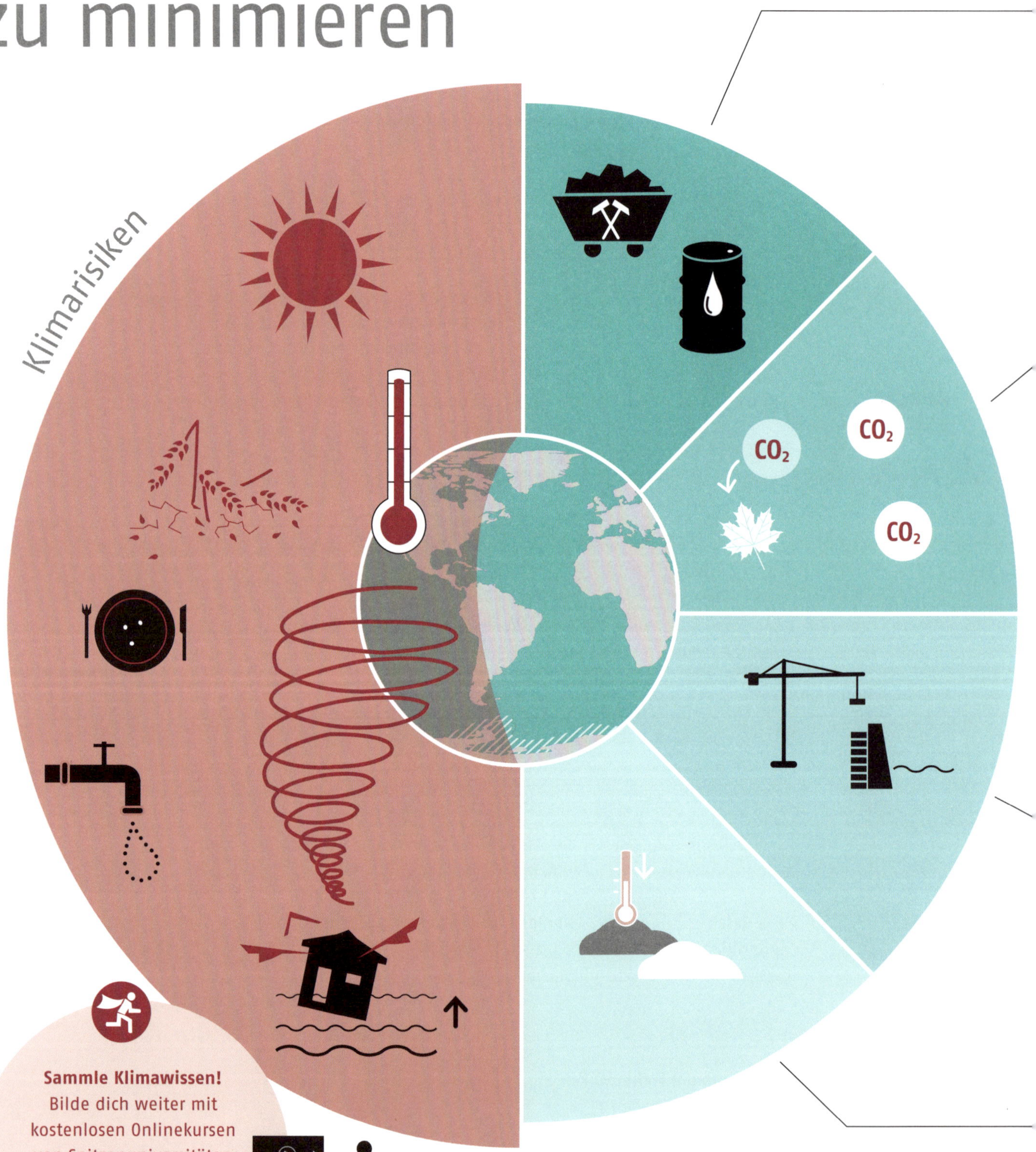

Sammle Klimawissen!
Bilde dich weiter mit kostenlosen Onlinekursen von Spitzenuniversitäten zu Klimathemen:
classcentral.com/subject/climate-change

Quelle: Irvine & Keith (2021)

Dekarbonisierung
Industrielle Treibhausgasemissionen stoppen, damit der Treibhauseffekt nicht weiter angefeuert wird. Stattdessen: Wandel zu erneuerbaren und kohlenstofffreien Energien voranbringen
s. S. 44–51

CO_2-Entnahme
Naturbasiert und maschinell: CO_2 aus der Atmosphäre entziehen, um die bereits freigesetzten Emissionen abzufangen. Zudem könnten zukünftige Emissionen, die schwer zu eliminieren sind, mit CO_2-Entnahme kompensiert werden.
s. S. 52/53

NATURBASIERT

MASCHINELL

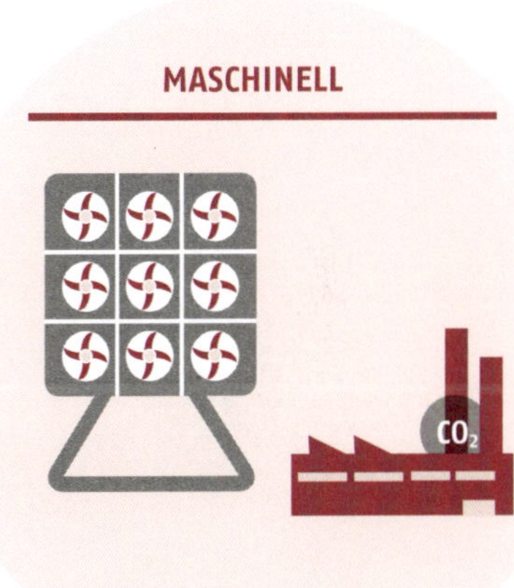

Klimaanpassung
Vorbereitung von Gesellschaften und Ökosystemen, um besser mit den Gefahren eines sich ändernden Klimas fertigzuwerden
s. S. 54/55

Klimafolgen mit Technik abfedern
Mit Techniken wie solarem Geoengineering könnte eine aktive Veränderung des Energiehaushalts der Erde herbeigeführt und so das Klima zeitweise heruntergekühlt werden.
s. S. 56/57

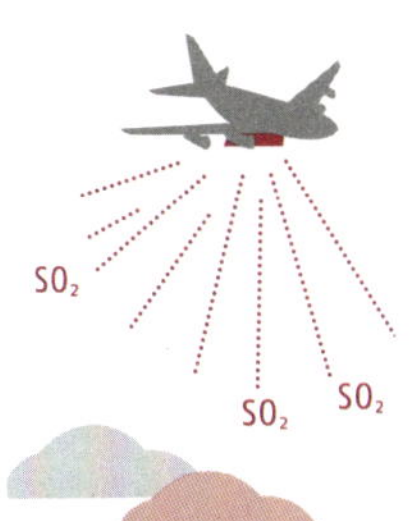

Dekarbonisierung: Energiewende

91 %

der Weltbevölkerung sind laut der Weltgesundheitsorganisation (WHO) gesundheitsschädlicher Luft ausgesetzt. Mehr grüne Energie heißt auch weniger Kosten im Gesundheitsbereich.

89 Mio.

Menschen in Afrika und Asien nutzen Solarstrom, Tendenz steigend (jährlich 4 %). Alle Entwicklungsländer investieren heute schon mehr in Solarenergie als die Industrienationen.

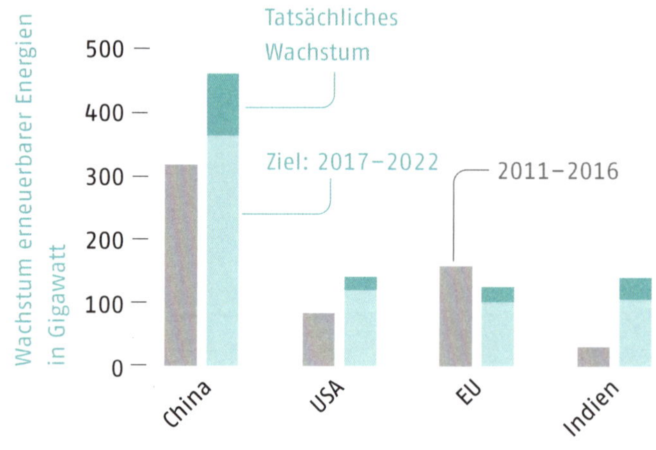

Sonne
Wind
Wasser
Geothermie
Biogas
Atom
Erdgas
Erdöl

12 Mio.

Menschen arbeiten weltweit im grünen Energiesektor (2020).

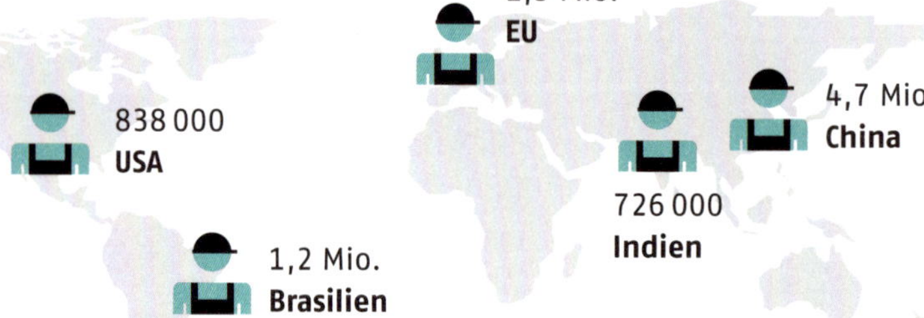

Weltweiter Energieverbrauch

Strom, Transport & Wärme, 2021

65 %

der von uns genutzten Energie müssen bis 2050 aus erneuerbaren Energiequellen stammen, um die Erwärmung auf 2 Grad zu begrenzen. Dafür muss der Ausbau 7-mal schneller als momentan ausgeführt werden. Zurzeit nutzen wir weltweit nur rund 14 % erneuerbare Energien (inklusive Wasserkraft).

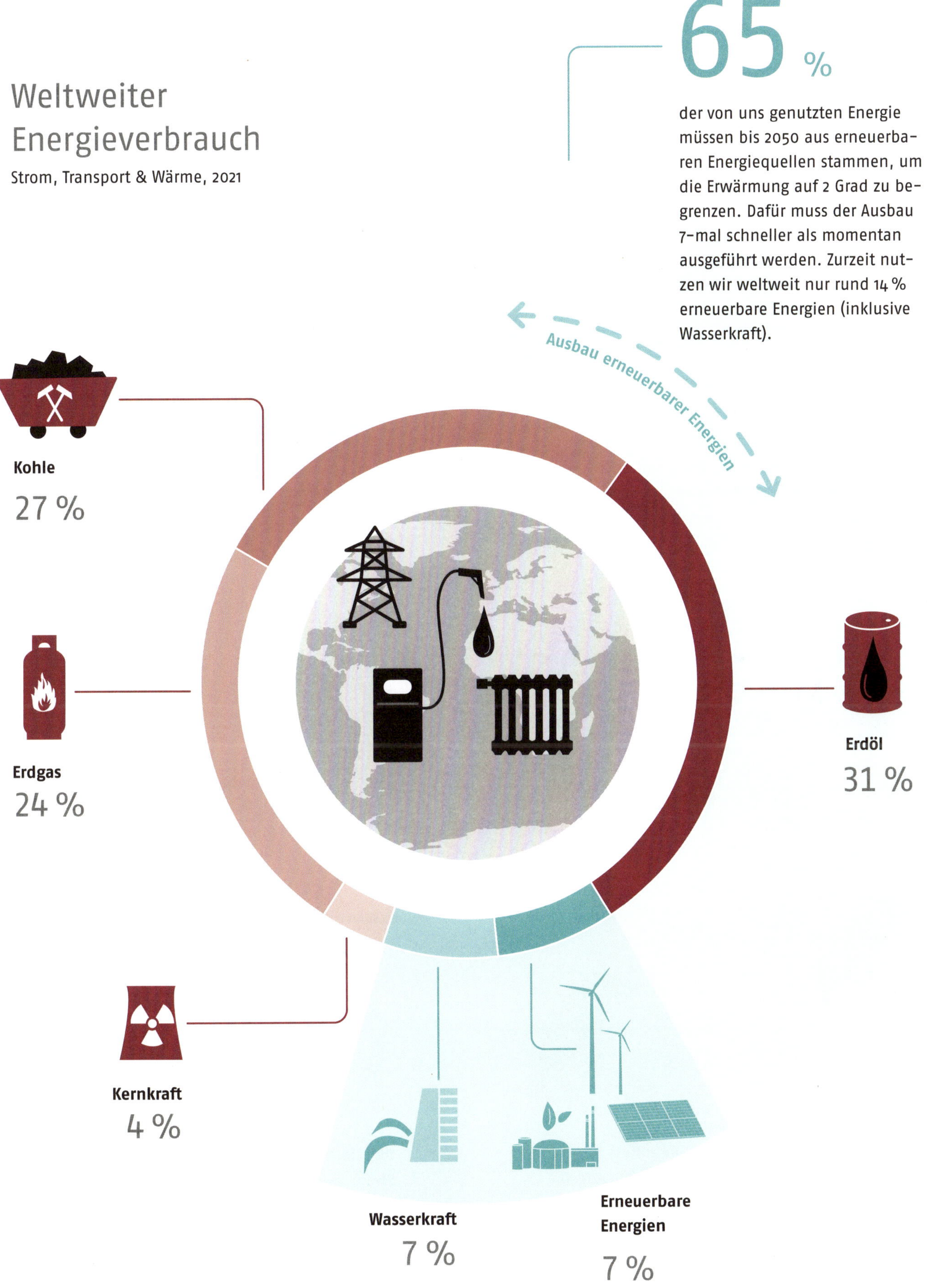

Quellen: BP (2022), IRENA (2021), WBG (2017), WHO (2018)

Statt Öl und Gas Sonne …

Für die Entdeckung des photoelektrischen Effekts erhielt Albert Einstein 1921 den Nobelpreis. Er schuf damit den Grundstein für die Entwicklung von Solaranlagen.

Solarzellen bestehen aus hauchdünnen Siliziumschichten. Der Rohstoff dafür ist überall vorhanden: Sand. In das Silizium wird Phosphor und Boar gemischt, des Weiteren besteht das Solarpaneel meist aus Kunststoff-und Glasplatten sowie einem Aluminiumrahmen. Es gibt auch flexible Paneele, die aus biegsamem Plastik hergestellt sind. Seltene Erden benötigt man für den Bau von Solarzellen übrigens nicht.

Sonnenstrahlen bestehen aus vielen winzigen Photonen.

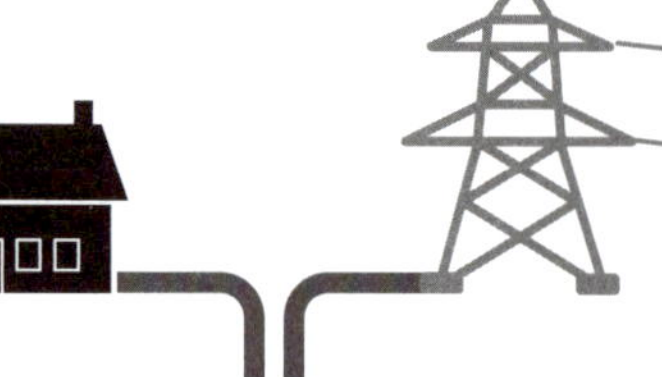

Der Wechselstrom wird dann z. B. zu einem Stromzähler weitergeleitet. Von hier geht es entweder direkt in private Steckdosen, oder der Strom wird ins Netz eingespeist.

Der Stromwandler konvertiert den Gleichstrom (DC) in Wechselstrom (AC), den wir an unseren Steckdosen nutzen können.

Treffen Photonen auf die oberste negativ aufgeladene Siliziumschicht der Solarzelle, werden die Elektronen beweglich.

Die untere Schicht ist positiv aufgeladen. Am Übergang zwischen diesen beiden Schichten entsteht ein elektrisches Feld.

Der elektrische Strom fließt zum Leitungsband und durch Leitungen weiter zum Stromwandler.

Quellen: Quaschning (2021), Rollet (2019)

... und Wind nutzen

Die Rotorblätter sind bis zu 170 m lang: Ihre Länge bestimmt zusammen mit der Windgeschwindigkeit und der Luftdichte, wie viel Strom produziert werden kann. Je größer die Rotorfläche, je schneller der Wind und je dichter (schwerer) die Luft, desto mehr Energie kann gewonnen werden.

Über das Getriebe wird die Drehbewegung der Rotorblätter vervielfacht. So wird aus der kinetischen Bewegungsenergie mechanische Energie.

Der Generator wandelt die mechanische Energie in elektrische Energie um. Wie ein riesiger Fahrraddynamo.

Gondel

Je nach Windrichtung dreht sich die Gondel so, dass die Rotorblätter direkt in den Wind zeigen.

Turm, ø 200 m hoch

Die Stromleitungen laufen durch den Turm zum Boden, wo die Steuerungstechnik und der Transformator sitzen.

Ein Transformator am Fuße der Anlage bereitet den elektrischen Strom als Wechselstrom für das Netz auf.

Die erste vollautomatische Windkraftanlage, die zur Stromerzeugung genutzt wurde, nahm der US-amerikanische Erfinder Charles Brush (1849–1929) im Jahr 1888 in Betrieb. Sie hatte 144 Rotorblätter, erbrachte aber nur 12 Kilowatt Leistung. Der Däne Poul la Cour (1846–1908) fand heraus, dass weniger Rotorblätter, die sich schneller bewegen, mehr Strom erzeugen. 1904 gab er Kurse für Windkraftingenieure, und 1918 wurden bereits 3 % des dänischen Strombedarfs von Windkraftanlagen gedeckt (heute sind es 52 %). Sein Schüler Johannes Juul ist der Erfinder der ersten Anlage, die Wechselstrom erzeugte – sie gilt als der Vorreiter unserer modernen Windkraftanlagen, die heute durchschnittlich 3 bis zu maximal 6 Megawatt Leistung erzeugen.

Quellen: Hornung (2020), Fechner & Zwieauer (2021)

Strom aus Sonne und Wind

10–25 %
Leistung haben Solaranlagen bei Bewölkung oder Nebel

Nach 1–2
Jahren haben Solaranlagen mehr CO_2 eingespart, als für ihre Herstellung emittiert wurde.

ø 93 %
der Leistung haben Solaranlagen nach 10 Jahren noch. Die Leistung nimmt also kaum ab mit der Zeit.

min. Lebenszeit in Jahren

0 10 20 25

Nach 5–12
Monaten haben Windanlagen mehr CO_2 eingespart, als für ihre Herstellung emittiert wurde.

Windanlagen funktionieren mindestens 20 Jahre, je nach Wartung und Umwelteinflüssen auch 25 Jahre.

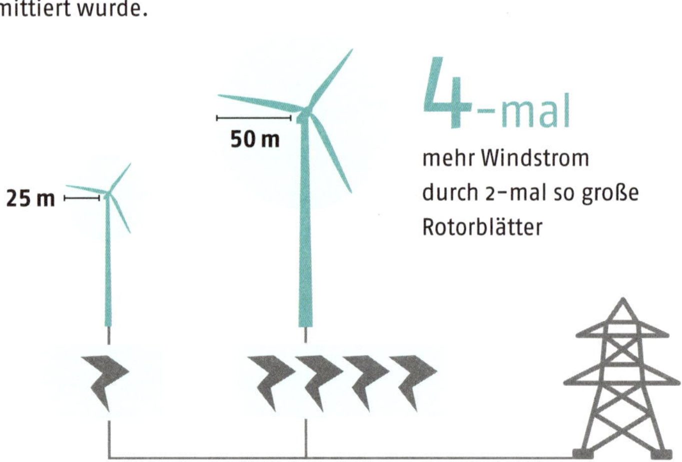

4-mal
mehr Windstrom durch 2-mal so große Rotorblätter

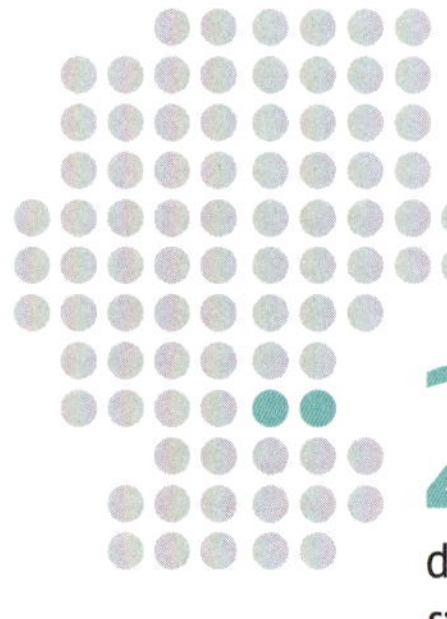

2 %
der Fläche Deutschlands für Windkraftanlagen genügen für die Energiewende.

Solar- und Windstromteil pro Land (Auswahl, 2021) ● = 1 %

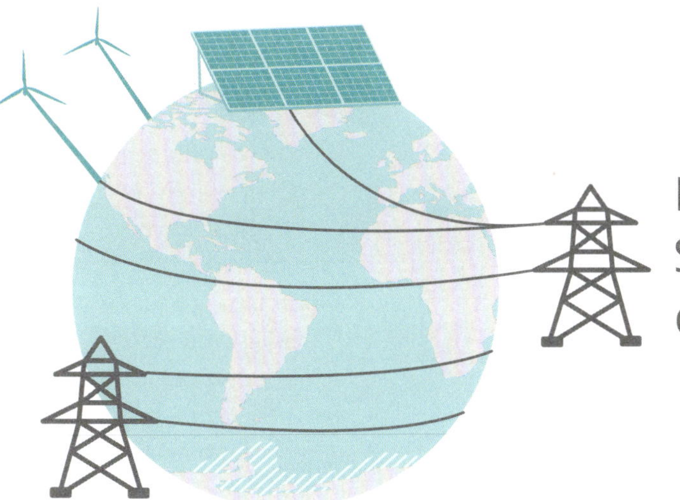

Im weltweiten Vergleich: Solar- und Windstromanteil an der Gesamtstromerzeugung

52 % Dänemark

47 % Uruguay

33 % Irland, Spanien

32 % Portugal

29 % Deutschland

22 % Australien

21 % Chile

18 % Kenia

13 % Brasilien, USA

11 % China

10 % Japan, Argentinien

9 % Frankreich

8 % Indien

7 % Kanada

0,5 % Russland, Saudi-Arabien

2021

ø 10 % Solar- und Windstromanteil und insg. sind 38 % grüne Energien im globalen Strommix.

Quellen: BWE (2021), Ember (2022), IEA (2022), Kühl (2019)

Grüner Strom statt Diesel und Benzin

Hummer aus den USA? Argentinisches Rindfleisch? Werden CO_2-intensiv per Cargoflugzeug transportiert. Strengere Einfuhrgesetze könnten diese Emissionen verhindern.

1 Transportemissionen

weltweit, insgesamt 8,1 Gt CO_2 (2018)

2 Frachtemissionen im Detail

in gr CO_2 pro transportierter Tonne und km

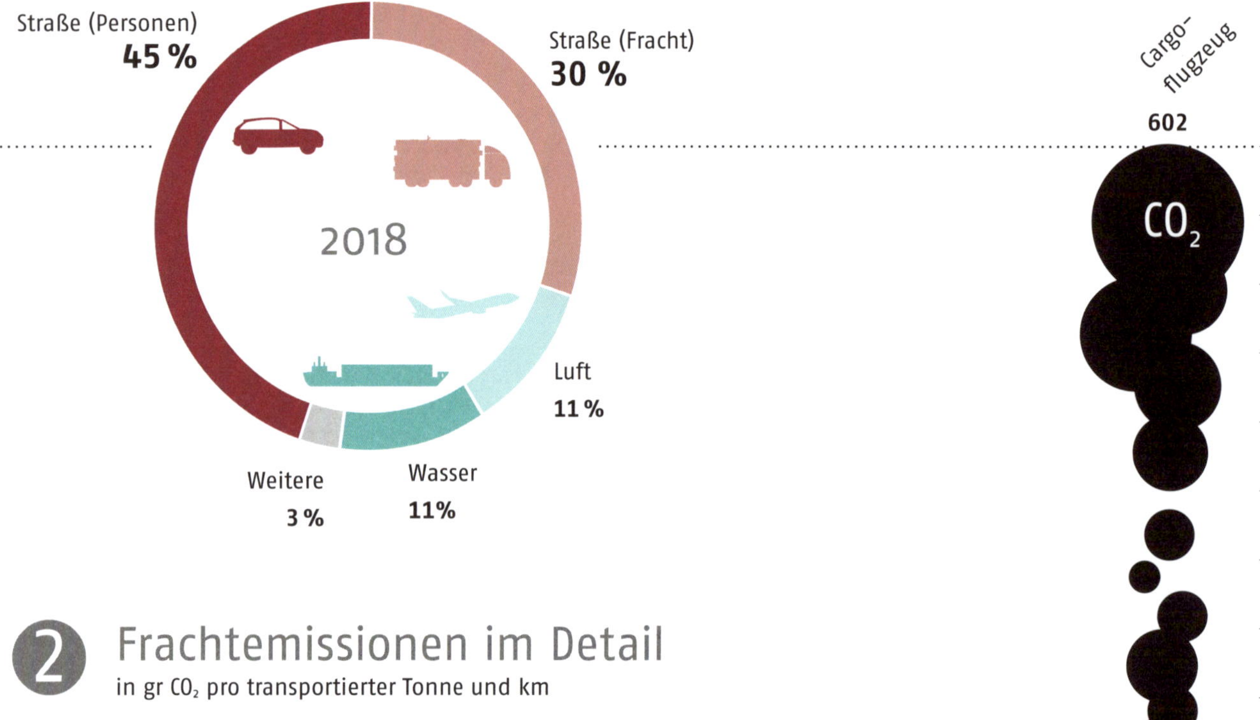

+80 %

höhere Emissionen im Transportsektor seit 1990

50 %

der weltweiten Frachtemissionen werden durch Lkw verursacht.

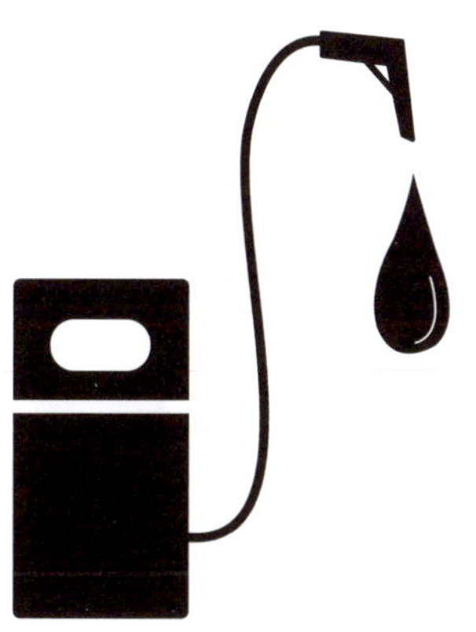

Bis 2050 muss die Erdölabhängigkeit im Transportwesen drastisch reduziert werden, um das 2-Grad-Ziel zu erreichen.

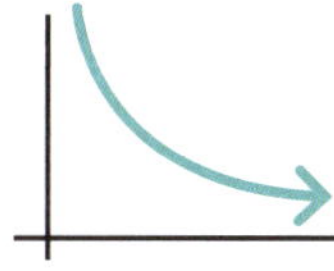

Große Städte müssen radfreundlicher werden. Vorreiter im Ausbau von Radwegen und Infrastruktur sind die Niederlande und Dänemark.

Der Transportsektor ist der schnellstwachsende Verursacher von CO_2-Emissionen weltweit. Dadurch hat er auch das beste Einsparpotenzial und ist eine der obersten Prioritäten für den Klimaschutz: 24 %* der globalen Treibhausgase werden beim Transport emittiert. Dieser Wert steigt momentan um 2,5 % pro Jahr. Den rasantesten Anstieg seit 1990 hat dabei China zu verbuchen.

Im Frachtsektor wird bis 2050 mit bis zu 4-mal höherem Warentransport und Emissionen gerechnet im Verhältnis zum Jahr 2010. Gravierend für das Klima ist der Straßenverkehr: Personen und Frachttransporte. Durch Alternativangebote im öffentlichen (E-)Nahverkehr und mehr E-Frachtverkehr z. B. per Zug oder E-Lkw können Emissionen reduziert werden. Auch das Konsumverhalten jedes Einzelnen beeinflusst den Frachtverkehr: Wer regionale Produkte statt aus Übersee kauft, spart Emissionen.

*inkl. der Energieemissionen

Der Nahverkehr muss ausgebaut werden und sollte kostenlos angeboten werden, um die Anzahl der Autos in den Städten zu reduzieren.

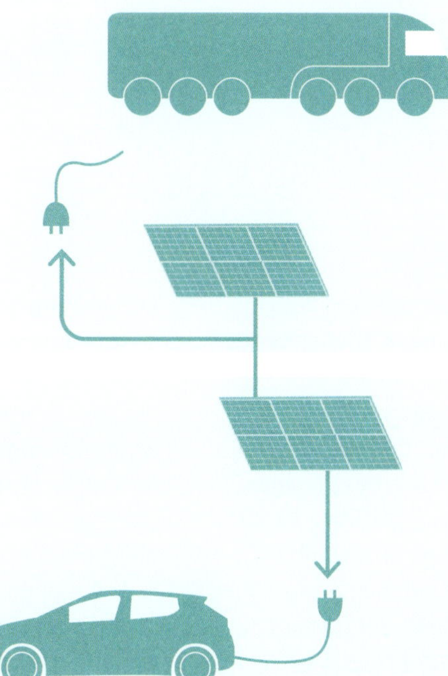

Elektro-Lkw sind bereits auf der Straße und eignen sich hervorragend für städtischen und regionalen Transport. Nur Langstrecken bleiben eine Herausforderung.

Die meisten Elektroautos fahren zurzeit in China, gefolgt von Europa und den USA. Allerdings sind die Akkus in der Herstellung sehr energie- und ressourcenintensiv.

E-Fahrzeuge fahren weltweit bislang auf den Straßen (2020), Tendenz steigend.

Quellen: IPCC (2022), IEA (2022), Paoli et al. (2021), Tiseo (2021), Plötz & Link (2021)

2 CO_2 binden: natürlich und künstlich

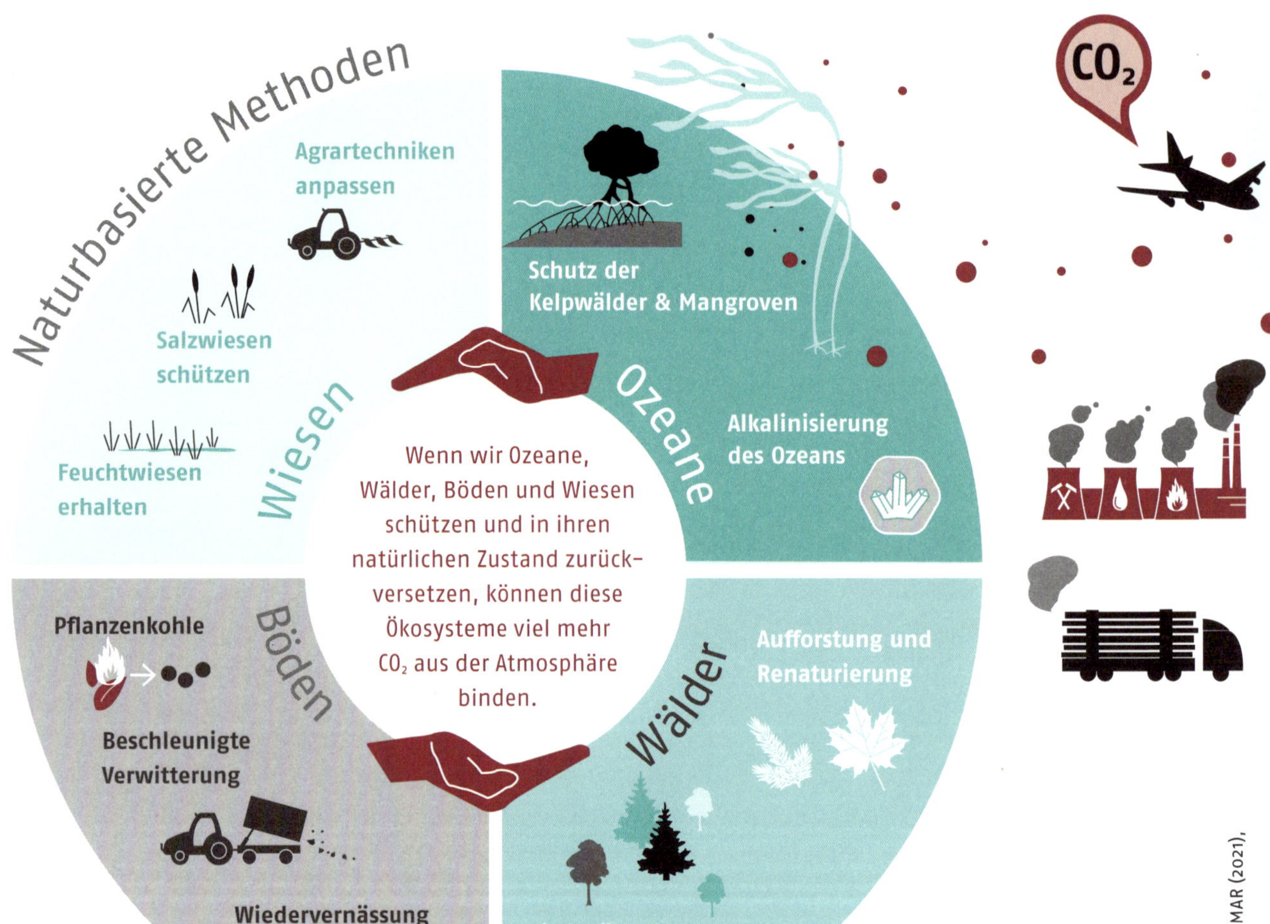

Pflanzenkohle
Durch die Herstellung von Pflanzenkohle aus Biomasse bleibt bis zu ein Drittel des von der Pflanze gebundenen CO_2 in der Kohle. Als Bodendüngung eingesetzt, kann der Kohlenstoff für lange Zeit gespeichert werden.

Die Kohle wirkt im Boden zudem wie ein Schwamm: wasser- und nährstoffspeichernd.

Beschleunigte Verwitterung & Wiedervernässung von Mooren
Um die CO_2-Bindung eines Bodens zu erhöhen, hilft das Düngen mit Gestein wie Basalt: beim Kontakt mit Wasser nehmen diese Steine CO_2 aus der Luft auf.

Einst trockengelegte Moore können nach der Vernässung wieder mehr CO_2 aufnehmen, als sie emittieren.

Aufforstung und Renaturierung
Wälder speichern rund ein Viertel unserer jährlichen CO_2-Emissionen. Natürliche Mischwälder speichern dabei viel mehr Kohlenstoff als z. B. Baumplantagen.

Besonders effektiv sind die Aufforstung und Renaturierung von degradierten und fragmentierten Wäldern in den Tropen.

»Ocean-based Negative Emission Technologies«
Ozeane speichern rund ein Viertel unserer Emissionen. Durch eine »Alkalinitätserhöhung« des Ozeans würde der Gasaustausch von CO_2 aus der Luft in den Ozean erhöht. Dafür müssten spezielle Mineralien zum Meerwasser hinzugefügt werden.

Quellen: Carbfix (2022), EnergyNow Media (2021), Geoengineering Monitor (2021), GEOMAR (2021), IPCC (2021), Mengis & Kalhori (2021) UC Davis (2019)

Künstliche CO_2-Entnahme aus der Luft

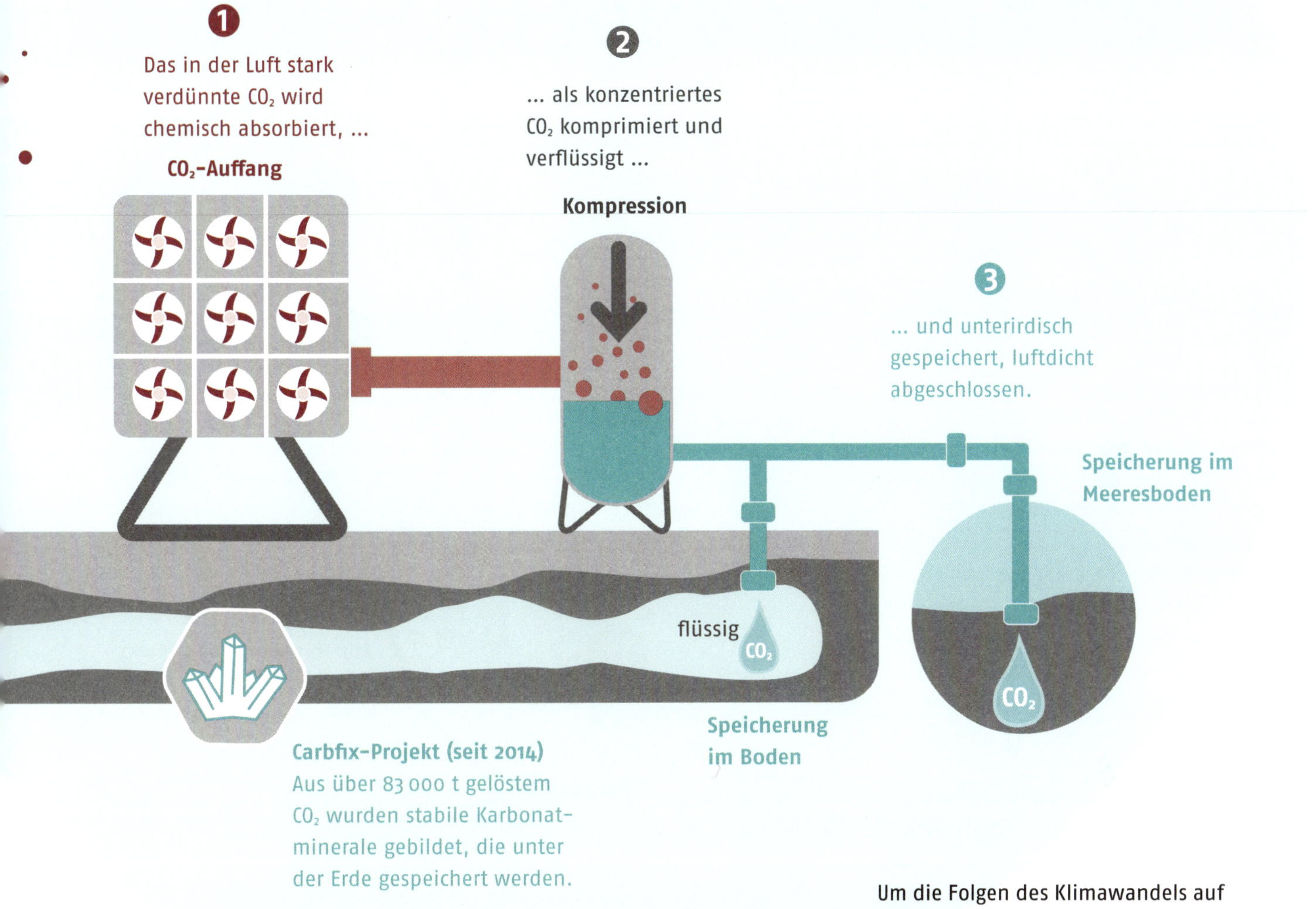

1
Das in der Luft stark verdünnte CO_2 wird chemisch absorbiert, …
CO_2-Auffang
2
… als konzentriertes CO_2 komprimiert und verflüssigt …
Kompression
3
… und unterirdisch gespeichert, luftdicht abgeschlossen.
Speicherung im Meeresboden
flüssig
CO_2
CO_2
Speicherung im Boden
Carbfix-Projekt (seit 2014)
Aus über 83 000 t gelöstem CO_2 wurden stabile Karbonatminerale gebildet, die unter der Erde gespeichert werden.

CO_2-Entfernung im Biomassekraftwerk?

keine Extraktion von fossilen Brennstoffen
CO_2 wird an der Quelle entfernt
keine politische Abhängigkeit von Gas & Öl
CO_2
40 % mehr Brennstoff benötigt
mehr Agrarland für Energiepflanzen
degradiert Böden
in großem Maßstab: nicht nachhaltig

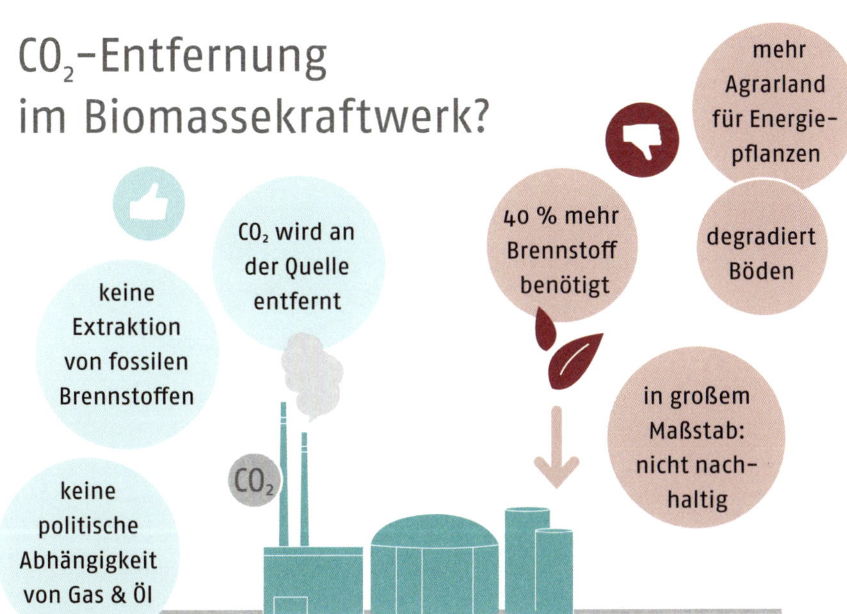

Um die Folgen des Klimawandels auf maximal 2 Grad zu begrenzen, müssen wir die Nutzung fossiler Brennstoffe so schnell wie möglich stoppen. Zusätzlich wird es nötig sein, der Atmosphäre bereits emittiertes CO_2 zu entziehen. Je länger die Energiewende hinausgezögert wird, desto höher muss der aus der Luft entnommene CO_2-Anteil sein.

Die zurzeit im Bau befindlichen Anlagen, um CO_2 aufzufangen, werden nach Fertigstellung ca. 3 Millionen Tonnen (Mt) CO_2 pro Jahr aus der Luft ziehen. Zusätzlich sind weltweit Anlagen mit 108 Mt geplant*, nötig wären 5600 Mt jährliche Kapazität bis 2050.

Es gibt verschiedene Pilot- und Forschungsprojekte, um herauszufinden, wie CO_2 direkt an Biomassekraftwerken oder anderen Quellen aufgefangen werden kann, solche Anlagen haben bisher jedoch eine problematische Umweltbilanz.

*Stand: Sept. 2021

3 Anpassung an den Klimawandel

Zahlreiche wissenschaftliche Studien haben gezeigt, dass die Erwärmung auf 1,5 Grad begrenzt werden muss, um die Risiken für Mensch und Natur zu minimieren.

Leider laufen alle derzeitigen Klimaschutzmaßnahmen (2022) eher auf 2 bis 3 Grad Erwärmung bis zum Ende des Jahrhunderts hinaus. Auch 4 Grad sind nicht abwegig, wenn Emissionen weiter wie bisher wachsen, mit gravierenden Folgen für die Menschheit.

Rasches Handeln ist daher unvermeidlich. Um das 1,5-Grad-Ziel einzuhalten, müssen CO_2-Emissionen weltweit bis 2030 um die Hälfte reduziert werden.

Gleichzeitig müssen alle Staaten stärker in Anpassungsstrategien investieren, um existenzielle Risiken für die Menschen zu minimieren oder abzuschwächen.

Unter anderem: Dämme bauen und verstärken, Dünen und Küstenlandschaften schützen, Trinkwasservorräte schützen und -entnahmen stärker regulieren, Böden vor Degradierung schützen und z. B. dürreresistente Arten nutzen, um die Nahrungsmittelsicherheit zu gewährleisten.

Ohne stärker regulierten Naturschutz können wir die essenziell wichtigen Lebensgrundlagen in Zukunft nicht für alle sicherstellen: Korallenriffe, Dünenlandschaften, Mangroven, Gletscher und Wälder leisten, wenn sie intakt sind, einen immens wichtigen Beitrag zur Nahrungsmittel- und Trinkwassersicherheit sowie zur Klimaanpassung.

Gesundheitsprobleme
Ohne Anpassung:
maximal hohes Risiko
Mit hoher Anpassung:
hohes Risiko

Polarregionen

2080–2100
4 °C

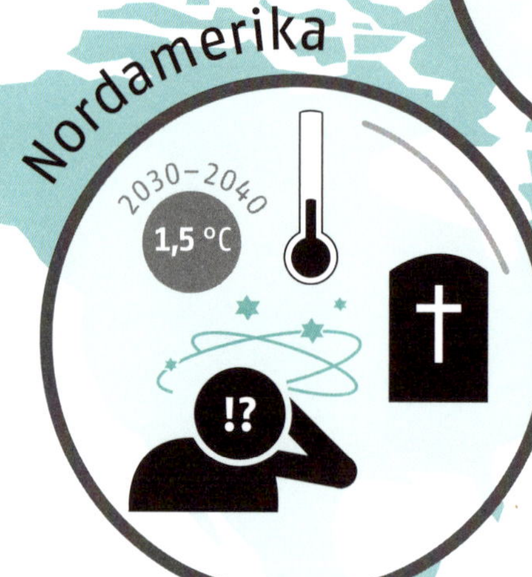

Zunahme von Todesfällen durch Hitzewellen
Ohne Anpassung:
hohes Risiko
Mit hoher Anpassung:
niedriges Risiko

2030–2040
1,5 °C

Hilf Küstenbewohnern!
Finde auf der interaktiven Weltkarte zum zukünftigen Meeresspiegelanstieg heraus, wo dringend Hilfe gebraucht wird:
https://sealevel.nasa.gov/data_tools/17

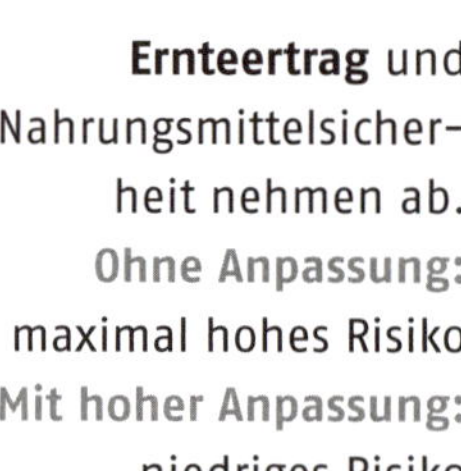

Ernteertrag und Nahrungsmittelsicherheit nehmen ab.
Ohne Anpassung:
maximal hohes Risiko
Mit hoher Anpassung:
niedriges Risiko

Mögliche Temperaturerhöhungen von 1,5 bis 4 Grad und verschiedene Zeiträume

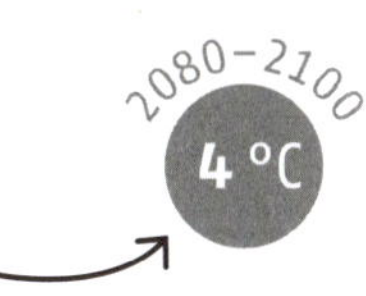

Europa

Wachsender Schaden durch extreme Hitze und Waldbrände
Ohne Anpassung: maximal hohes Risiko
Mit hoher Anpassung: mittleres bis hohes Risiko

Wachsender Schaden durch Flusshochwasser und Küstenüberflutungen
Ohne Anpassung: mittleres bis hohes Risiko
Mit hoher Anpassung: niedriges Risiko

Asien

Wachsender Schaden an der Infrastruktur und an Behausungen durch Überflutungen
Ohne Anpassung: hohes Risiko
Mit hoher Anpassung: mittleres Risiko

Afrika

Ernteertrag, Trinkwasser- und Nahrungsmittelsicherheit nehmen ab.
Ohne Anpassung: hohes Risiko
Mit hoher Anpassung: niedriges Risiko

Australien + Ozeanien

Schäden an Küsteninfrastruktur, Ökosystemen und Inseln
Ohne Anpassung: hohes Risiko (maximal für Inseln)
Mit hoher Anpassung: mittleres Risiko (hoch für Inseln)

Quellen: IPCC (2014), UNFCCC (2017)

Klimafolgen abfedern …

Sonneneinstrahlung künstlich reduzieren: 4 Ideen

Stratosphärische Aerosolinjektion

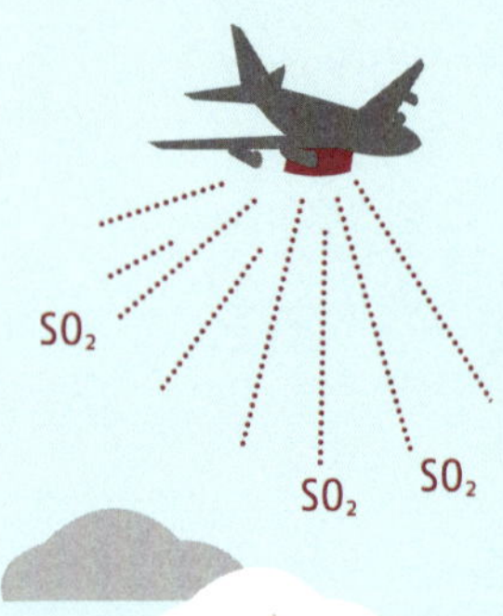

Bei großen Vulkanausbrüchen werden immense Mengen Aerosole* in die Atmosphäre geschleudert und reflektieren dort das Sonnenlicht, was zu einer zeitweisen Abkühlung des Klimas führt. Dies könnte man imitieren, indem Schwefeldioxid (SO_2) von Flugzeugen in die Stratosphäre gesprüht wird.

Diese Technik funktioniert allerdings nur bei Sonnenschein, und der Effekt ist am stärksten in den Tropen, was starke Auswirkungen auf den dortigen Wasserkreislauf hätte. Besonders heikel: Wenn die Aerosolinjektion beendet wird, würde es zu einer rasanten Erderwärmung innerhalb weniger Jahre führen.

Aufhellung der Wolken

Die Wolkendecke könnte mit gesprühtem Meerwasser so aufgehellt und vergrößert werden, dass mehr Sonnenlicht zurück in den Weltraum reflektiert wird (Albedo-Effekt). So könnte die Temperatur der Atmosphäre und der Ozeane reduziert werden.

Allerdings gibt es dazu bislang keine gelungenen Experimente im großen Maßstab, und negative Nebeneffekte wie veränderte Regenmuster müssen weiter untersucht werden. Diese Methode müsste kontinuierlich angewendet werden, die Chancen für eine globale Umsetzung stehen daher schlecht.

Ausdünnung der Zirruswolken

Zirruswolken sind hohe, sehr kalte Wolken aus Eiskristallen. Diese Wolken wirken wie Treibhausgase: Wärmestrahlung, die von der Erde zurück Richtung All gestrahlt wird, wird von den Zirruswolken blockiert.

Mithilfe von Dronen könnte man feine Staubpartikel auf diese Wolken sprühen, um sie auszudünnen oder ganz aufzulösen, sodass wieder mehr Wärmestrahlung zurück ins All gestrahlt wird.

Allerdings kann auch das Gegenteil passieren: Bei zu vielen Partikeln würden die Wolken »dicker« werden!

*Schwebeteilchen, die kleinsten Partikel sind wenige Nanometer groß

Quellen: Burns et al. (2019), Hüttmann (2019, 2020), Irvine & Keith (2020), Irvine (2022)

... mit solarem Geoengineering?

Reflektoren im All

Eine weitere Idee ist die Nutzung von Reflektoren im All, die einen kleinen Teil der Sonnenstrahlung daran hindern sollen, auf die Erde zu treffen, indem sie sie reflektieren.

Die Umsetzung dieser Idee wäre sehr teuer, denn die großen Reflektoren müssten dafür mit Raketen ins All geschossen werden. Es würde mindestens 25 Jahre dauern, um eine solche Technik zu entwickeln. Daher wird sie vermutlich Theorie bleiben.

Pro

Einige Wissenschaftler*innen und Politiker*innen plädieren dafür, dass Geoengineering parallel zur Emissionsreduktion eingesetzt wird, um negative Folgen des Klimawandels temporär abzuschwächen: den Temperaturanstieg kurzfristig zu reduzieren, Korallenriffe punktuell zu schützen und z. B. das arktische Meereis vor der Schmelze zu bewahren. Der erwünschte Kühlungseffekt könnte relativ schnell erreicht sein im Vergleich zur Emissionsreduktion, die auf Verhaltensänderungen basiert.

Contra

Geoengineering-Gegner warnen jedoch vor den noch nicht erforschten potenziellen negativen Folgen für die Umwelt, Schwierigkeiten bei der weltweiten Nutzungsregulierung sowie neuen Klimafolgen, die regional entstehen können und in Risikoberechnungen mit globalen Klimamodellen nicht sichtbar werden. Die Effizienz und Finanzierbarkeit über einen längeren Zeitraum sind nicht gewährleistet, und die soziale Ungerechtigkeit in der Klimakrise würde z. B. im globalen Süden noch verstärkt werden.

Was ist der Albedo-Effekt?

Die Oberfläche der Erde lässt sich nach ihrem Reflexionsvermögen (Albedo) charakterisieren: Bis zu 90 % der Sonneneinstrahlung werden von weißen Oberflächen wie frischem Schnee zurückgestrahlt, während die niedrigste Rückstrahlung mit ca. 7 % auf dem offenen Meer vorkommt.
Ideen für solares Geoengineering beruhen auf dem Albedo-Effekt.

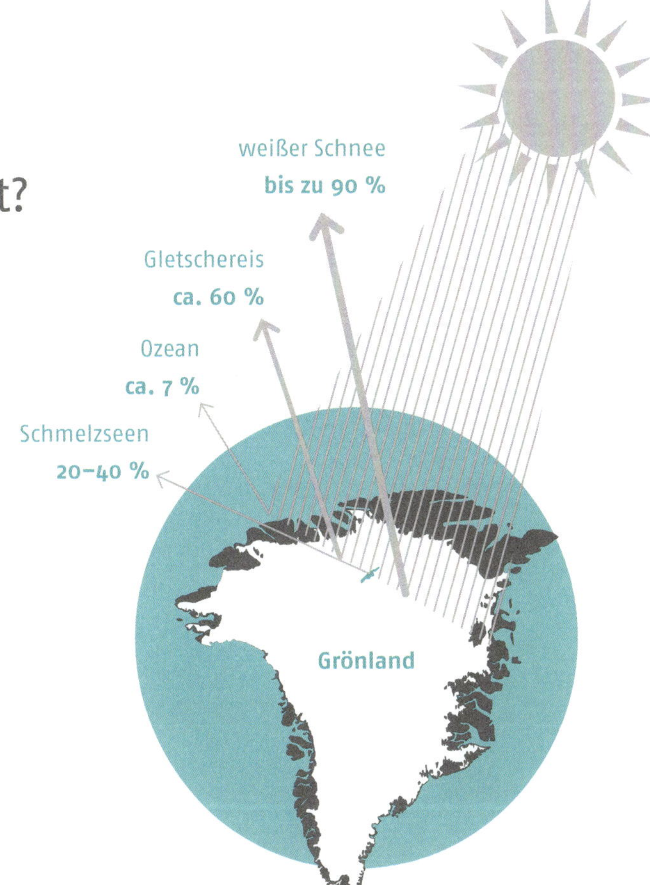

DIE HYDROSPHÄRE

Wasser, Eis & Schnee

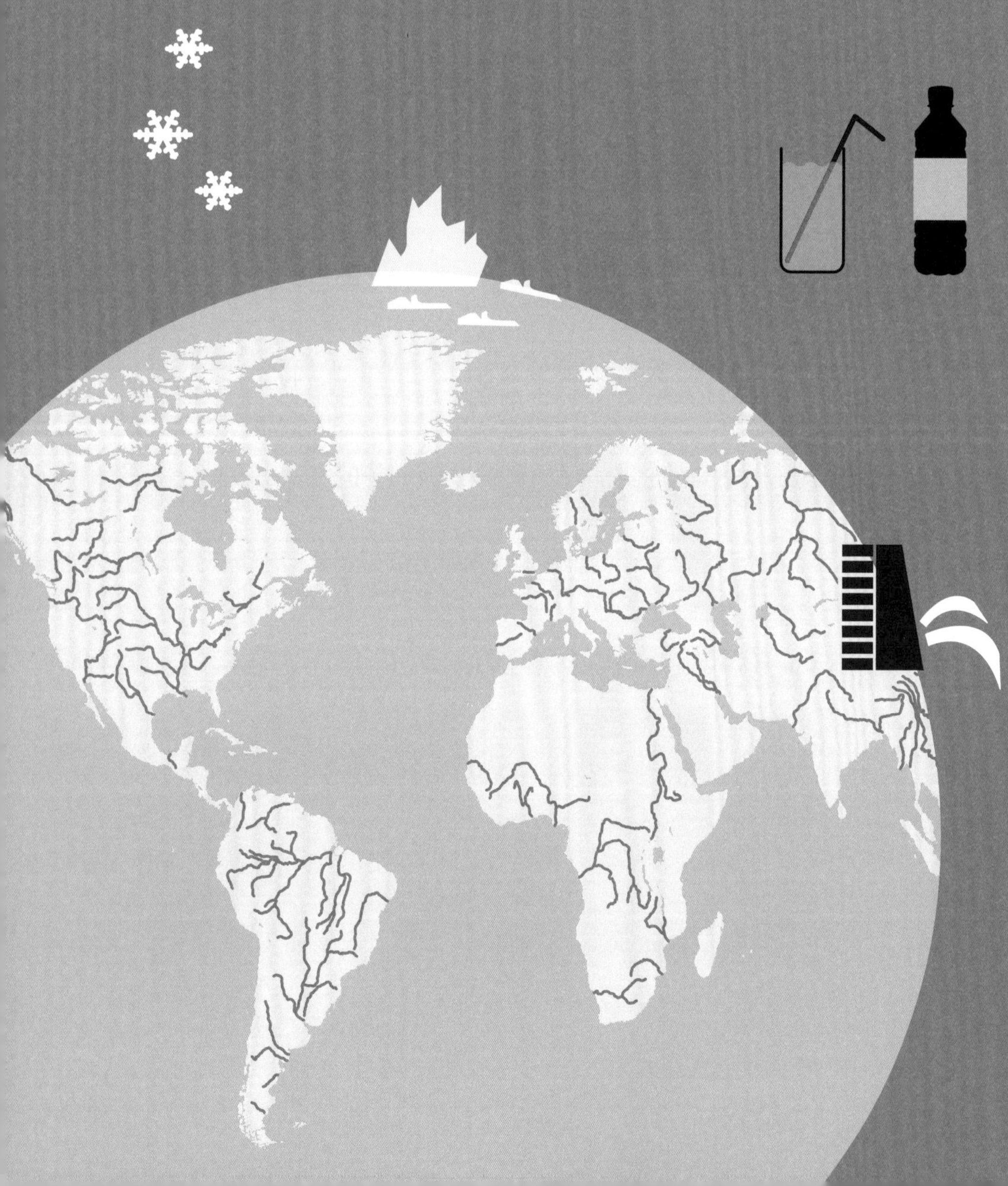

Hy | dro | sphä | re
[altgriechisch hýdor = Wasser & sphaĩra = (Erd-)Kugel]

Alles Wasser auf der Erde bildet zusammen die Hydrosphäre, egal in welchem Zustand: ob flüssig in Gewässern, Flüssen und Meeren, gasförmig in der Luft und in den Wolken oder gefroren beispielsweise in Meereis, Gletschern oder Schnee.

Salzwasser

Die Meere der Erde

ARKTISCHER OZEAN

ATLANTISCHER OZEAN

PAZIFISCHER OZEAN

ANTARKTISCHER OZEAN

5 Ozeane

formen das Weltmeer: Atlantik, Pazifik, Indischer, Arktischer und Antarktischer Ozean. Zudem gibt es größere und kleinere Meere, die von Landmassen umschlossen oder eingegrenzt sind, wie das Europäische Mittelmeer oder das Schwarze Meer.

3,5 %

des Gewichts des Meerwassers stammen von gelöstem Salz. Am Äquator und an den Polen ist der Salzgehalt geringer als in den mittleren Breiten.

Ca. 91 %

der geschätzten 2 Mio. Tier- und Pflanzenarten in den Meeren sind unerforscht und unbekannt.

Quellen: Gartner & Armstrong (2012), GEOMAR (2021), Mora et al. (2011), NOAA (2021)

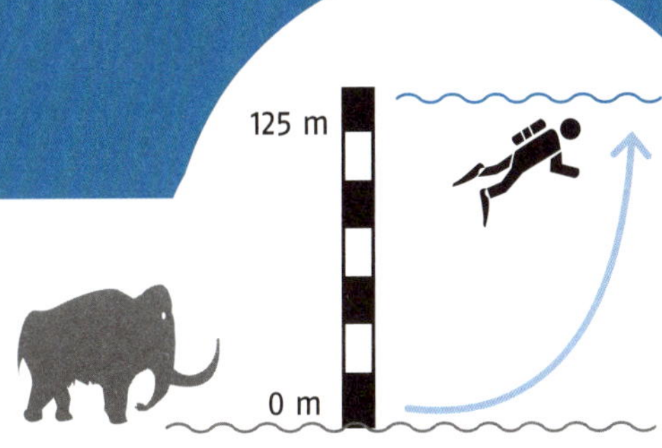

INDISCHER OZEAN

Ca.
70 %
der Erdoberfläche sind von Ozeanen bedeckt.

125 m
niedriger als heute war der Meeresspiegel in der letzten Eiszeit.

4 x mehr
sauerstoffarme Todeszonen: Durch die globale Erwärmung hat der Sauerstoffgehalt der Meere seit 1970 um 40 % abgenommen.

11 000 m
ist der tiefste Punkt im Ozean, der Marianengraben im Pazifik.

Nur 20 %
des Meeresbodens sind erforscht und detailliert mit Echoloten kartiert.

Beschäftige dich mit Meeresbiologie!
Über 150 kostenlose Onlinekurse von Universitäten zu Ozeanthemen geben einen guten Einstieg:
classcentral.com/search?q=ocean

Der Mensch...

Wir profitieren von den Meeren und machen sie uns zunutze als:

Nahrungsmittellieferant
Fisch, Algen und Muscheln stellen die Lebensgrundlage für viele Menschen dar.

Armutsbekämpfer
In Entwicklungsländern ist Fisch oft die einzige erschwingliche Proteinquelle.

Energie- und Rohstofflieferant
Von Erdöl bis zur Nutzung von Offshorewindenergie

Arbeitgeber
Bis zu 12 % aller Erwerbstätigen weltweit hängen von der Fischindustrie ab.

Transportweg
Milliarden von Waren werden jährlich über die Ozeane verschifft.

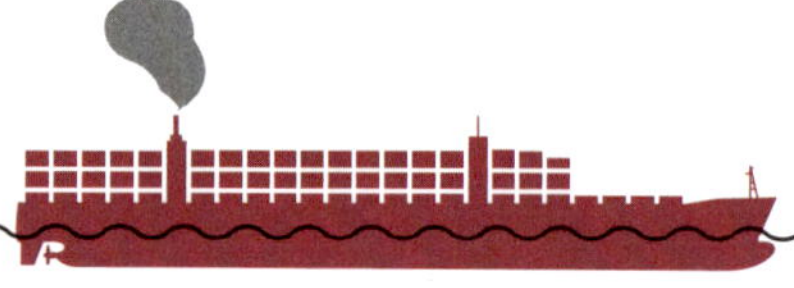

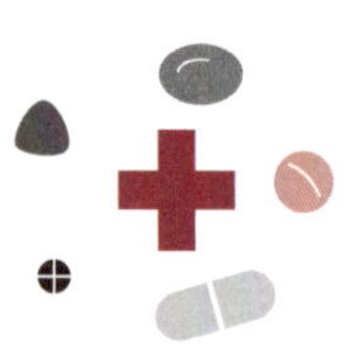

Medikamentelieferant
Aus dem Meer gewonnene Stoffe stellen die Grundlage für viele Medikamente dar.

Erholungsoase
Die Strände und Küstenregionen sind beliebte Freizeit- und Urlaubsziele.

Wie der Mensch die Meere stetig bedroht:

Klimawandel

Verschmutzung

Industrialisierung

Überfischung

...und das Meer

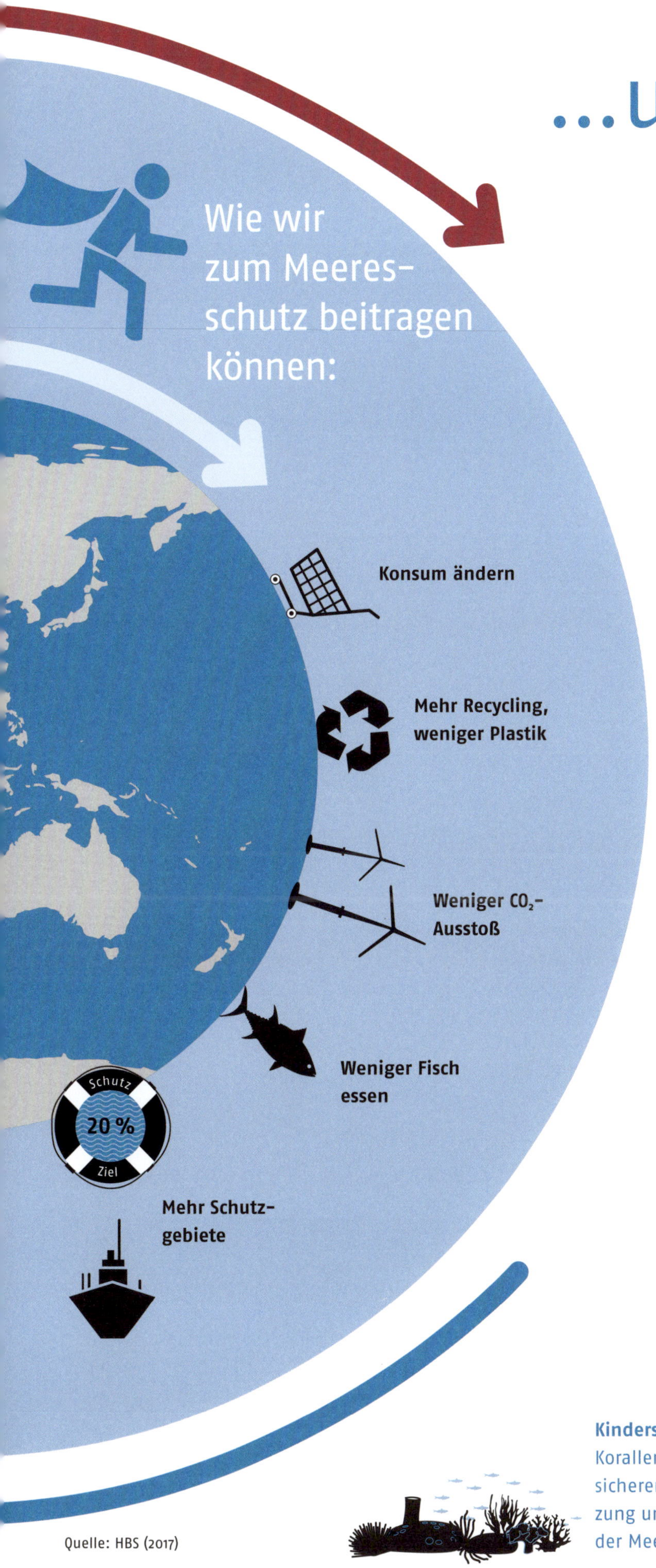

Wie wir zum Meeresschutz beitragen können:

Konsum ändern

Mehr Recycling, weniger Plastik

Weniger CO_2-Ausstoß

Weniger Fisch essen

Mehr Schutzgebiete

Die Ozeane leisten einen großen Beitrag, sie sind:

Klimaregulator
In ständigem Austausch mit der Atmosphäre steuern sie Wetter und Klima.

Lebensraum
Sie schaffen biologisches Gleichgewicht durch komplexe Nahrungsketten.

Klimaschützer
Sie erzeugen eine »Pufferwirkung« durch die Aufnahme von CO_2 und Wärmeenergie.

Sauerstoffversorger
Sie wandeln unser CO_2 um und produzieren unter anderem Sauerstoff.

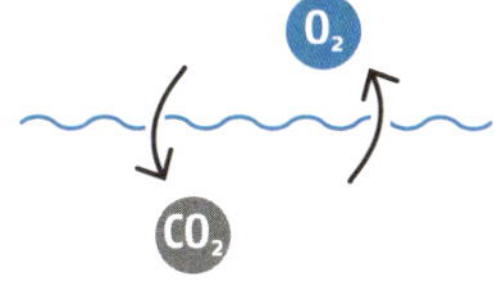

Stabilisator
Mithilfe von biologischer Vielfalt sorgen sie für stabile Ökosysteme.

Kinderstube
Korallenriffe sind ein sicherer Ort für Fortpflanzung und Artenvielfalt der Meeresbewohner.

Quelle: HBS (2017)

Meere im Klimawandel

1 Der Ozean wird wärmer.

Die Meeresoberflächentemperatur steigt durch den Klimawandel. Auch die tieferen Schichten werden wärmer, allerdings sehr viel langsamer. Im Verhältnis zu 1980 ist der Ozean heute (2020) um etwa ca. 0,6 Grad wärmer. Die tropischen Meere erwärmen sich dabei schneller als andere Regionen.

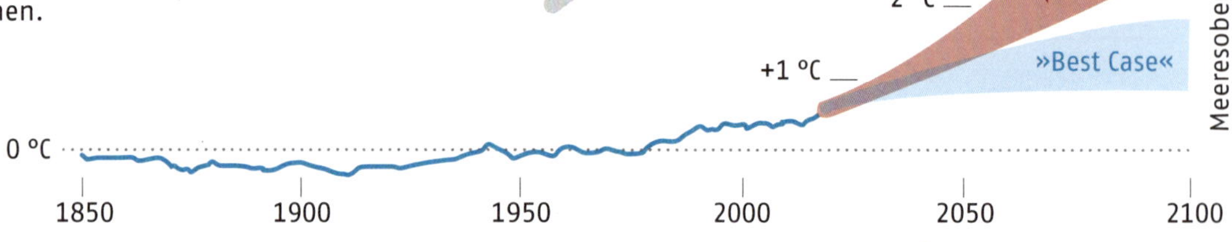

2 Die Biodiversität nimmt ab.

Korallen gehen eine lebensnotwendige Symbiose mit bestimmten Algen, den Zooxanthellen, ein. Sie werden von der Alge ernährt und erhalten ihre Farbgebung von ihr.

Ab 1 Grad höherer Temperatur gerät die Alge in einen Schockzustand und produziert Gift statt Zucker. Die Koralle stößt die Alge daher ab und verliert damit ihre Farbe.

Als Folge verhungert die Koralle. Nach dem Tod setzt ein schädlicher Algen- und Schwammbewuchs ein, der eine Rückkehr der Zooxanthellen fast unmöglich macht.

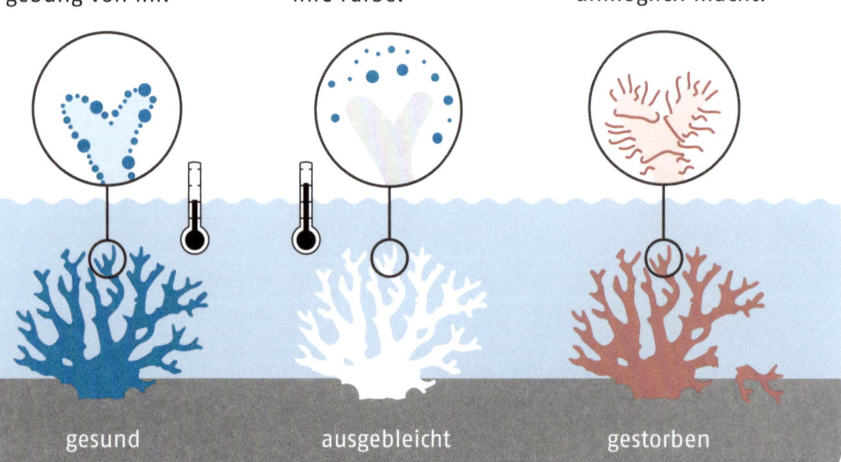

25 %

der Lebewesen im Ozean hängen direkt von den Korallenriffen ab.

Quellen: ARC (2022), IPCC (2021), NOAA (2019)

3 Der Ozean wird saurer.

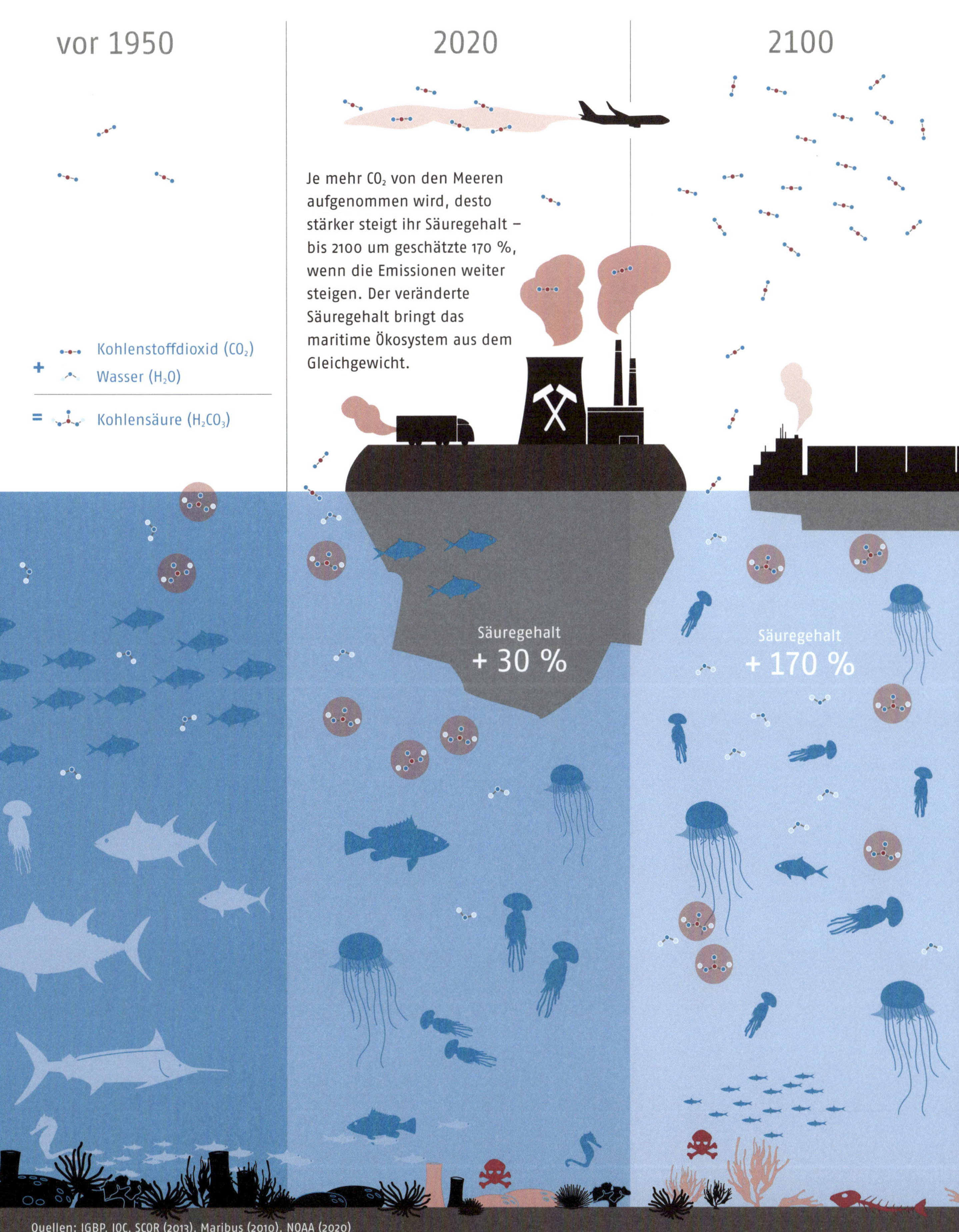

Quellen: IGBP, IOC, SCOR (2013), Maribus (2010), NOAA (2020)

Müll im Meer

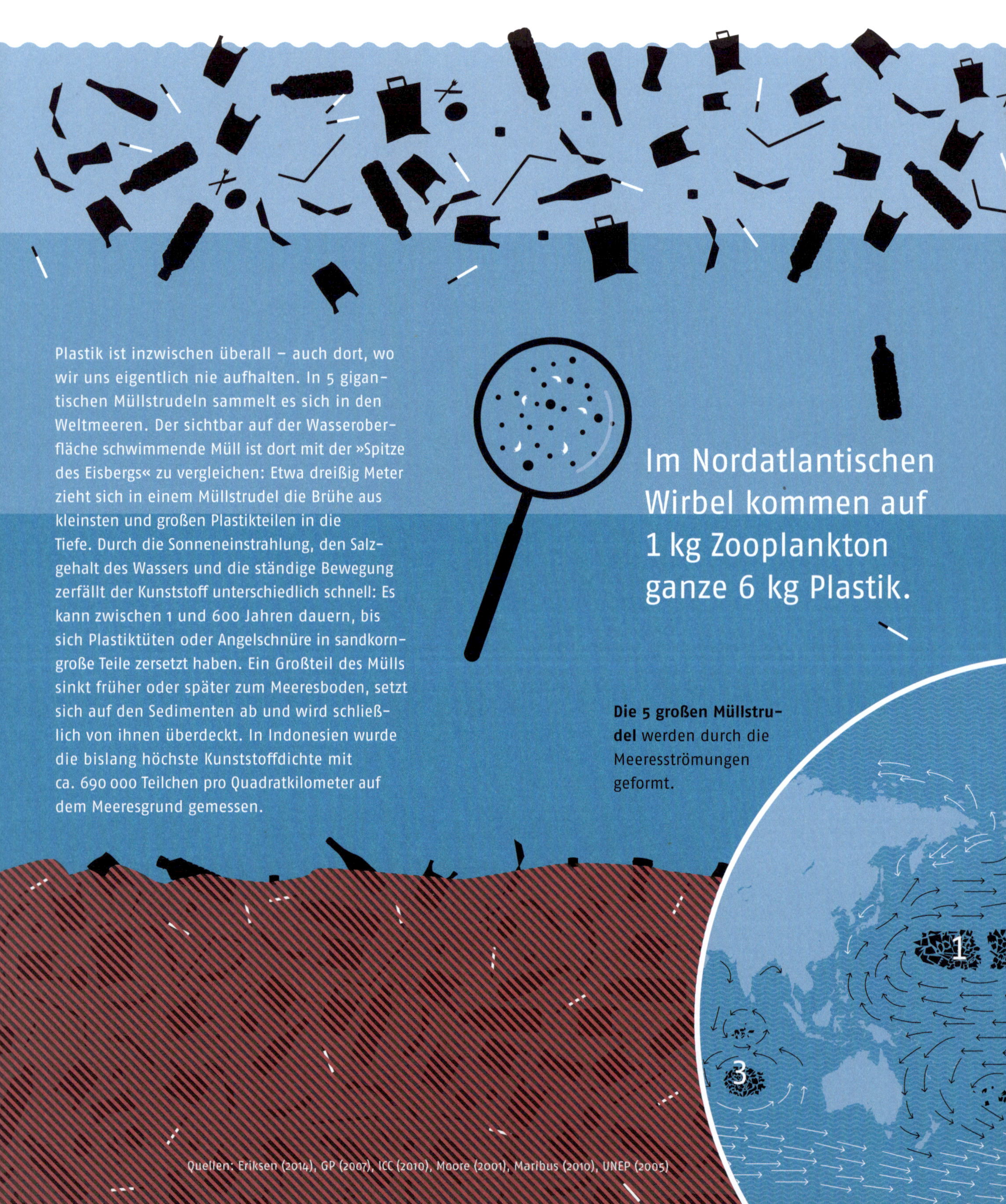

Plastik ist inzwischen überall – auch dort, wo wir uns eigentlich nie aufhalten. In 5 gigantischen Müllstrudeln sammelt es sich in den Weltmeeren. Der sichtbar auf der Wasseroberfläche schwimmende Müll ist dort mit der »Spitze des Eisbergs« zu vergleichen: Etwa dreißig Meter zieht sich in einem Müllstrudel die Brühe aus kleinsten und großen Plastikteilen in die Tiefe. Durch die Sonneneinstrahlung, den Salzgehalt des Wassers und die ständige Bewegung zerfällt der Kunststoff unterschiedlich schnell: Es kann zwischen 1 und 600 Jahren dauern, bis sich Plastiktüten oder Angelschnüre in sandkorngroße Teile zersetzt haben. Ein Großteil des Mülls sinkt früher oder später zum Meeresboden, setzt sich auf den Sedimenten ab und wird schließlich von ihnen überdeckt. In Indonesien wurde die bislang höchste Kunststoffdichte mit ca. 690 000 Teilchen pro Quadratkilometer auf dem Meeresgrund gemessen.

Die 5 großen Müllstrudel werden durch die Meeresströmungen geformt.

Quellen: Eriksen (2014), GP (2007), ICC (2010), Moore (2001), Maribus (2010), UNEP (2005)

0-30 m
30-400 m
400-5000 m
2
4
5
70 % des Mülls liegen auf dem Meeresgrund.

Süßwasser

Flüsse und Staudämme

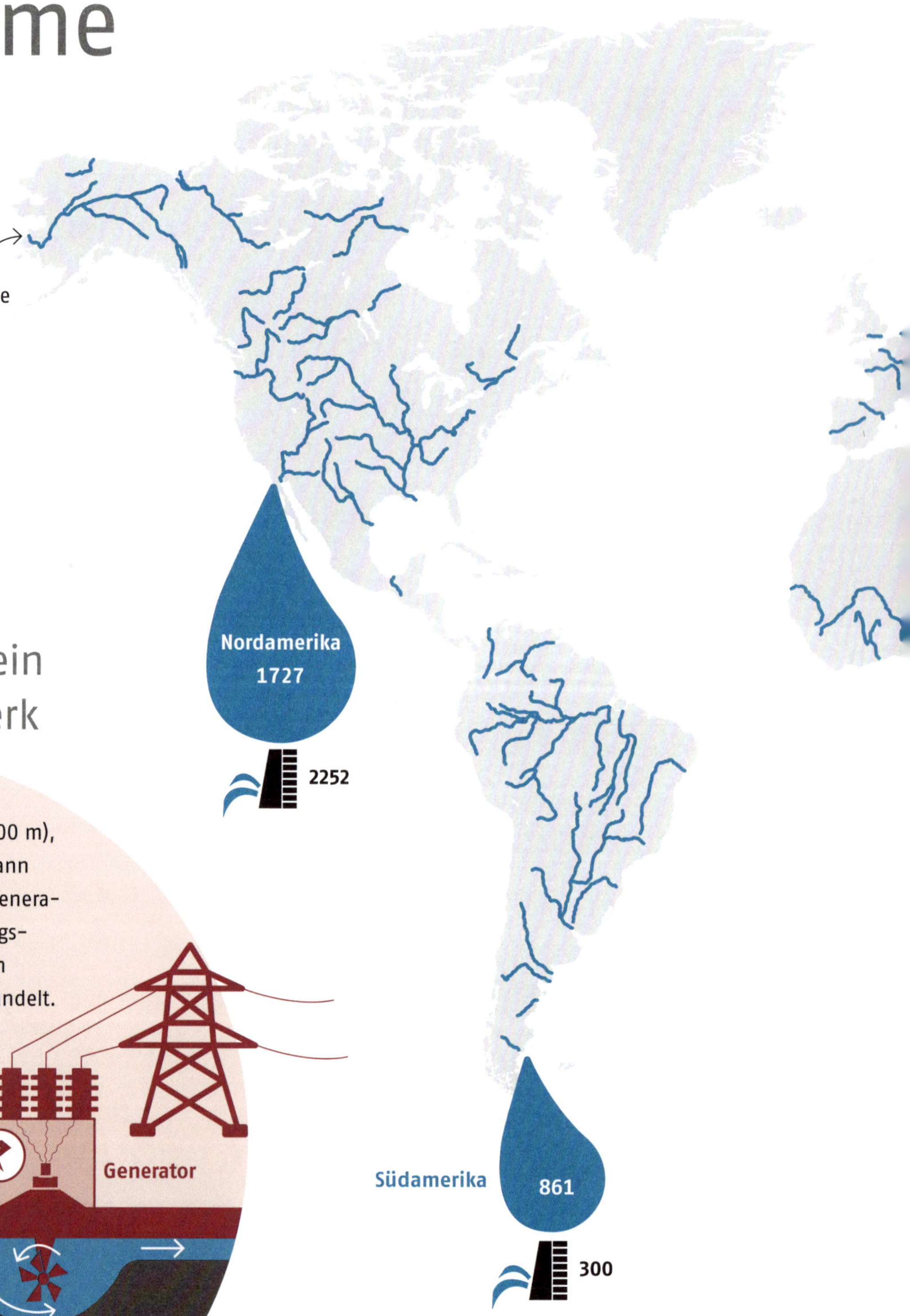

Die größten Flüsse der Erde

Nordamerika 1727

2252

Südamerika 861

300

So funktioniert ein Speicherkraftwerk

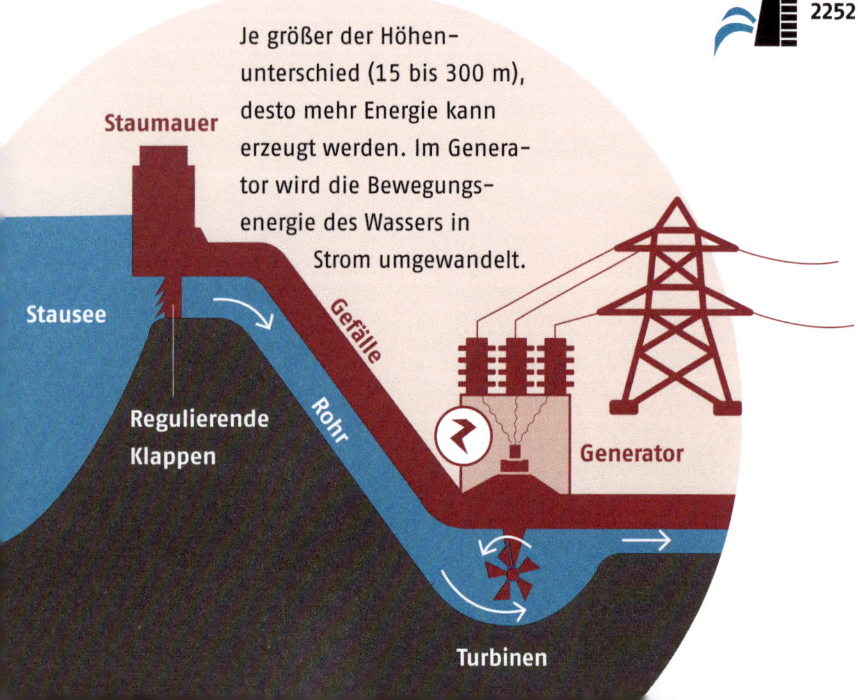

Je größer der Höhenunterschied (15 bis 300 m), desto mehr Energie kann erzeugt werden. Im Generator wird die Bewegungsenergie des Wassers in Strom umgewandelt.

Staumauer

Stausee

Gefälle

Rohr

Regulierende Klappen

Generator

Turbinen

Staudämme

Stauvolumen in Mrd. m^3

Anzahl der Staudämme

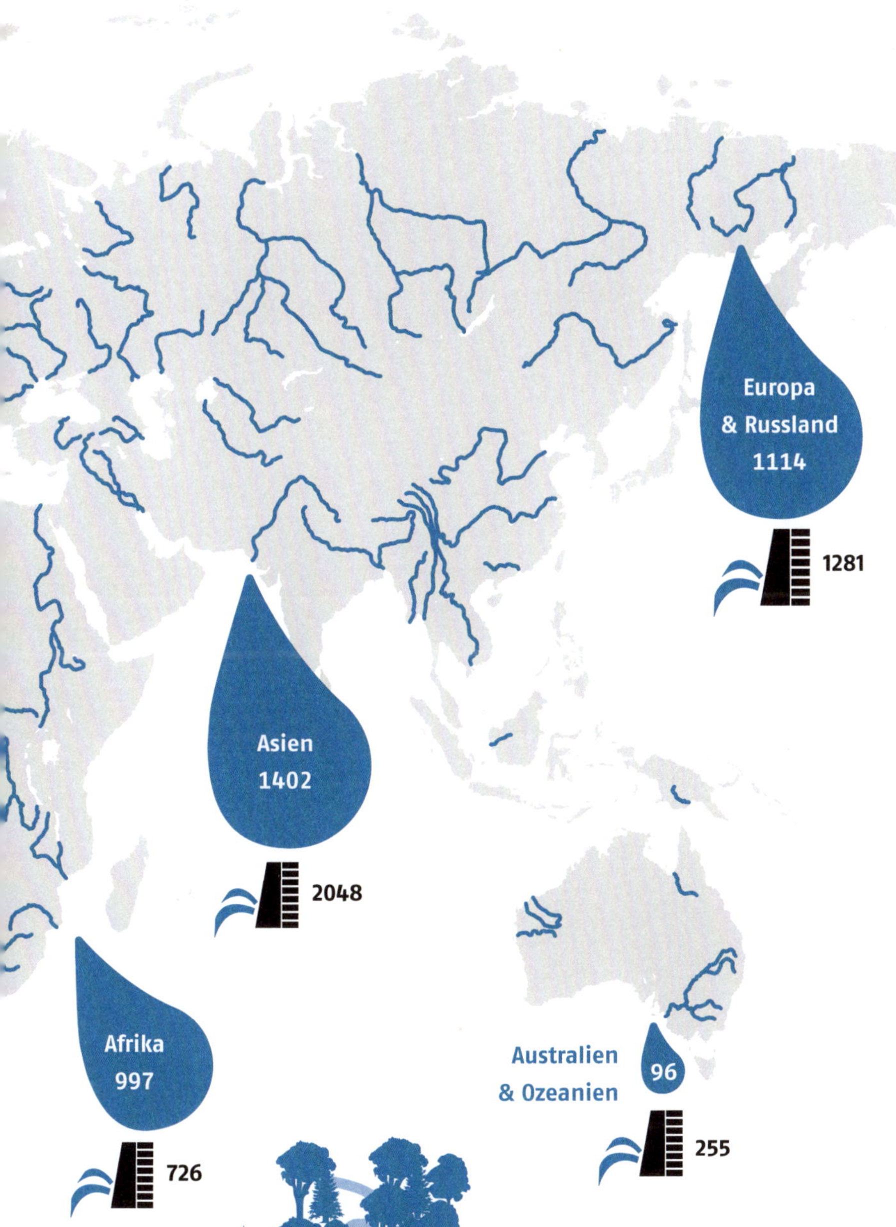

Europa & Russland 1114

1281

Asien 1402

2048

Afrika 997

726

Australien & Ozeanien 96

255

75 % des Trinkwassers weltweit stammen aus bewaldeten Wassereinzugsgebieten. Bäume halten den Boden feucht und spenden kühlenden Schatten.

Quellen: GWSP (2015), Lehner et al. (2011)

Flüsse sind wie Lebensadern, fundamental wichtig für Ernährung, Trinkwasser und Kultur. Zudem werden Flüsse zum Gütertransport, zur Stromgewinnung und zur Kühlung von Industrieanlagen und Bewässerung von Feldern genutzt.

Flüsse transportieren aber auch Abfälle, Chemikalien aus der Textilindustrie, Pestizide von den Feldern, Quecksilber vom Goldschürfen oder Öl und Metalle aus Minen.

Rund die Hälfte aller Flüsse weltweit verfügen über mindestens einen Staudamm: als Hochwasserschutz, zur Trinkwasserversorgung oder Stromerzeugung. Auch für die Landwirtschaft sind Stauseen enorm wichtig: 30–40 % aller künstlich bewässerten Felder werden mit Wasser aus Stauseen versorgt. Durch den Bau der Staudämme werden Lebensräume zerstört: Besonders in Südostasien wird für Staudammprojekte Regenwald abgeholzt, mit dramatischen Folgen für viele akut vom Aussterben bedrohten Arten.

Durch den Klimawandel verändern sich Flüsse auf allen Kontinenten: Hitzewellen verursachen Sauerstoffarmut und Fischsterben, die Gletscherschmelze führt langfristig zu Niedrigwasserständen. Während Staudämme kurzfristig durch die Schmelze eine höhere Produktion aufweisen, wird es langfristig bergab gehen mit der Energiegewinnung.

Damit der Anbau von Lebensmitteln möglich bleibt und um die Folgen der Erwärmung abzufedern, ist die Erhaltung von bewaldeten Flussökosystemen mithilfe von Renaturierungsprojekten und Schutzgebieten unausweichlich.

»Verstecktes« Süßwasser

Oberflächennahes Grundwasser bildet Feuchtbiotope – eines der artenreichsten Ökosysteme der Erde.

Tief im Boden: Grundwasser

Nur 2,5 % der Wasservorkommen auf der Erde sind Süßwasser. Ein Drittel davon ist Grundwasser, knapp zwei Drittel sind in den Eisschilden gespeichert.

Grundwasser speist Quellen, versorgt Flüsse, Seen und Wälder. Für uns ist es in vielen Bereichen lebensnotwendig: als Trinkwasser, als Grundlage für den Anbau von Lebensmitteln, zur Produktion von Waren und in manchen Regionen als Heizenergie aus Thermalquellen.

Wasser ist die meistgenutzte Ressource unserer Erde. Die Qualität des Grundwassers sollte entsprechend seiner Wichtigkeit ständig überwacht werden. Aber sogar in Deutschland hat das Grundwasser vielerorts keine ausreichend hohe Qualität und muss kostspielig aufgearbeitet werden (s. S. 95).

Eine Ausweitung des gesetzlichen Verbots von langlebigen, nicht biologisch abbaubaren Schadstoffen,* die z. B. in Pestiziden oder der Beschichtung von Outdoorkleidung weiterhin im Einsatz sind, und eine stärkere Regulierung der Überdüngung in der Landwirtschaft wären wichtige Schritte, um sauberes Grundwasser für zukünftige Generationen sicherzustellen.

Es kann mehrere hundert Jahre dauern, bis das Wasser von der Oberfläche bis zum tief gelegenen Grundwasser durchgesickert ist. Wir müssen also heute beginnen, das Wasser von morgen zu schützen!

*persistant organic pollutants (POPs)

Humus

Mineralboden

Gestein

Grundwasser

Die verschiedenen Erdschichten, durch die das Wasser sickert, filtern und reinigen es und reichern es mit Mineralien an.

Als Teil des Wasserkreislaufs (s. S. 10) wird Grundwasser durch Niederschläge aufgefüllt, die langsam in die tieferen Gesteinsschichten sickern. Dieser Prozess kann mehrere hundert Jahre dauern.

Fragiles Ökosystem: Im Grundwasser leben Mikroorganismen, die für die Reinheit des Wassers sorgen.

Wasserundurchlässige Schicht

Nutzung des Grundwassers

Trinkwasser

Weltweit stammt Trinkwasser zu einem großen Teil aus dem Grundwasser, in Deutschland rund 70 %. Es wird außerdem als Mineralwasser abgefüllt.

Industrie

In Fabriken und Kraftwerken wird es als Kühlwasser oder zur Herstellung z. B. von Papier genutzt.

Landwirtschaft

Zur Bewässerung der Felder und für Nutztiere wird Grundwasser in der Landwirtschaft benötigt.

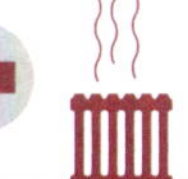

Thermalquellen und Geothermie

Heiße und warme Heilquellen werden aus gesundheitlichen Gründen und als Erdwärme für Heizungen genutzt.

Meeresspiegel heute

Tief unter dem Ozean – Süßwasserspeicher

Während der letzten Eiszeit lag der Meeresspiegel etwa 125 m niedriger als heute. Als sich die Erde erwärmte und 1000 m hohe Eismassen geschmolzen sind, ist der Meeresspiegel angestiegen.

Entlang der Ostküste der USA wurde auf dem flach gelegenen Kontinentalschelf ein riesiges Süßwasser-Reservoir unter dem Meer entdeckt: ein Relikt der Eiszeit. Das Süßwasser entweicht allerdings langsam über Sedimente ins Meer und wird vermutlich zusätzlich von Wasserquellen an Land gespeist.

Meeresspiegel in der letzten Eiszeit

Quellen: Gustafson et al. (2019), Li et al. (2021), UBA (2022)

Feuchtgebiete fürs Klima

Feuchtgebiete sind einzigartige Lebensräume, da sie eine Übergangszone zwischen Land- und Wasserökosystemen bilden. Sie zählen außerdem zu den produktivsten Landschaften auf der Erde. Die Artenvielfalt ist hier besonders hoch: Stark angepasste Pflanzen, Amphibien, Fische, Algen und viele Vogelarten formen ein hochkomplexes Ökosystem. Viele dieser Arten sind wegen des Verschwindens dieses Lebensraums bedroht.

Sümpfe, Moore, Torfmoore, Marschland oder Salzwiesen gehören zu Feuchtgebieten. Sie haben vieles gemeinsam: Ihre Böden sind stark wasserhaltig, weisen einen geringen Sauerstoffgehalt auf und binden, global betrachtet, gigantische Mengen an Treibhausgasen.

Schütze das Moor!
Unter dem Hashtag **#moormussnass** finden sich viele inspirierende Initiativen.

Torfmoore

Ein Torfmoorwald ist ein tropischer Tieflandregenwald, der auf bis zu 30 Meter mächtigen feuchten Moorschichten wächst.

Ein gesundes Torfmoorökosystem verfügt über einen hohen Grundwasserspiegel.

In Südostasien werden Torfmoorwälder z. B. für die Holzproduktion gefällt oder durch illegale Brandrodung zerstört.

Verschwindet der Wald, setzt eine Entwässerung der Böden ein, CO_2 und Methan werden freigesetzt.

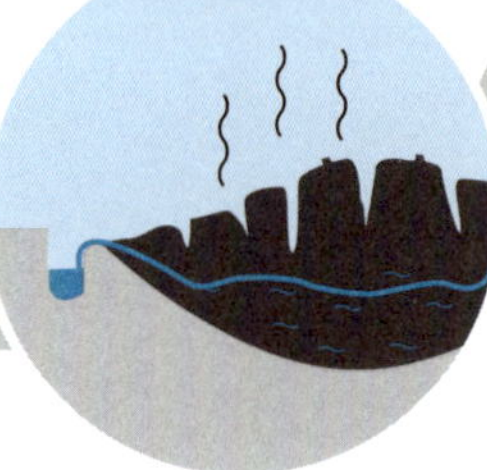

Nach und nach sinkt der Grundwasserspiegel, das Moor trocknet aus und setzt das gespeicherte CO_2 frei.

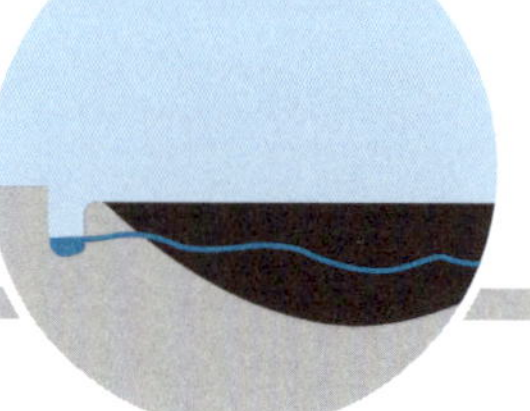

Endstufe: Das Ökosystem Torfmoor ist zerstört, der Grundwasserspiegel am untersten Limit.

Durch Hitze und fehlende Bodenfeuchte entstehen Feuer, weiteres CO_2 wird freigesetzt.

Anstelle des Waldes werden Ölpalmen gepflanzt, um der weltweit steigenden Nachfrage nach Palmöl gerecht zu werden.

Quellen: Hooijer et al. (2010), Page et al. (2011), Joosten (2022)

Marschland & Salzwiesen

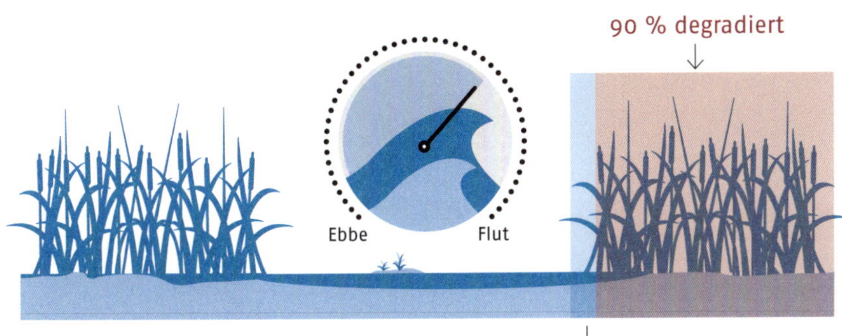

Der Boden ist mineralisch feucht und dicht überwachsen mit einer Vielfalt an Gräsern und Schilf.

Periodische Überschwemmungen z. B. durch Gezeiten sorgen für einen hohen Nährstoffgehalt.

In Deutschland sind weniger als 10 % der Feuchtgebiete in einem guten ökologischen Zustand.

Küstennahe Salzwiesen werden von Süß- und Salzwasser liebenden Arten frequentiert.

Zustand der Moore

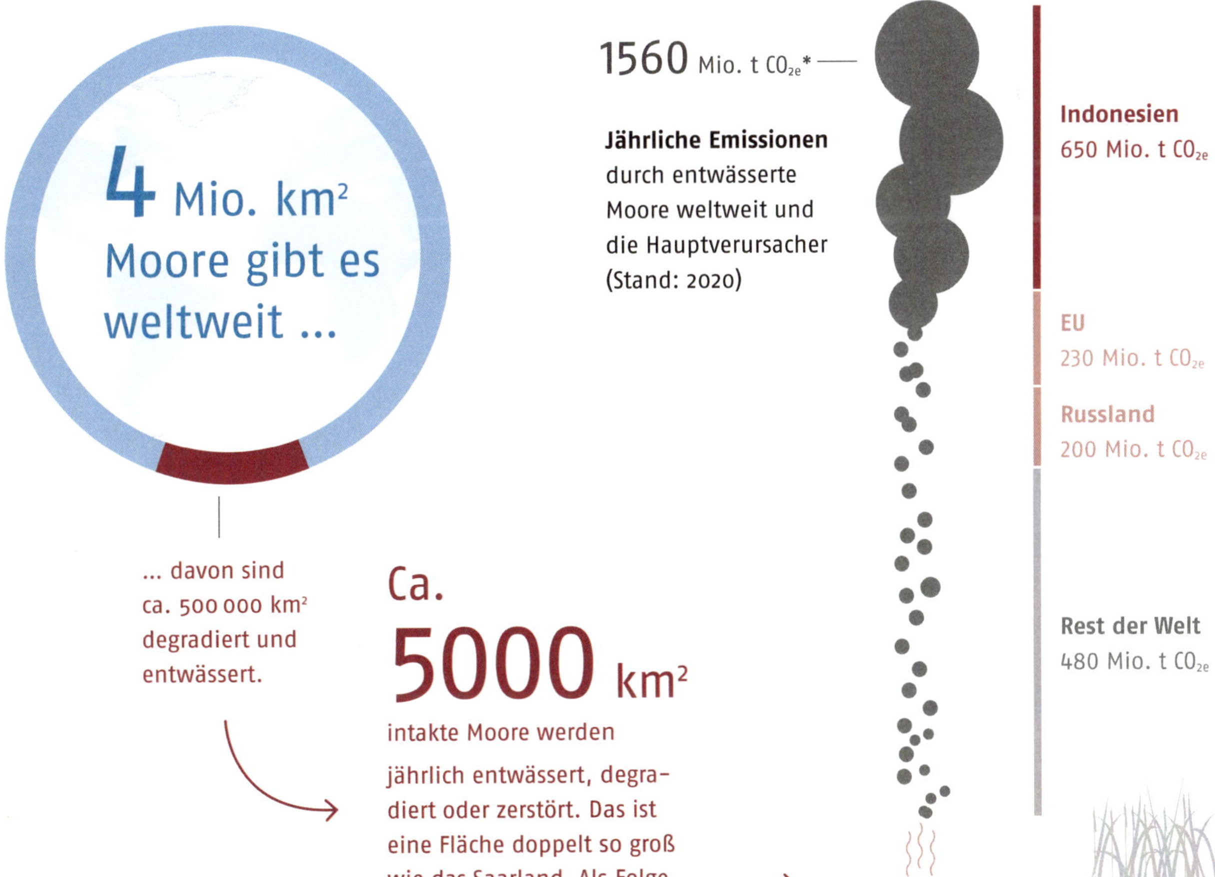

* CO_2-Äquivalente: alle Klimagase umgerechnet in die Wirkung von CO_2

Eiswelten

Die Kryosphäre der Erde

Die Kryosphäre, aus dem altgriechischen *krýos* = Eiskälte und *sphaira* = (Erd-)Kugel, ist die Gesamtheit aller Eis- und Schneeflächen auf einem Planeten. Auf der Erde erstreckt sie sich über einhundert Länder in Form von Eisschilden, Schnee, Gletscher, Meereis und Schelfeis, Permafrost an Land und am Meeresboden sowie als Eis auf Seen und Flüssen.

Süßwassereis
Die obere Schicht von Seen und Flüssen ist im Winter oft gefroren.

Grönlandisches Eisschild
Der Eispanzer Grönlands ist bis zu 3200 m hoch.

Schneegrenze

Permafrost
Auf der Nordhalbkugel gefriert der Boden ganzjährig in Alaska, Nordkanada und Sibirien, zudem in hohen Bergregionen wie dem Himalaja. Auf der Südhalbkugel sind die Böden der Antarktis ebenfalls permanent gefroren.

Schnee
Schnee bedeckt im Mittel jedes Jahr rund 46 Mio. km² der Erde.

Schelfeis
Schwimmende permanente Eisflächen, die mit dem Landeis verbunden und mehrere hundert Meter hoch sind. Mit 473 000 km² ist das Ross-Schelfeis in der Antarktis das größte seiner Art. An den Kanten kalbt das Schelfeis, Eisberge entstehen.

Eisschilde
Ganzjährige Eispanzer an Land, die mindestens 50 000 km² groß sind und eine gewölbte Form haben. Im Innern fließt das Eis durch sein Eigengewicht von der Mitte der Eiskuppel zu den Rändern.

Meereis
Durch den Salzgehalt gefriert die Meeresoberfläche bei −1,8 Grad zu einer dünnen Schicht.

Später driften dickere Eisschollen, von Winden und Strömungen angetrieben, durch die Polarmeere.

Mehrjähriges Meereis
bildet sich nur in der Arktis und ist deutlich dicker als das bis zu 1,5 m dicke einjährige Eis.

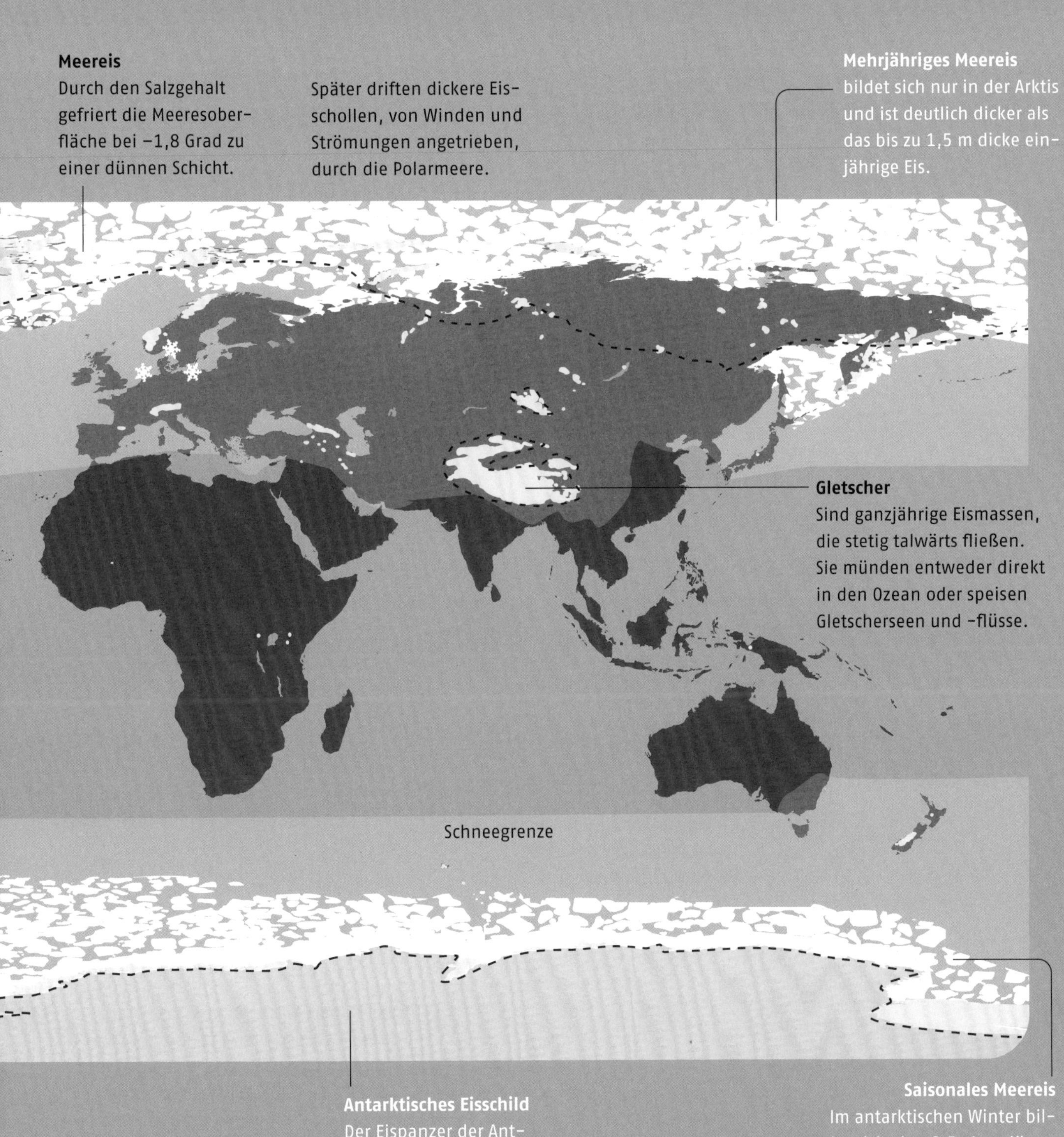

Gletscher
Sind ganzjährige Eismassen, die stetig talwärts fließen. Sie münden entweder direkt in den Ozean oder speisen Gletscherseen und -flüsse.

Antarktisches Eisschild
Der Eispanzer der Antarktis ist bis zu 4897 m dick.

Saisonales Meereis
Im antarktischen Winter bildet sich eine 0,5–1 m dünne Meereisdecke. Im Sommer bleiben nur ca. 20 % des Meereises erhalten. Grund dafür sind neben höheren Temperaturen die starken ablandigen Winde.

Quellen: Armstrong et al. (2019), NOAA (2021), SSEC (2017), Wadhams (2016), WMO (2021), WOR (2019)

Was ist Eis?

Eis hat viele Formen: Bei Minusgraden entstehen u. a. Eisflocken in der Luft, Eiskristalle im Boden und Eisnadeln auf dem Wasser.

Von Schneeflocken …

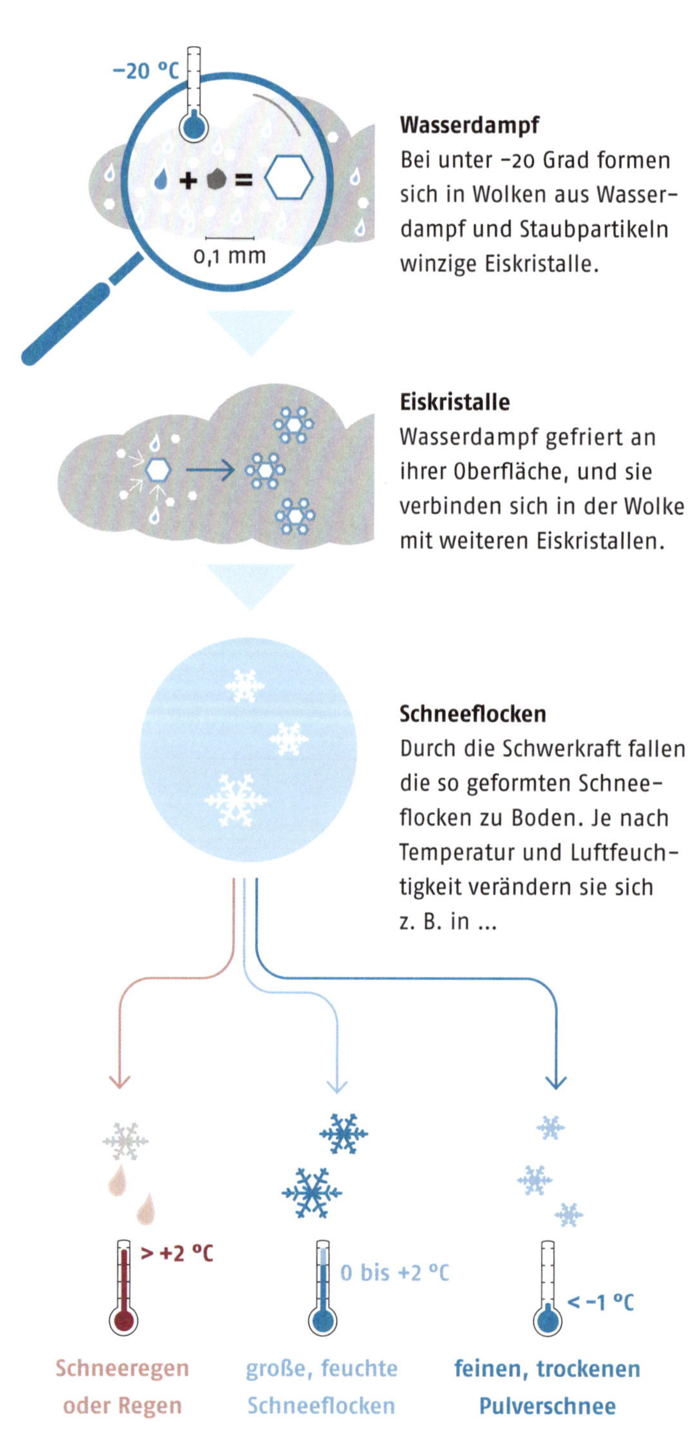

Wasserdampf
Bei unter −20 Grad formen sich in Wolken aus Wasserdampf und Staubpartikeln winzige Eiskristalle.

Eiskristalle
Wasserdampf gefriert an ihrer Oberfläche, und sie verbinden sich in der Wolke mit weiteren Eiskristallen.

Schneeflocken
Durch die Schwerkraft fallen die so geformten Schneeflocken zu Boden. Je nach Temperatur und Luftfeuchtigkeit verändern sie sich z. B. in …

… zum Gletschereis

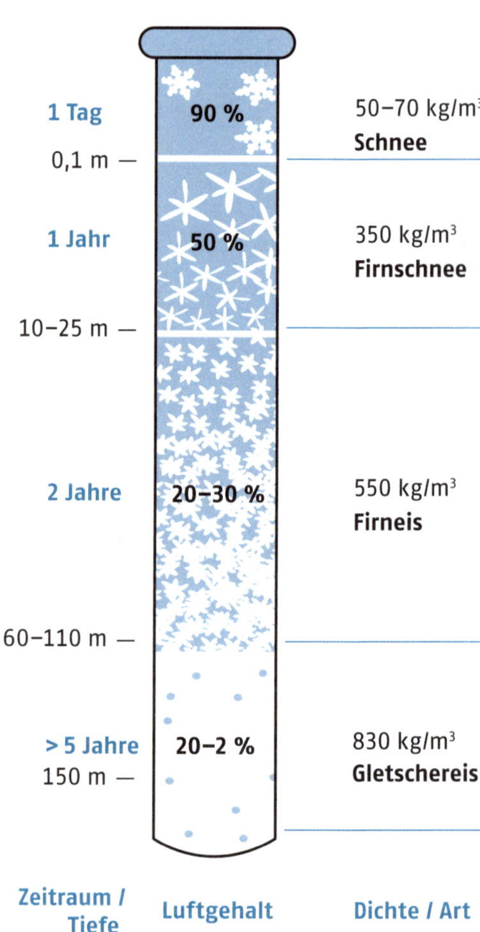

Von seinem Eigengewicht und durch wiederholte Schmelz- und Gefrierprozesse verdichtet, entsteht aus leichtem Neuschnee nach rund fünf Jahren schweres Gletschereis. Im Gletschereis verbleiben wenige Luftblasen, die durch den Druck immer weniger werden, bis nur noch ca. 2 % übrig bleiben. Forscher*innen können in diesen Bläschen die Klimageschichte der letzten 800 000 Jahre ablesen.

Eis ist immer in Bewegung

Akkumulation
Gletscher und Eisschilde wachsen durch Schneefall jedes Jahr wieder an. Auch Schnee- und Eislawinen und das Wiedergefrieren von Schmelzwasser tragen dazu bei.

Ablation
Gletscher und Eisschilde verlieren jedes Jahr an Masse, u. a. durch: Abschmelzen, Abfluss, Sublimation (»Verdunstung«), Ablösen von Eisbergen (Kalbung) und Abbruch von Eis an der Schelfeis- oder Gletscherfront.

Eis & Atmosphäre
interagieren in der Eisentstehung und -schmelze: Lufttemperatur und Luftfeuchtigkeit entscheiden, ob es zu Wolken-, Schnee- und später zur Eisbildung kommt. Sonneneinstrahlung, CO_2-Gehalt und der Transfer von Wärme zwischen Eis, Ozean und der Atmosphäre führt zur Schmelze.

Gletscherbewegung
Das Eis in Gletschern und Eisschilden fließt durch das enorme Gewicht beständig mit der Gravitationskraft abwärts. Dabei verformt sich die zähe Eismasse innerhalb des Gletschers.

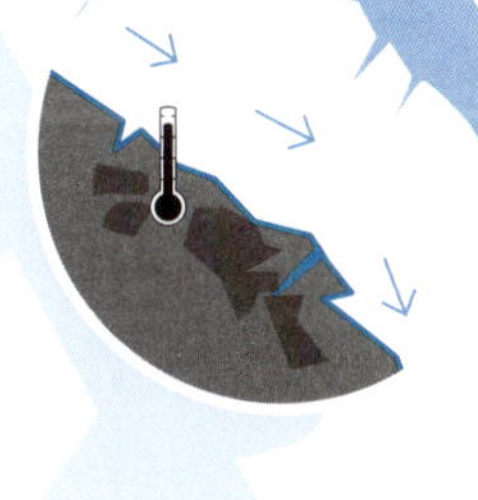

Eis & Meere
Die von Meereis bedeckten Flächen schwanken saisonal stark. Meereis bewegt sich durch Meeresströmungen und Winde, verändert den Salzgehalt und wirkt isolierend zwischen Ozean und Atmosphäre.

Eis & Untergrund
An der Unterseite des Eisschilds oder Gletschers gleiten die Eismassen durch den enormen Druck und die höheren Temperaturen auf einem dünnen Film aus Wasser. Die Temperatur wird von der Erdwärme und Rauheit des Untergrunds (Reibungswärme) bestimmt.

Quellen: Garthwaite (2019), Kornhuber et al. (2019), NOAA (2019), Pruppacher & Klett (1978), WOR (2019)

Aus dem Meer: Meereis

Salzwasser

Durch das Gefrieren von Meerwasser entsteht das sogenannte Meereis.

In »Polynjas«, eisfreien Flächen in den Polarmeeren und an den Küsten, kühlt kalter Wind die Wasseroberfläche. So entstehen Eiskristalle – zuerst in Nadelform, später formt sich daraus ein Eisbrei.

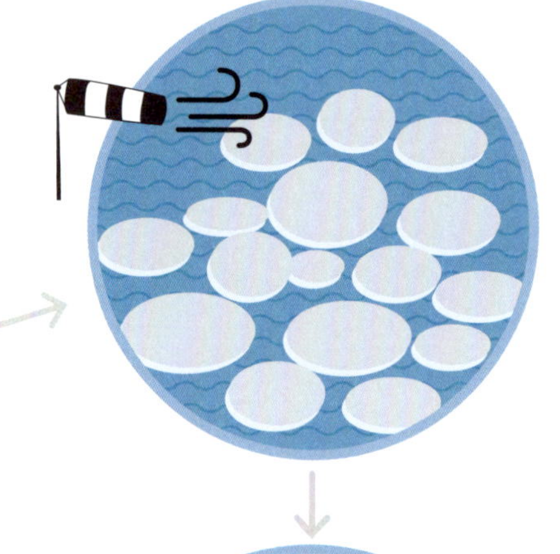

Bei starkem Wind und Wellengang entsteht »Pfannkucheneis«: runde Eisschollen, die an den Rändern durch die Wellenbewegung etwas hochgebogen sind. Im nächsten Schritt formt sich aus den Eisschollen eine Dünneisdecke, die vom Wind zum bestehenden Packeis geschoben wird.

Bei Windstille formt sich aus dem Eisbrei eine dünne Eisdecke, die »Nilas«. Beim Gefrieren wird das im Meerwasser enthaltene Salz in Kanälen im Eis abgelagert. Es entweicht über Monate und teils Jahre an der Unterseite der Eisschicht in Form von Salzlake, daher besteht älteres Meereis aus Süßwasser.

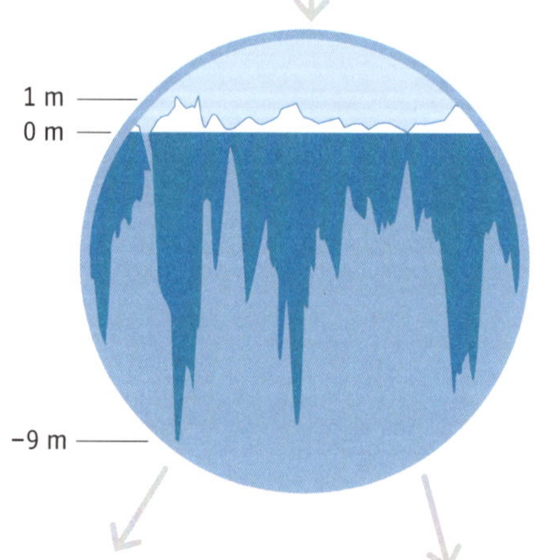

Im ersten Jahr wächst die Eisdecke auf bis zu 90 cm an. Wind und Meeresströmungen schieben das Eis übereinander und formen zerklüftete Oberflächen. So entstehen nach einiger Zeit 10 bis 20 m mächtige Packeisrücken.

1 2 3 Jahre ...

In der Arktis gibt es mehrjähriges 4–5 m mächtiges Eis, das auch wärmere Sommer übersteht und im Winter auf die doppelte Fläche anwächst.

In der Antarktis ist die Meereisdecke einjährig, sie schmilzt saisonal: Im Sommer verschwinden 80 % des Eises, im Winter wächst es wieder.

Schmelzendes Meereis

verändert den Meeresspiegel kaum.

Quellen: WOR (2019), AWI (2015)

... vs. Eisberge: vom Land ins Meer

Süßwasser

Gletscher bestehen aus Süßwasser und sind ständig in Bewegung. Das Eis fließt langsam in Richtung Tal, formt dabei Gletscherseen und speist Flüsse. An der Gletscherfront brechen große Eisstücke ab und treiben anschließend als Eisberge verschiedenster Farben und Formen auf den Meeren.

Eis hat eine niedrigere Dichte als Wasser, daher schwimmt es. Meeresströmungen und Winde geben die Richtung vor, und die Meerestemperatur bestimmt die Lebensdauer des treibenden Eises, die von Tagen bis Jahren reichen kann.

schneeweißes Eis

zugespitzt

farbiges Eis mit Algenbewuchs

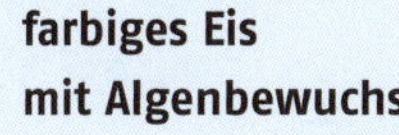

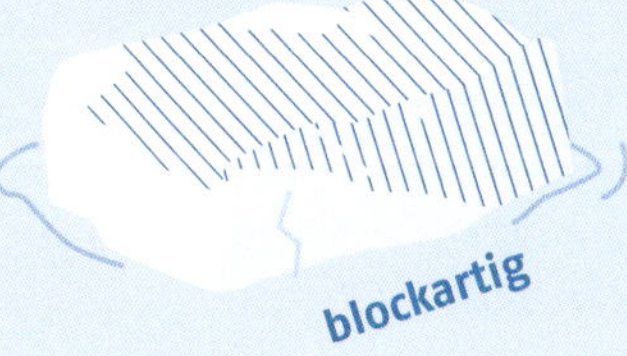

blockartig

transparentes Eis, wirkt schwarz

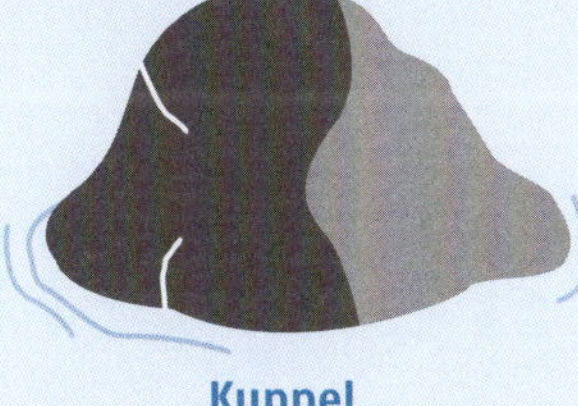

Kuppel

graues Eis, bedeckt von Steinen und Staub

keilförmig

blaues Eis

flach (Tafeleisberg)

gräuliches Eis mit Rußpartikeln

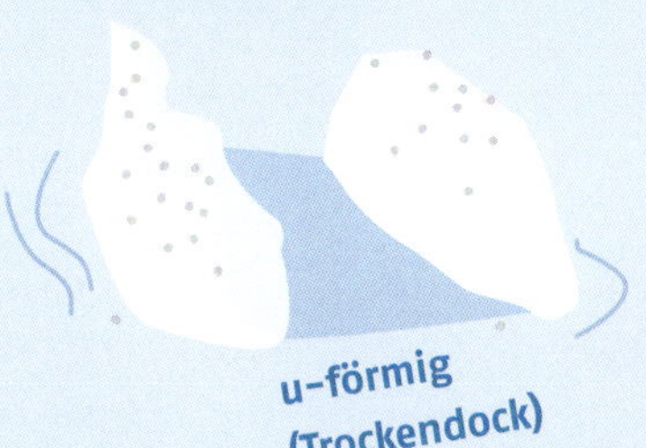

u-förmig (Trockendock)

Schmelzendes Gletschereis

trägt zum Meeresspiegelanstieg bei.

Die Farbgebung hängt von der Eisart, dem Alter und der Sauerstoffmenge, Verschmutzungen, Einschlüssen, Bewuchs und letztem Schneefall ab.

Wenn die Sonne auf das Eis scheint, wird die Strahlung langer Wellenlängen (rot) absorbiert, daher schimmert das Eis bläulich.

Nordpol ...

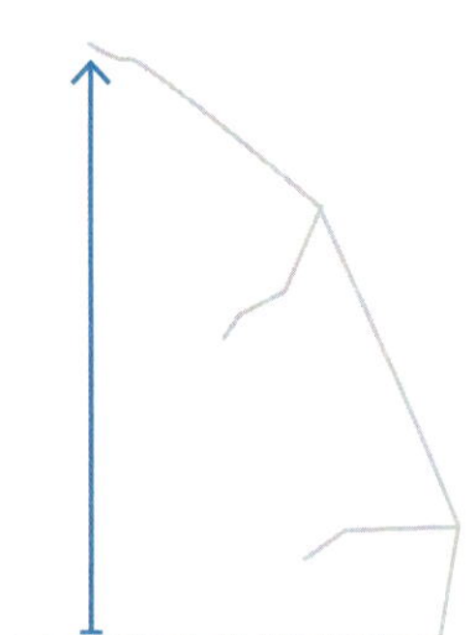

3200 m

mächtig ist der Grönländische Eisschild.

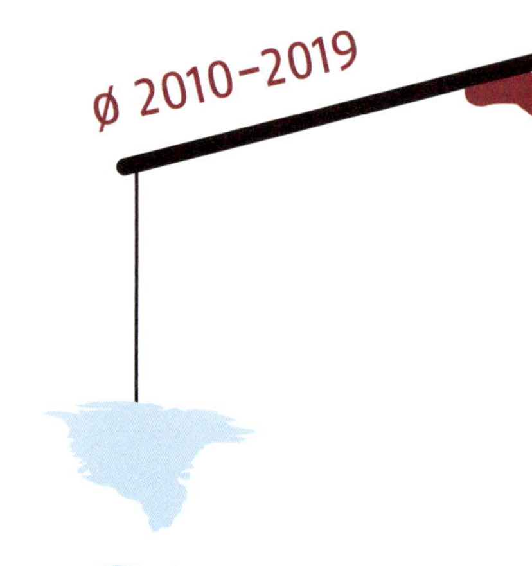

243 Gt

Eismasse verliert der Grönländische Eisschild im Durchschnitt pro Jahr.

Eisbären

leben nur auf der Nordhalbkugel.

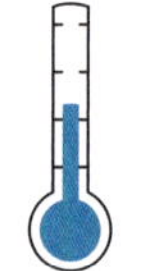

–18 °C

ist die jährliche Durchschnittstemperatur in der Arktis (an Land).

ca. **3 Mio. km³**

Eisvolumen in Grönland

8 Staaten

sind Arktisanrainer. Die Gebietsansprüche sind durch das Seerecht festgelegt, aber strittig.

Bis zu **20 m**

mächtige Packeisrücken bilden sich durch Wind und Strömungen im arktischen Meereis – ein Hindernis, das auch Eisbrecher nicht überwinden können.

4 Mio.

Menschen leben in der Arktis.

Quellen: AWI (2020), IPCC (2021), WOR (2019)

... vs. Südpol

148 Gt

Eismasse verliert der Antarktische Eisschild pro Jahr.

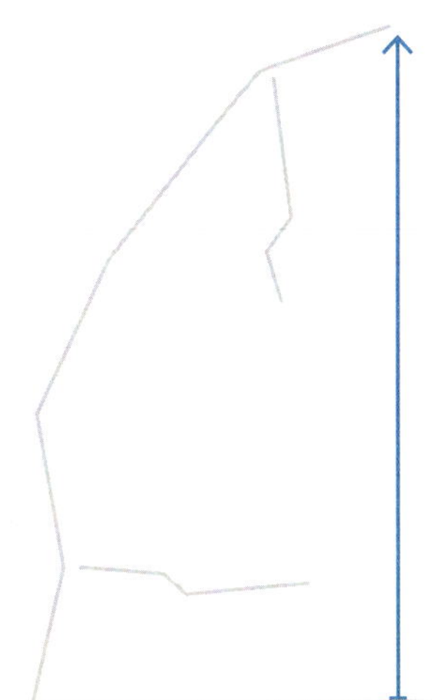

4897 m

mächtig ist der Antarktische Eisschild.

–50 °C

Durchschnittstemperatur herrschen am Südpol.

Pinguine

leben nur auf der Südhalbkugel.

ca. 26 Mio. km³

Eisvolumen in der Antarktis

Ringozean

statt Anrainerländer: Der Antarktisvertrag bestimmt die friedliche Nutzung des Südpols.

327 km/h

Windrekord, gemessen 1972 an der Dumont-d'Urville-Station in der Westantarktis.

1000–4000

Forscher *innen halten sich temporär in der Antarktis auf.

Das Eis …

ist essenziell für Klima und Lebewesen als:

Lebensraum
Unzählige Vögel, Meerestiere und Landsäugetiere in den Polarregionen sind abhängig von Schnee und Eis, etwa zur Aufzucht ihres Nachwuchses oder zur Überwinterung.

Temperaturregulator
Helle Eisflächen reflektieren einen großen Teil der Sonnenstrahlen und sind daher ein bedeutender Faktor für das weltweite Klima.

Helfer bei der Nahrungssuche
Eisbären und andere Raubtiere sind zur Nahrungssuche auf das Meereis angewiesen. Auch von den rund 4 Mio. Menschen in der Arktis gehen einige auf dem Eis zur Jagd.

Ozeanregulator
Schmelzendes Eis erhöht den Meeresspiegel, verändert durch den Schmelzprozess den Salzgehalt und die Dichte des Wassers und beeinflusst sogar die Meeresströmungen.

Bodenschützer
In den Polarregionen schützt der dauerhaft gefrorene Boden (Permafrost) vor Erdrutschen, Absenkung von Erdreich oder Erosion* von Küsten.

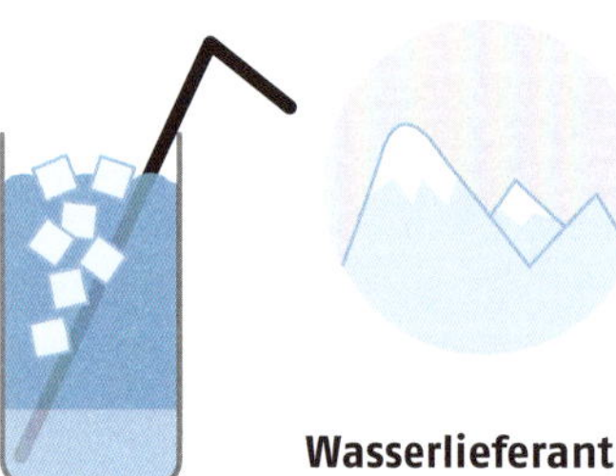

Wasserlieferant
Knapp 69 % des Süßwassers der Erde sind in Gletschern gespeichert, nur 30 % im Grundwasser.

*natürliche Abtragung von Gestein und Boden durch Wasser, Eis und Wind

... und der Mensch

ist auf Eis angewiesen:

Meeresspiegel
Aufgrund steigender Temperaturen schmilzt mehr Inlandeis, in der Folge steigt der Meeresspiegel, und es kommt zu Überflutungen. Für rund 700 Mio. Menschen an Küsten, Flüssen und auf Inseln stellt das bereits heute eine ernste Bedrohung dar.

Landwirtschaft
In vielen Regionen der Welt, z. B. im Himalajagebirge oder in Chile, ist der Anbau von Obst, Gemüse und Getreide in der Trockenzeit nur durch Schmelzwasser aus Gletschern möglich.

1350 Mio.
Menschen in hohen Bergregionen und niedrig liegenden Küstenzonen sind direkt vom intakten Zustand der Kryosphäre abhängig.

Wasserqualität & Gesundheit
Im Eis eingelagerte Schwermetalle und Chemikalien wie FCKW können durch die Eisschmelze das Trinkwasser kontaminieren.

Lebensunterhalt
Von traditionellen Tätigkeiten bis hin zu Jobs im Eistourismus z. B. auf Kreuzfahrtschiffen – Millionen Beschäftigte hängen vom Zustand des Eises ab.

Infrastruktur und Häuser
Auf Permafrost gebaute Infrastruktur und Häuser für 4 Mio. Menschen in der Arktis bleiben nur dann stabil, wenn der Boden darunter dauerhaft gefroren ist.

Kultur
Eis ist besonders für die Kultur der indigenen Bevölkerung der Arktis identitätsstiftend.

Tourismus und Freizeit
Ski und weitere Wintersportarten, Eisklettern oder Hundeschlittenrennen auf gefrorenen Seen haben eines gemeinsam: Sie benötigen Eis und Schnee.

Quellen: IPCC (2019), Wang et al. (2019), WOR (2019)

Das »ewige« Eis in Zahlen

110 m

pro Tag bewegte sich der Kutiah-Lungma-Gletscher in Pakistan 1953 kurzfristig talwärts, mehr als 12 km in drei Monaten. Damit war er der schnellste Gletscher weltweit. Normalerweise werden die Bewegungen in Meter pro Jahr gemessen.

Ca.

53 %

weniger Schnee liegen heuteim Verhältnis zu 1967 auf der Nordhalbkugel.

der Flüsse und Seen auf der Nordhalbkugel gefrieren saisonal.

99 %

der Eismassen der Erde stecken in den Eisschilden,

1 %

in Meereis, Permafrost, Süßwassereis und in der Atmosphäre.

Rund

220 000

Gletscher gibt es weltweit. Sie reichen vom Meeresspiegel (Alaska) bis auf über 8000 m (Himalaja). Weltweit verlieren die Gletscher zurzeit im Sommer mehr Eismasse, als sie im Winter nachbilden können.

Bis zu

800 000 Jahre

können Wissenschaftler*innen anhand von Eisbohrkernen in die Klimageschichte schauen. Anhand ihrer Zusammensetzung und Isotopenzahl kann im Labor das Alter des Eises, historische Temperaturen und z. B. den CO2-Gehalt eines bestimmten Punktes in der Vergangenheit rekonstruieren.

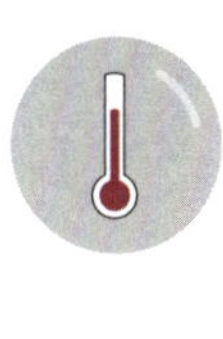

Seit

1450

Jahren war das Nordpolarmeer nicht mehr so warm wie heute. 2 Grad wärmer ist es im Jahresdurchschnitt in der Arktis bereits.

3 km

Mit den Daten werden dann wiederum komplexe Computermodelle gefüttert, mit heutigen Messungen verglichen und so Zukunftsprognosen errechnet.

Eiskernbohrung

Grundgestein – Grönland

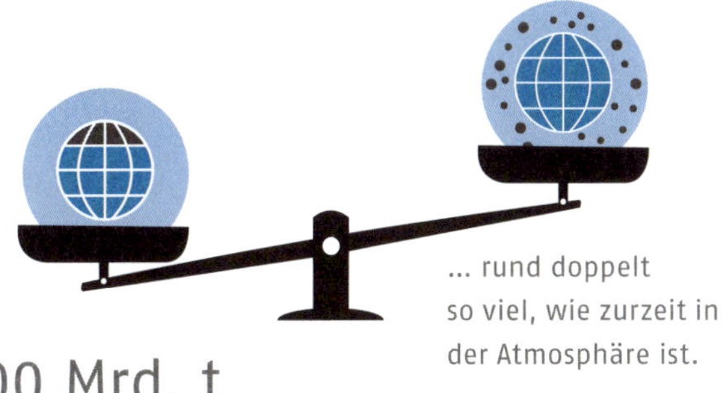

Ca. **1300 Mrd. t**

Kohlenstoff lagern Schätzungen zufolge im arktischen Permafrost …

… rund doppelt so viel, wie zurzeit in der Atmosphäre ist.

Ca.

23 Mio. km²

Boden sind in der Arktis permanent gefroren. Je nach Reduktion der CO_2-Emissionen werden davon bis 2100 ca. 25–75 % oberflächennah tauen.

Quellen: GCW (2021), IPCC (2013, 2019, 2021), NSIDC (2021), Slater et al. (2021), WOR (2019)

Schmelzendes Eis, steigende Pegel

Der Meeresspiegelanstieg beschleunigte sich in den letzten Jahrzehnten von 3,25 mm pro Jahr auf 3,70 mm pro Jahr. 35 % des Anstiegs werden inzwischen durch das Schmelzen der Eisschilde verursacht.

Wo kommt das Wasser her?

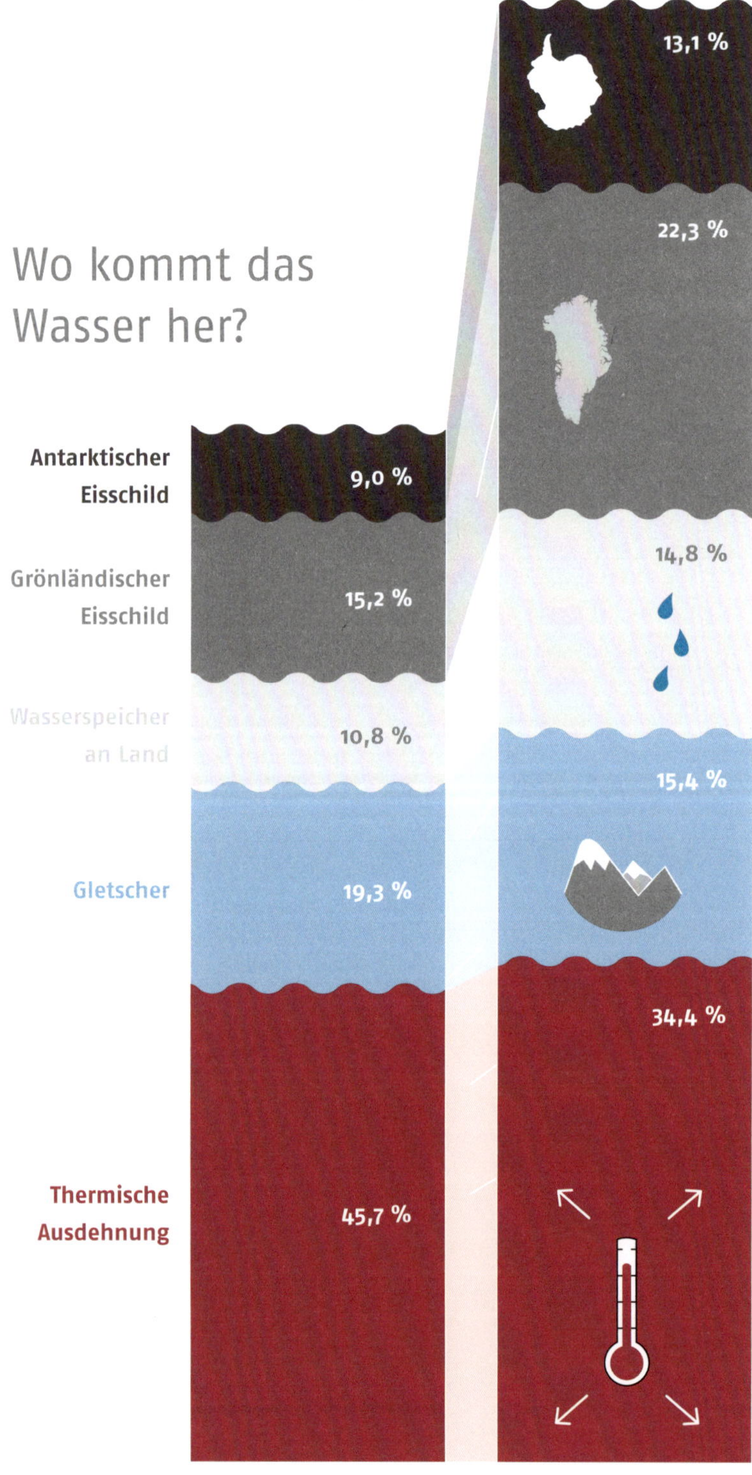

Wärmeenergie-aufnahme

(2010–2018)

Die Ozeane nehmen die größte Menge überschüssiger Wärme aus der Atmosphäre auf. Mit der Erwärmung dehnt sich das Wasser aus.

Quellen: IPCC (2021), Schuckmann et al. (2020)

Meeresspiegelveränderungen 2081–2100 (relativ zu 1986–2000) ■ -1,5 bis -1,0 ■ -0,2 bis 0 0 bis 0,4 ■ 0,4 bis 0,6 ■ 0,6 bis 0,8 ■ > 0,8 m

Meeresspiegel der Zukunft

Um +/- 30 % variiert der Meeresspiegel regional. Das liegt u. a. an Veränderungen der vorherrschenden Winde, Hoch- und Tiefdruckgebieten, Klimaphänomenen wie El Niño, Meeresströmungen und auch den Gravitationskräften der zwei großen Eisschilde.

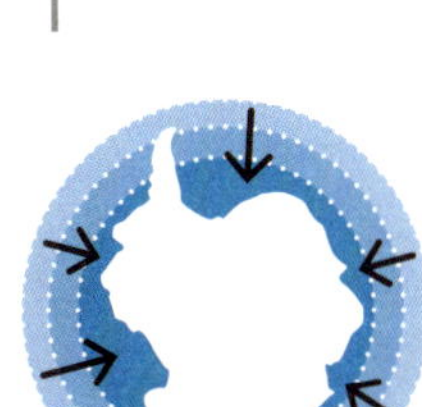

Beitrag zum Meeresspiegel bei kompletter Schmelze

Die große Ungewissheit in den Prognosen zum Meeresspiegelanstieg liegt darin, dass wir nicht genau wissen, wie schnell die Eismassen der Antarktis und Grönlands schmelzen.

Die fünf Klimaszenarien des Weltklimarats (IPCC), die »gemeinsamen sozioökonomischen Entwicklungspfade« (SSPs), sagen den Meeresspiegelanstieg bei unterschiedlichen Entwicklungen voraus: Im besten Fall (SSP1) halbieren wir unsere Emissionen bis 2041, landen 2050 bei »Net Zero« und ziehen dann bis 2100 mehr Emissionen aus der Atmosphäre, als wir hinzufügen. Dann würde sich die Erde bis 2100 nur um 1,4 Grad erwärmen. Im schlimmsten Fall (SSP5) setzen wir weiterhin auf fossile Energien, und die Emissionen verdreifachen sich bis 2100, was zu einem Temperaturanstieg von 4,4 Grad führen würde.

Quellen: ICCP (2019), IPCC (2021), Siegert et al. (2020), Slater et al. (2021)

Wasserkrise

Weniger Wasser für mehr Menschen

1 Gletscher und Grundwasserreserven schrumpfen …

Mineralwasserunternehmen senken den Grundwasserspiegel in einigen Regionen, indem sie zu viel Wasser abpumpen. Die Bevölkerung ist daraufhin auf teures abgefülltes Wasser angewiesen.

Dürren und Regenumverteilung werden durch die Klimakrise verstärkt.

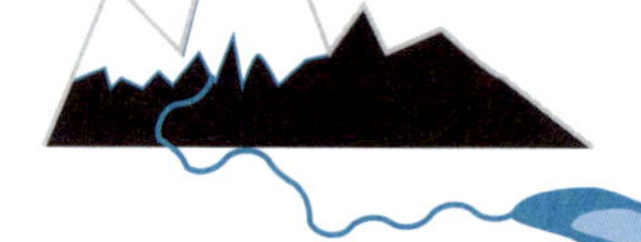

Sind Gletscher erst mal abgeschmolzen, schrumpfen die Wasserstände in Flüsse und Seen.

Das rasante Bevölkerungswachstum, gekoppelt mit der menschengemachten Klimakrise, sorgt für teils schweren Wassermangel. In den Ländern, in denen die Wasserknappheit aktuell schon gravierend ist, wird sie durch die Klimakrise noch verstärkt. Durch veränderte Regenmuster sowie trockeneres Klima wird sie sich zudem auf neue Regionen der Welt ausbreiten. Wetterextreme und das Schmelzen der Inlandgletscher werden das Problem voraussichtlich weiter verstärken. Aktuell sind rund 4 Milliarden Menschen saisonbedingt von akuter Wasserknappheit betroffen, und 500 Millionen Menschen leiden das ganze Jahr über unter Wassermangel.

Um die Ressource Wasser für zukünftige Generationen zu wahren, müssen wir die Wasservorkommen besser schützen. An erster Stelle stehen dafür effizientere landwirtschaftliche Bewässerungssysteme, bessere Regenwassernutzung und weniger Wasserverbrauch in der Waren- und Energieproduktion.

Quellen: Diverse s. S. 210

2 Der Wasserverbrauch steigt ...

Die Energienachfrage wächst: Große Atomkraftwerke benötigen über 3 Milliarden Liter Wasser pro Tag.

Die Industrialisierung wächst: Wasserintensive Prozesse sind u. a. Rohstoffgewinnung und Weiterverarbeitung von seltenen Erden.

Der Konsum steigt: Für die Herstellung eines Baumwoll-T-Shirts werden rund 2500 Liter Wasser benötigt.

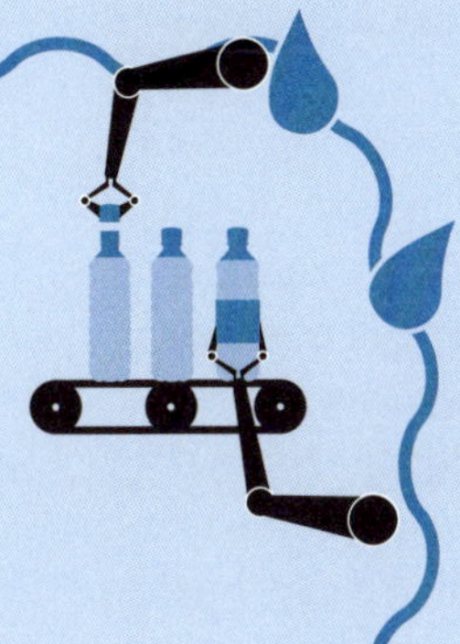

Für die Herstellung einer Plastikflasche wird zweimal so viel Wasser benötigt, wie sie enthält.

Ineffiziente Bewässerung und durch die Klimakrise steigender Bedarf: 70 % des Wassers weltweit werden in der Landwirtschaft verbraucht.

Wachsender Fleischkonsum: Für 1 kg Rindfleisch werden rund 15 500 Liter Wasser benötigt.

+1/3

mehr Trinkwasser wird 2050 benötigt. Treiber sind unter anderem die stetig wachsende Weltbevölkerung, Wirtschaft und fortschreitende Industrialisierung von Schwellenländern.

3 Die Klimakrise verschärft die Situation.

Wassermangelprognose für 2040 (weniger Wasser in %)

- mittel bis hoch (20–40 %)
- hoch (40–80 %)
- extrem hoch (>80 %)

33 Länder werden bis 2040 voraussichtlich mit extrem hoher Wasserknappheit konfrontiert sein, wenn im gleichen Maße CO_2 emittiert wird wie bisher.

Lebenswichtiges Schmelzwasser

Schnee ist ein wichtiger Süßwasserspeicher. Wenn es in den Bergen regnet, fließt das Wasser sofort ab und versickert. Wenn es schneit, wird es hingegen gespeichert und steht im Frühjahr als Schmelzwasser zur Verfügung.

Die durch den Klimawandel ausgelöste frühere Schneeschmelze bedroht diesen wichtigen Wasserspeicher für Menschen, Tiere und Pflanzen. In einigen Regionen fällt inzwischen so wenig Schnee, dass es im Frühjahr gar keine oder nur eine geringe Schmelzwasserflut gibt. Ökosysteme und Menschen, die sich daran angepasst haben, werden dadurch bedroht.

Extreme Schneestürme werden häufiger und bedrohen Menschen, wenn Lawinen Häuser begraben und die Schmelzwassermassen zu Überflutungen und Erosion der Böden führen.

1 Mrd. Menschen sind global von Schmelzwasser abhängig.

CO_2-Dominoeffekt
Schmelzwasser ist oft wichtig für Wälder. Im Wassereinzugsgebiet der Rocky Mountains haben Wissenschaftler*innen festgestellt, dass Bäume im Frühjahr weniger CO_2 aufnehmen können. Bei früherer Schneeschmelze erreicht das Schmelzwasser die Wurzeln zu früh, wenn die Bäume durch die kühlen Temperaturen quasi noch in der »Winterruhe« sind und das Wasser nicht verwerten können.

Süßwasserspeicher Schnee

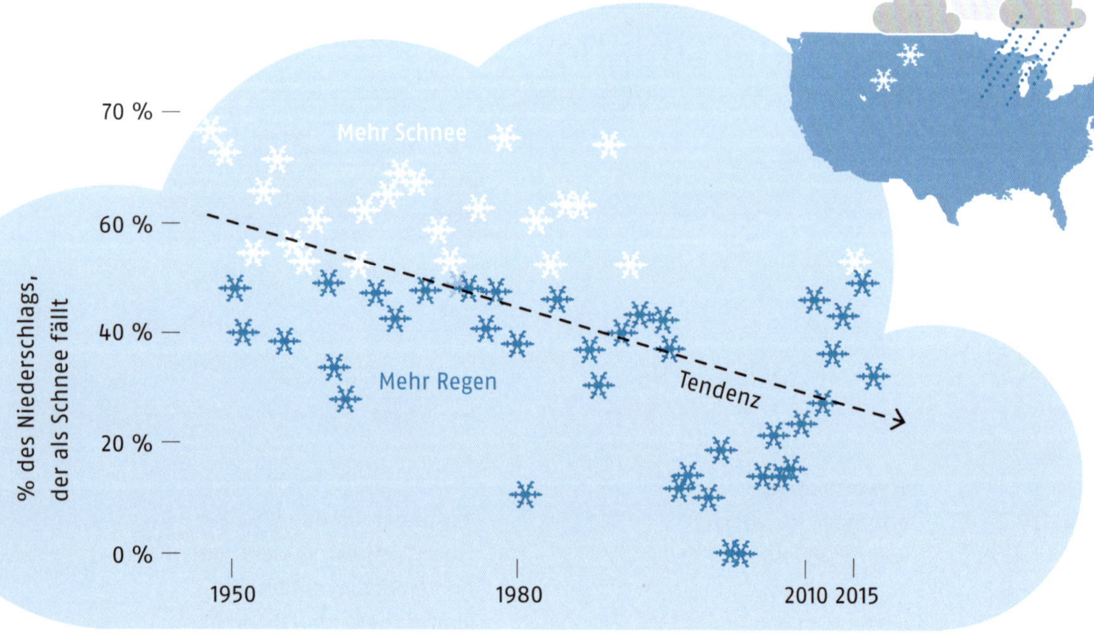

In den meisten Regionen der Nordhalbkugel fällt im Winter weniger Schnee als vor 50 Jahren. Hier dargestellt: die USA, für die es konsistente Daten seit 1950 gibt.

Quellen: Diverse s. S. 210

Bayerische Gletscher

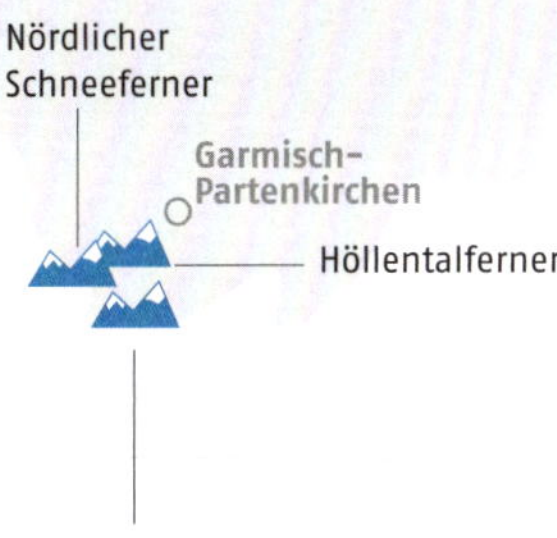

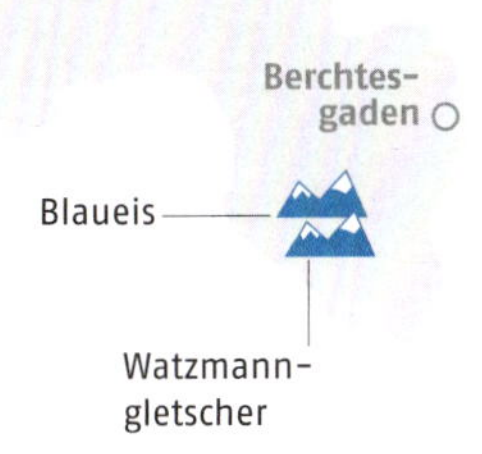

Momentan gibt es noch 5 Gletscher in den bayerischen Alpen. In 10 Jahren könnte Deutschland bereits gletscherfrei sein.

Südlicher Schneeferner

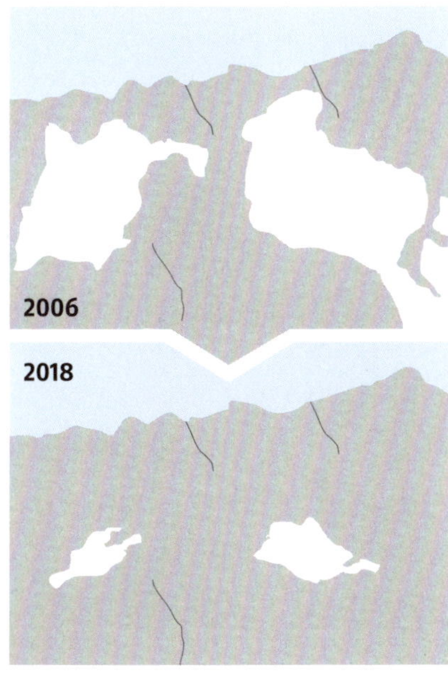

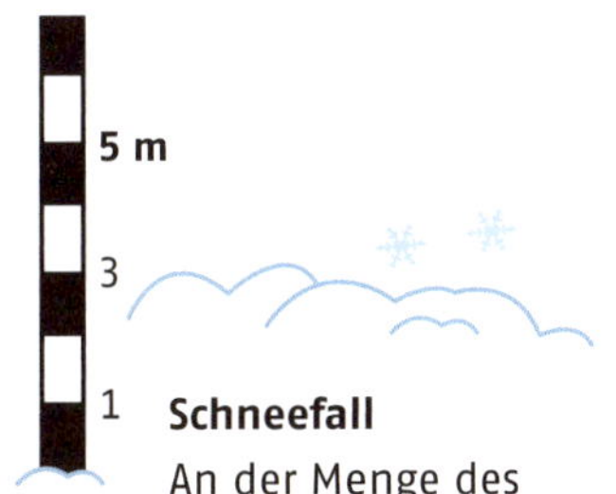

Schneefall
An der Menge des Schneefalls mangelt es in den Bayerischen Alpen nicht, aber der Zeitraum, in dem Schnee liegen bleibt, wird kürzer.

Höhenlage
Unter 3500 m gibt es heute keinen mehrjährigen Schnee mehr in den Alpen, daher bilden sich dort auch keine neuen Eismassen.

Rapide Schmelze
Es dauert meist nur 1 Monat im Sommer, dann ist eine bis zu 5 m dicke Schneedecke in den hohen Lagen der Alpen geschmolzen, z. B. an der Zugspitze.

Wasserverfügbarkeit
Solange große Gletschermassen existieren, liefern sie durch die Eisschmelze zusätzliches Wasser in heißen Dürreperioden, wenn die Pegelstände der Flüsse am niedrigsten sind.

Bis zu 30 % Schmelzwasser führen die Flüsse Iller, Isar und Inn kurzfristig durch die Schneeschmelze.

hoher Pegelstand im Frühjahr

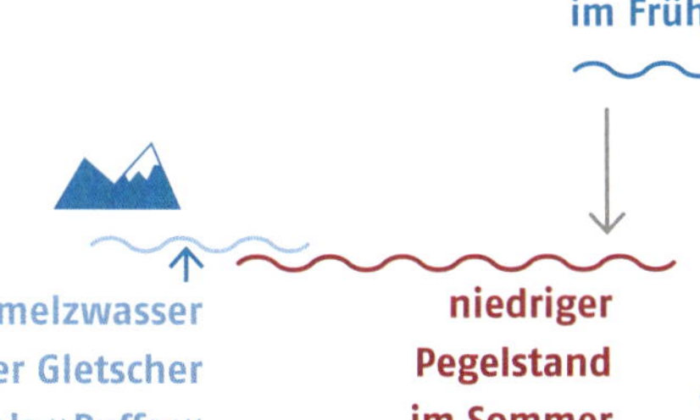

Quelle: Mayer et al. (2021)

Wasser direkt aus der Leitung …

Direkter Wasserverbrauch

in Deutschland, ø pro Person / Jahr
💧 = 440 Liter

36 % **Körperpflege**	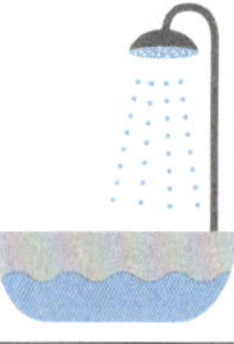		15 840 l
27 % **Toilettenspülung**			11 880 l
12 % **Wäschewaschen**			5280 l
6 % **Geschirrspülen**			2640 l
6 % **Auto- und Raumreinigung, Garten**			2640 l
4 % **Essen & Trinken**			1760 l

Gesamtverbrauch 44 165 Liter

ø pro Person / Jahr

= 121 Liter pro Tag

Das ist so viel Wasser, dass es ein kleines Schwimmbecken füllt:

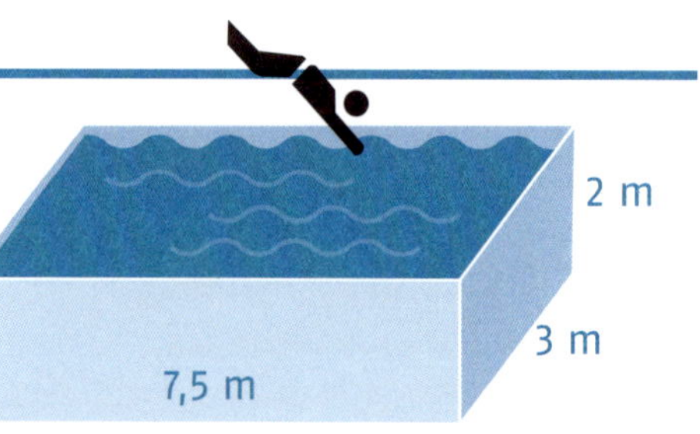

... und indirekt konsumiertes Wasser

Indirekter Wasserverbrauch

für die Produktion von 1 kg (globaler ø)
= 440 Liter

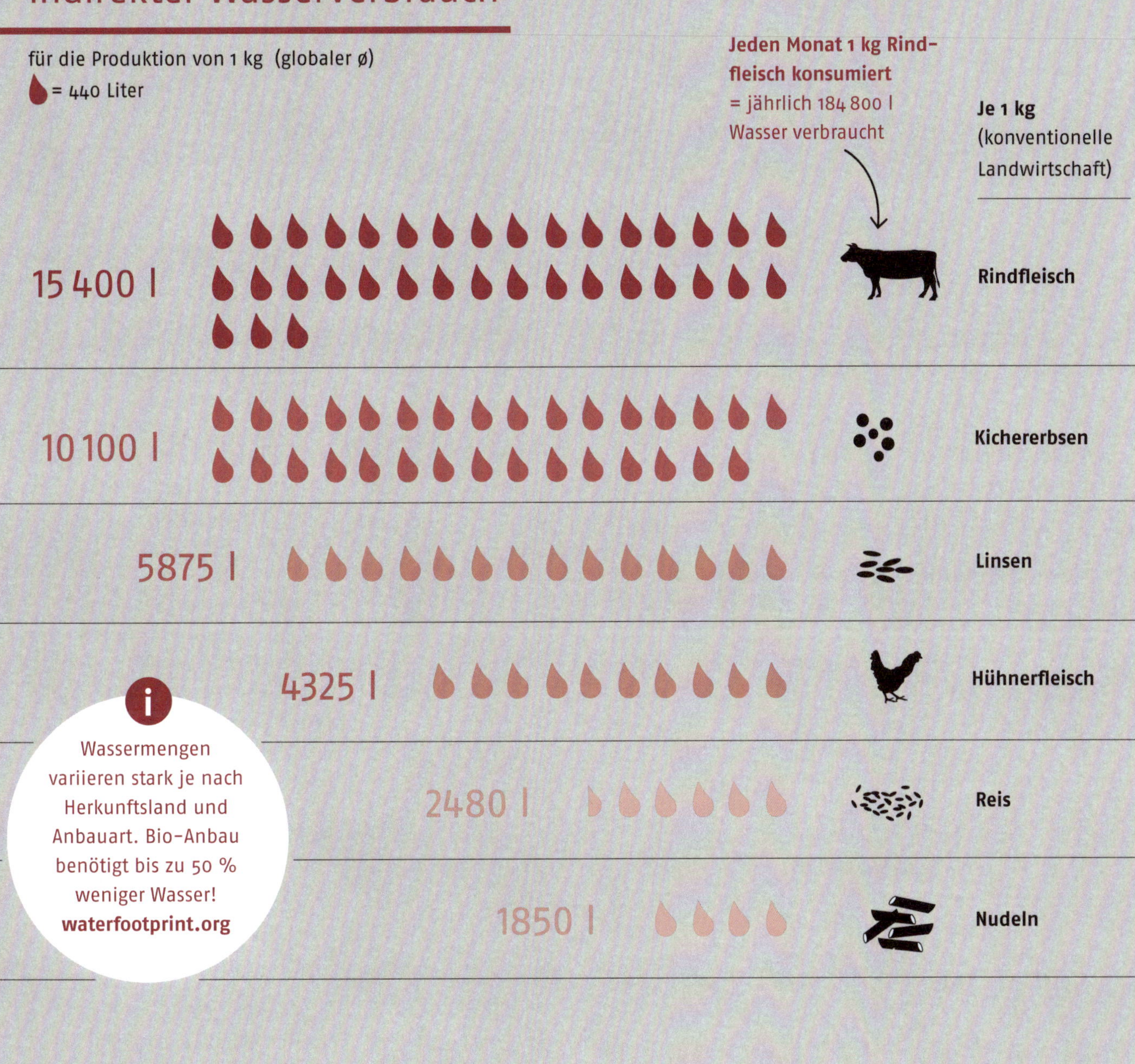

Wassermengen variieren stark je nach Herkunftsland und Anbauart. Bio-Anbau benötigt bis zu 50 % weniger Wasser!
waterfootprint.org

1 l Kuhmilch 940 l

1 l Hafermilch 14 l

1 l Wein 436 l

1 l Bier 296 l

Avocados 1000 l

Kartoffeln 287 l

Äpfel 822 l

Bananen 790 l

Quellen: BMU/UBA (2018), Mekonnen & Hoekstra (2011, 2012), Cazcarro et al. (2022), Schyns et al. (2017)

Flüsse voller Abfall

Industrienationen

Schwellen- und Entwicklungsländer

Der Straßenabrieb von Reifen auf Asphalt wird in Europa auf bis zu 700 000 Tonnen Mikroplastik pro Jahr geschätzt.

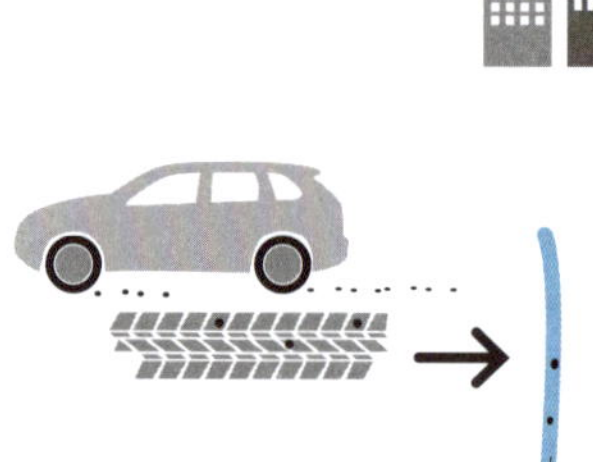

Einige große Städte leiten ihre Abwässer nahezu unbehandelt ins Meer, darunter zum Beispiel Athen, Barcelona, Brighton und Cork.

In Indien werden ca. 80 % der gesamten Abwässer ungereinigt in die Flüsse geleitet.

80 %

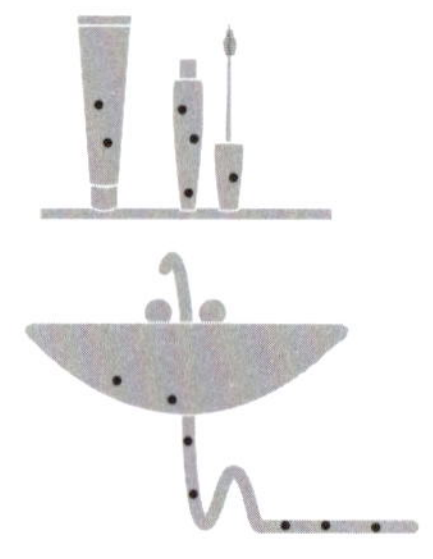

Geschätzte 500 Tonnen Mikropartikel aus Polyethylen werden pro Jahr in Deutschland in Kosmetikprodukten verwendet und können in Kläranlagen nicht herausgefiltert werden.

Durch das Waschen gelöste Chemiefasern z. B. aus Polyester und Fleece werden in Deutschland auf jährlich bis zu 400 Tonnen geschätzt.

Abfall wird auf illegalen Müllhalden entsorgt, von dort gelangt ein Großteil durch heftige Regenfälle oder Überschwemmungen in die Flusssysteme.

In Kunststoffwachsen wie z. B. für Beschichtungen von Outdoorkleidung werden in Deutschland jährlich etwa 100 000 Tonnen Mikropartikel eingesetzt. Durch Abrieb und Regen gelangen diese in die Umwelt.

Durch illegales Goldschürfen gelangen giftige Chemikalien wie das Nervengift Quecksilber in die Flüsse Asiens, Afrikas und Lateinamerikas.

Beim Färben von Stoffen etwa werden bis zu 7000 verschiedene Chemikalien verwendet.

Europaweit gehen jährlich geschätzte 570 000 Tonnen Mikroplastikpellets aus der Industrie bei Unfällen verloren und gelangen beispielsweise durch die geklärten Abwässer von Fabriken über Flüsse in die Ozeane.

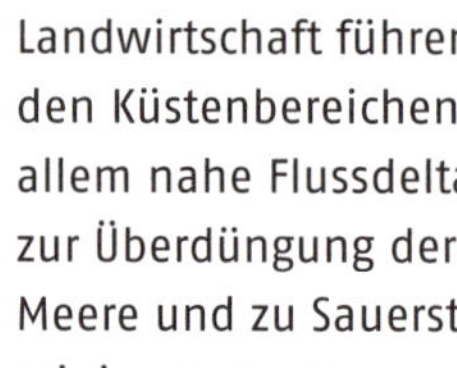

Düngemittel aus der Landwirtschaft führen in den Küstenbereichen, vor allem nahe Flussdeltas, zur Überdüngung der Meere und zu Sauerstoffminimumzonen.

Meere

9–14 Mio. Tonnen Plastik landen jährlich in den Meeren, 2040 könnten es bereits 23–37 Mio. Tonnen sein.

Quellen: CSE (2013), EPA (2012), Maribus (2010), UBA (2015), UNEP (2021)

Schmutziges Grundwasser

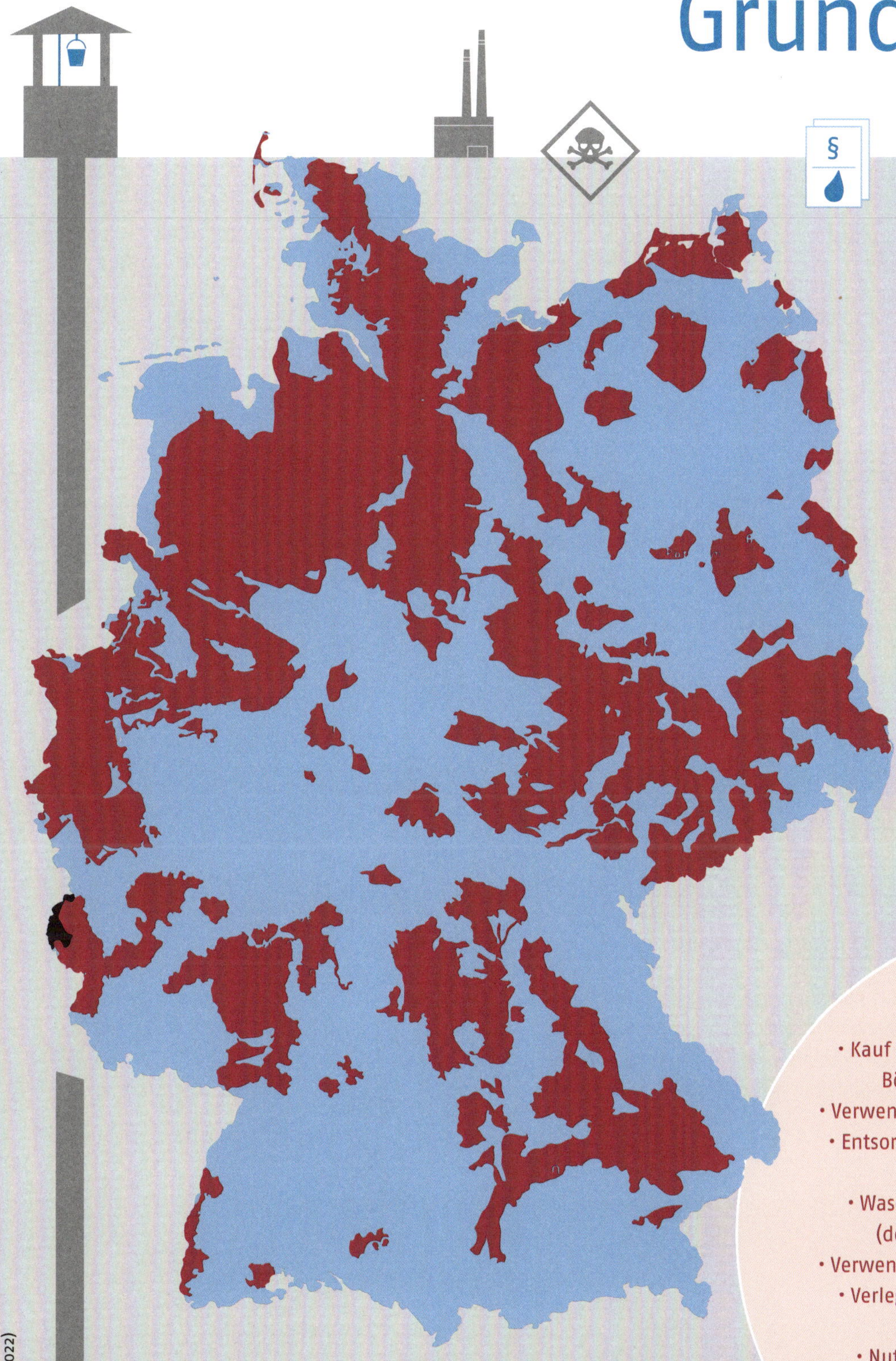

Analysen des Umweltbundesamtes an über 7000 Messstellen in Deutschland zeigen: Ein Drittel des Grundwassers in Deutschland ist mit Schadstoffen belastet. Damit es Trinkwasserqualität erhält, muss es teuer aufgearbeitet und gefiltert werden.

Gründe sind vor allem ein zu hoher Nitrat- und Pflanzenschutzmitteleintrag durch die industrielle landwirtschaftliche Nutzung.

Chemischer Zustand des Grundwassers gut schlecht nicht bewertet

Quelle: UBA (2022)

Schütze das Grundwasser!

- Kauf Bioprodukte (für schadstofffreie Böden in der Landwirtschaft).
- Verwende Biodünger im eigenen Garten.
- Entsorge Lacke, Batterien und Medikamente ordnungsgemäß.
- Wasche Autos nur in Waschstraßen (dort wird das Wasser recycelt).
- Verwende im Winter Sand statt Streusalz.
- Verlege wasserdurchlässiges Material auf Wegen und Terrassen.
- Nutze eine Regenwasserzisterne.
- Bewässere den Garten nur morgens oder abends.
- Spare Wasser im Haushalt.

Prioritäten in der globalen Wasserkrise

CO_2-Emissionen reduzieren 1

Die Treibhausgasemissionen müssen laut Weltklimarat bis 2030 halbiert werden (im Vergleich zum Jahr 2010), und bis 2050 muss weltweit klimaneutral gewirtschaftet und gelebt werden, um die Erwärmung unter 1,5 Grad zu halten.

Staatenübergreifende Kooperationen intensivieren

mit dem Ziel, das Recht auf Wasser und eine lebenswerte Zukunft für nachfolgende Generationen zu sichern

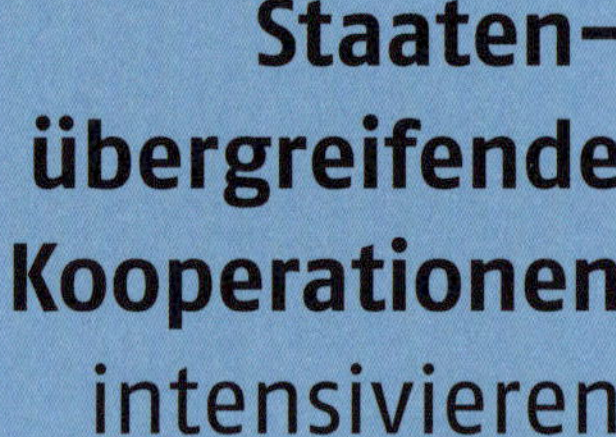

Wasserschutz weiterentwickeln 2

Die Erforschung neuer, wassersparender Technologien sollte vorangetrieben werden mit dem Ziel, den Wasserverbrauch in Industrie und Haushalt zu reduzieren.

Meer- & Abwasser nutzen 3

Das Recycling von Abwasser wird z. B. in Singapur bereits erfolgreich umgesetzt. Energieeffizientere und kostengünstigere Entsalzungsanlagen müssen entwickelt werden.

Effizienter bewässern 4

Effizientere Bewässerung kann die Nahrungsmittelsicherheit erhöhen, Flüsse vor zu niedrigem Wasserstand und Kleinbauern vor Missernten bewahren.

Quellen: Circle of Blue (2010), IPCC (2021), UN (2021)

10 Konsum verändern

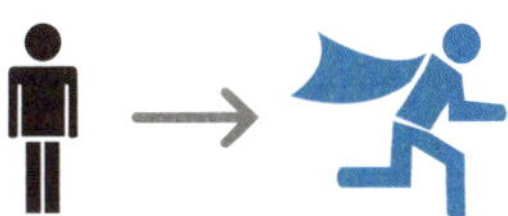

... werde ein Wasserheld!
Mehr dazu ab S. 92

9 Wasser wertschätzen

Der Preis des Wassers muss angemessen hoch sein, um Verschwendung und Verunreinigung entgegenzuwirken. Dabei dürfen die Menschenrechte nicht verletzt werden.

8 Ökologisch landwirtschaften

Weg von Pestiziden, Biodiversitätsverlust und industrieller Monokultur, zurück zur biologischen Landwirtschaft und Vielfalt, denn gesunde Böden mit hohem Humusanteil sind wertvolle Wasserspeicher.

Bildungsarbeit ausweiten

Motivation zu neuen Verhaltensweisen, z. B. beim Konsum und Lebensstil, und Anpassungsstrategien in der Klima- und Wasserkrise lehren.

7 Vermehrt renaturieren

Die Ökosysteme als Ganzes sehen, denn sie sind eng vernetzt: Schutz von Mooren, Wäldern, Flussläufen und ihrer Artenvielfalt ist zugleich Boden-, Erosions-, Wasser- und Klimaschutz.

6 Wasserernte verbessern

Weiterentwicklung von Technologien, um Wasser aus der Luft zu »ernten« und Niederschlag aufzufangen. Für Länder wie Indien und Pakistan ist dies bereits zur wichtigen Klimaanpassungsstrategie geworden.

5 Wassernutzung & -schutz

Der Wasserverbrauch u. a. multinationaler Konzerne, die im globalen Süden produzieren, muss stärker reguliert, höher bepreist und versteuert werden, damit gewährleistet ist, dass genügend sauberes Trinkwasser für die Bevölkerung zur Verfügung steht. Die Verunreinigung von Wasser muss stärker bestraft und geahndet werden.

DIE BIOSPHÄRE

Böden, Pflanzen & Tiere

Bio | sphä | re
[altgriechisch bios = Leben
& sphaîra = (Erd-)Kugel]

Die Biosphäre ist der lebende Teil unserer Erde: Pflanzen, Tiere und auch Menschen. Sie umfasst alle Lebensräume von Wäldern, Steppen, Wüsten, Eiswelten über Böden und Meere bis hoch zur untersten Schicht der Luft.

Böden

Ökosysteme im Untergrund

Typisches Bodenleben

Was einen »intakten« Boden ausmacht, ist seine Biodiversität. Erst durch ein komplexes symbiotisches Verhältnis vieler Arten wird der Boden angereichert mit Nährstoffen, gut durchlüftet, lebendig, feucht und fruchtbar.

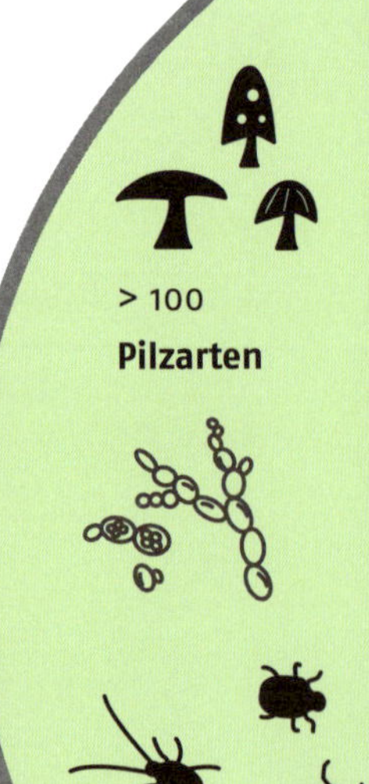

Im Boden wimmelt es von Leben.

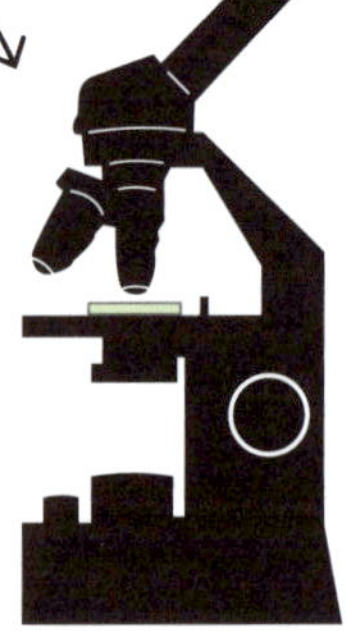

Unter dem Mikroskop kann man Milliarden von Organismen im Boden finden. Die größte Anzahl haben dabei Bakterien.

Übrigens: Der bekannte Vergleich, dass sich »so viele Organismen auf einem Teelöffel gesunder Erde finden wie Menschen auf der Erde«, war um 1950 korrekt, heute bräuchte man eher eine Handvoll.

Böden beherbergen ein Viertel der Artenvielfalt des Planeten. Intakte Böden sind ein unverzichtbarer Lebensraum und eine begrenzte Ressource: Einmal degradiert und erodiert, kann es Jahrhunderte oder -tausende dauern, bis ein Boden wieder ein ähnlich reiches Bodenleben aufweist.

Die Vielfalt zu bewahren und Böden zu schützen ist nicht nur für Flora, Fauna und Klima wichtig, sondern auch für die Grundbedürfnisse von uns Menschen: Die Sicherheit der Ernährung steht dabei auf dem Spiel.

Die EU-Biodiversitätsstrategie für 2030 plädiert für »mehr Raum für die Natur in unserem Leben«. In der Klimakrise stellen der Schutz, die ökologische Nutzung und die Renaturierung von Böden eine kraftvolle naturbasierte Lösung dar.

Rette die Böden!
Stöbere in Infos zum Bodenschutz, Lehrmaterial, Publikationen, Grafiken, Filmen, Ausstellungen und weltweiten Initiativen:
www.grund-zum-leben.de

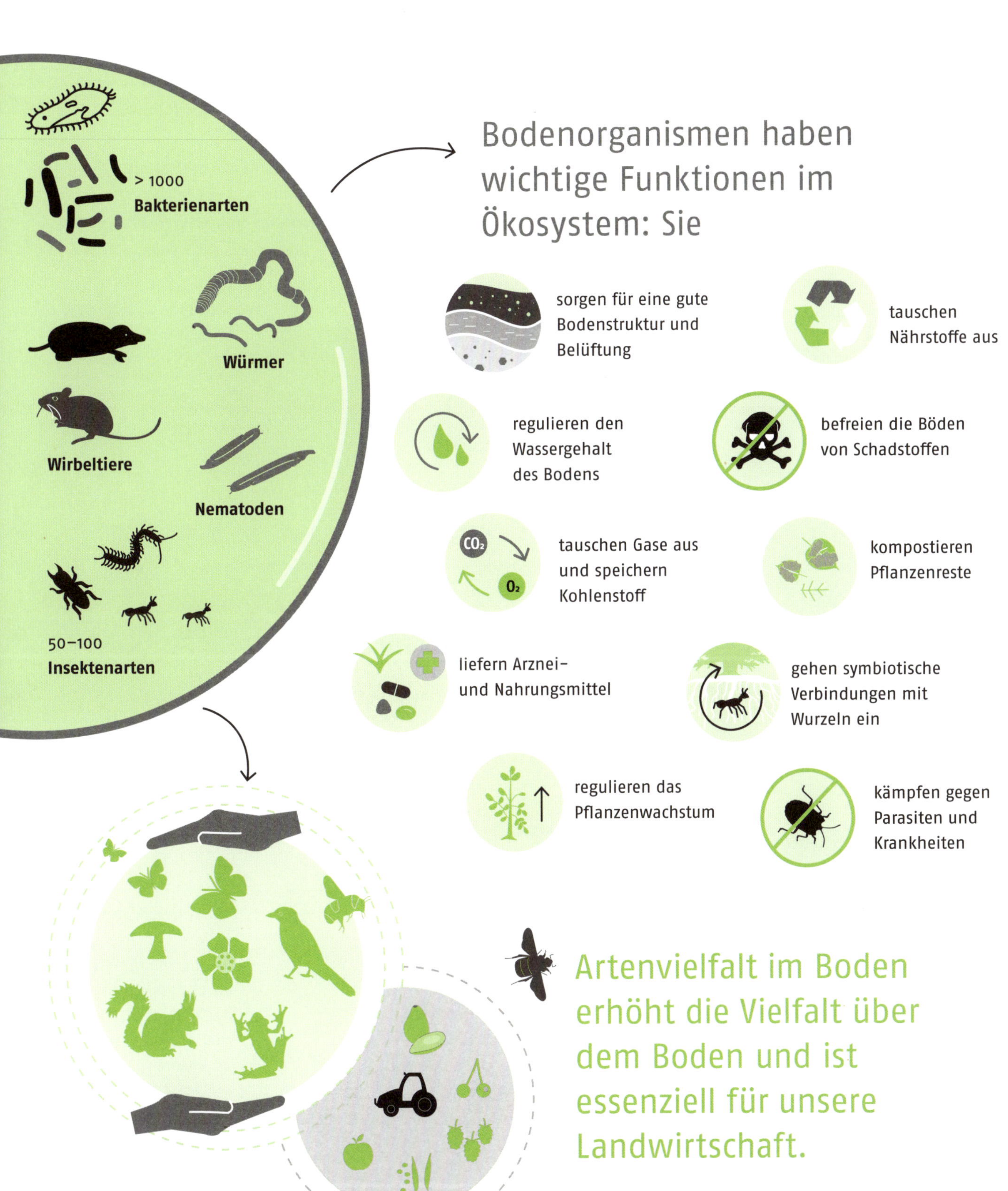

Quellen: Hipp (2020), UBA (2020), UNEP (2015)

Kommunikation im Waldboden

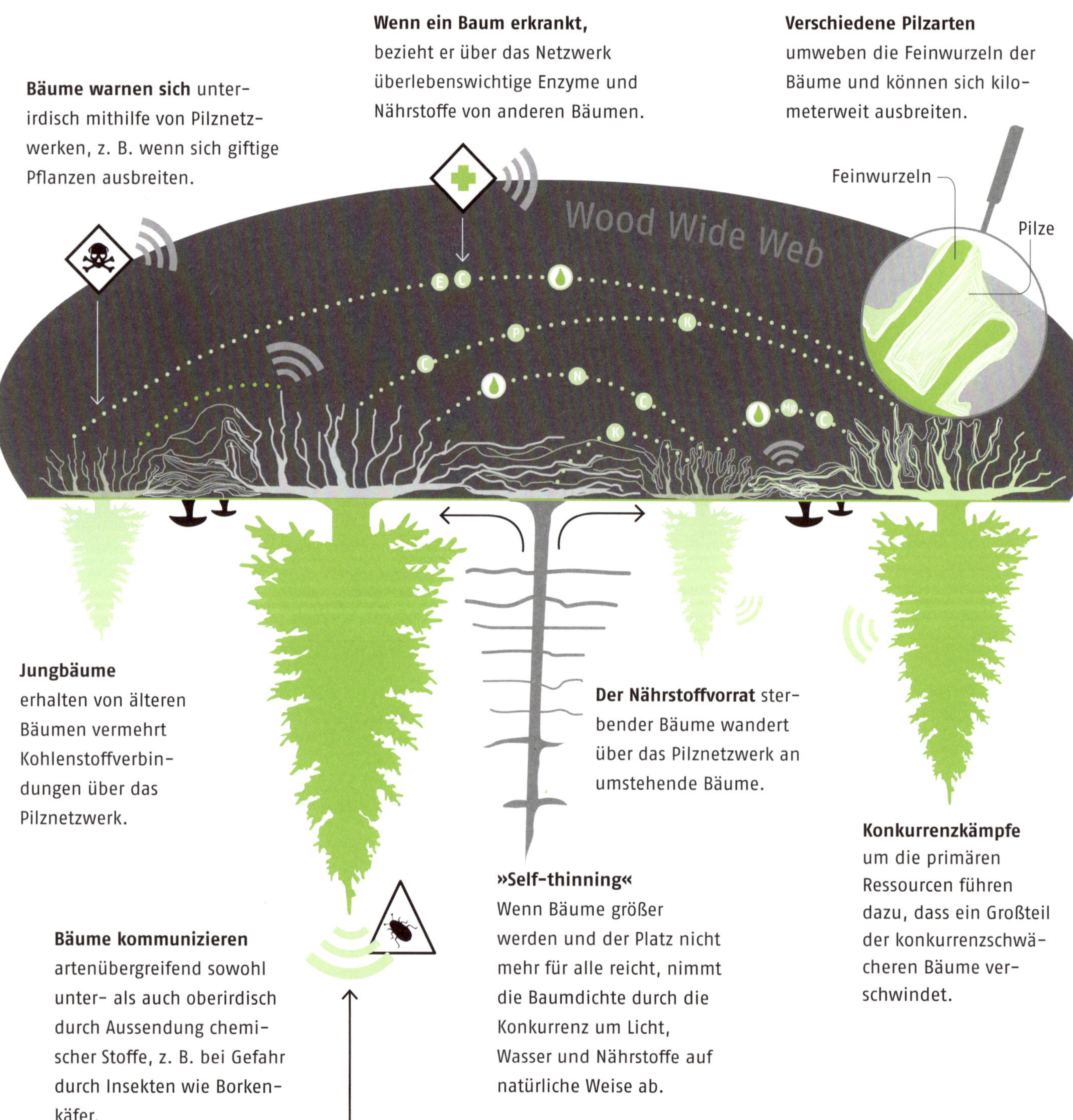

Wood Wide Web

ist die Interkonnektivität und Kommunikation der Bäume untereinander, in Symbiose mit Pilzen und Mikroorganismen. In einem Waldstück sind die ältesten Bäume am intensivsten vernetzt.

Im Waldboden ist ein weitläufig verzweigtes Netzwerk aus verschiedenen Pilzarten versteckt. Die filigranen Pilze leben in Symbiose mit mehreren Bäumen. Sie helfen den Baumwurzeln, Nährstoffe und Wasser aufzunehmen, und erhalten im Gegenzug Zucker aus der Photosynthese. In Stresssituationen, wenn einem Baum nicht genügend Wasser oder Nährstoffe zur Verfügung stehen, wird dies durch das Pilznetzwerk signalisiert, und Stoffe werden ausgetauscht.

Quellen: Beiler et al. (2010), Gorzelak et al. (2015), Steidinger et al. (2019)

Kohlenstoffspeicher …

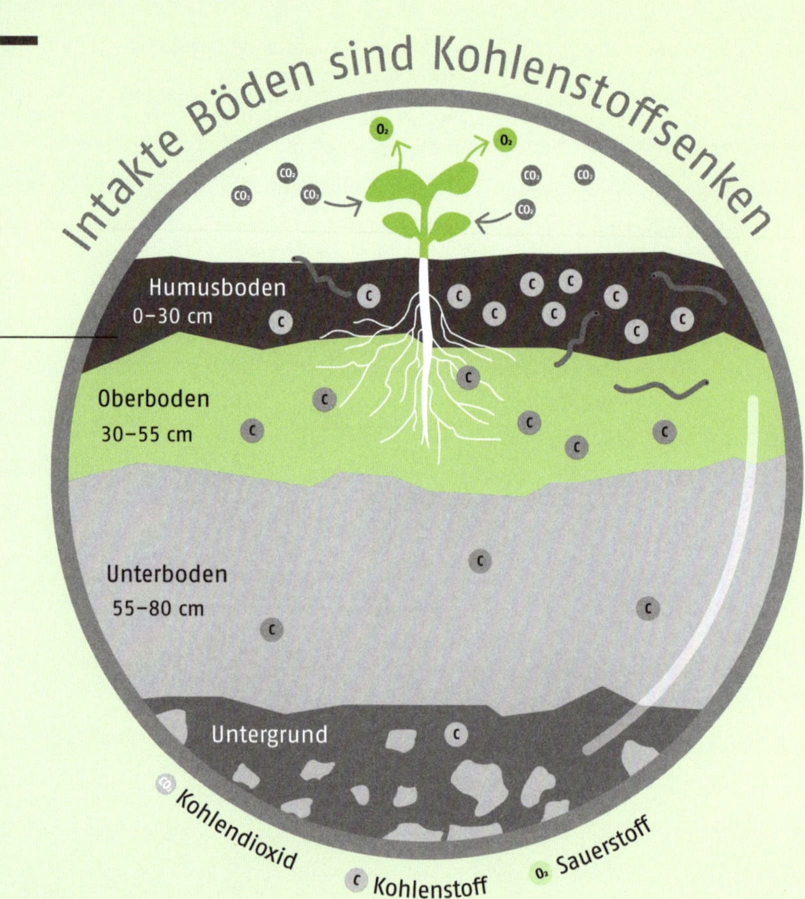

In der Humusschicht ist der größte Teil des organischen Kohlenstoffs gebunden. Dorthin gelangt er zum einen über die Wurzeln der Pflanzen, die ihn über die Blätter aufgenommen haben, zum anderen durch verrottende Blätter und andere organische Verwesungsprozesse.

Kohlenstoffspeicherung je nach Ökosystem

Böden sind nach den Ozeanen die zweitgrößten Kohlenstoffsenken. In ihnen ist mehr CO_2 gebunden als in der gesamten Vegetation.

Der Spitzenreiter sind Feuchtgebiete wie Moore, danach folgen die borealen Waldböden, aber auch Grasland speichert viel Kohlenstoff im Boden.

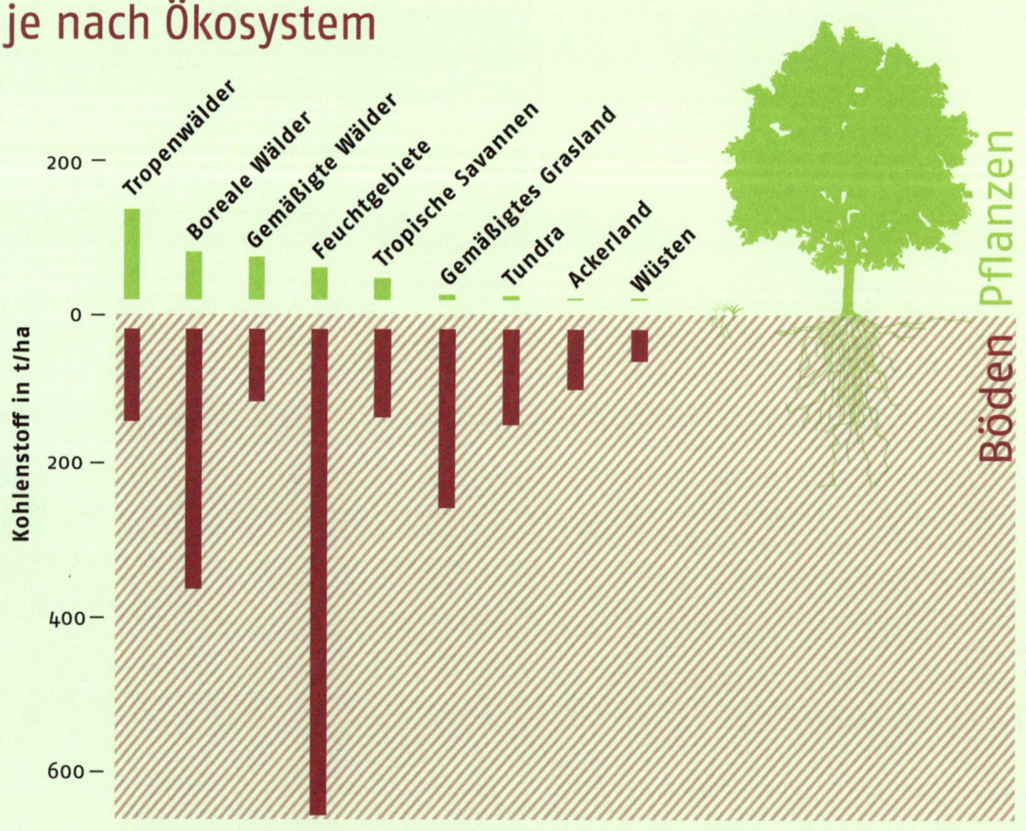

Quellen: Bazyli & Kryszak (2018), Chemnitz & Weigelt (2015), Flessa et al. (2018), Mukherjee & Kapoor (2018), Patzel & Wilhelm (2018), Wiegandt (2022)

… oder CO_2-Quelle?

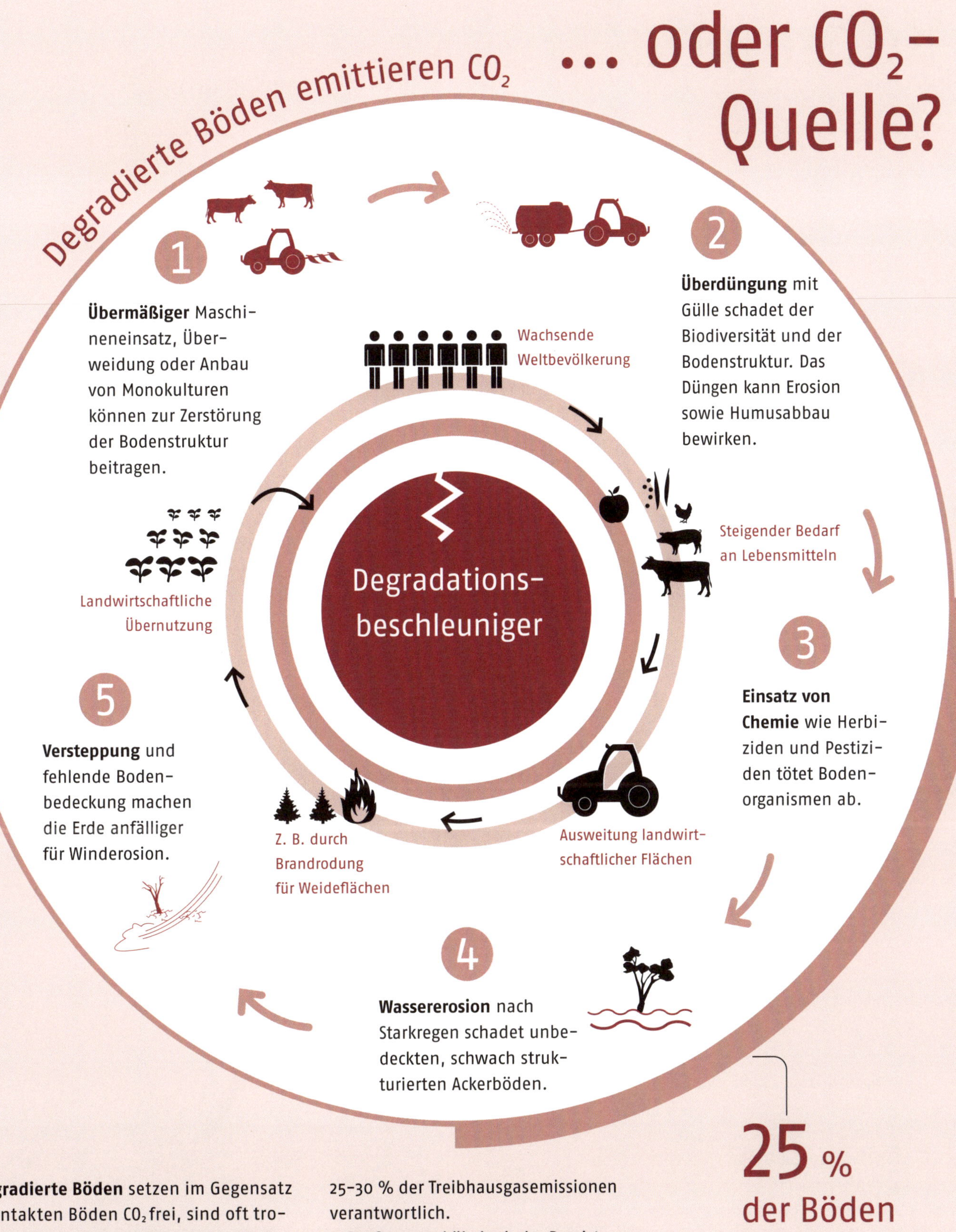

Degradierte Böden setzen im Gegensatz zu intakten Böden CO_2 frei, sind oft trockener, weniger fruchtbar und enthalten weniger Nährstoffe. Ein Drittel aller Agrarflächen ist von Bodendegradation betroffen, das heißt, ihre Ökosystemfunktionen sind eingeschränkt, bis hin zum vollständigen Verlust.

Die Industrialisierung der Landwirtschaft ist weltweit für geschätzte 25–30 % der Treibhausgasemissionen verantwortlich.

Sanftere und ökologische Bewirtschaftungsmethoden können den Boden regenerieren und den Kohlenstoffgehalt erhöhen, z. B. durch eingeschränktes Pflügen, Erosionsschutz, Gründüngung, Kompost und Dung. Permakultur statt Monokultur fördert dies, wie in der Agroforstwirtschaft (s. S. 196).

25 % der Böden weltweit sind degradiert.

Unterschätzte Böden: Grasland

der bewachsenen Landflächen der Erde* sind Grasland: 52,5 Mio. km².

*ohne Grönland & Antarktis

34 % des weltweit gespeicherten Kohlenstoffs sind in Graslandschaften gespeichert, davon ca. 90 % im Boden.

1 Mrd. Menschen weltweit erwirtschaften einen Teil ihres Einkommens durch Grasland.

20 Mio. Jahre gehört Grasland bereits zum Landschaftsbild der Erde.

Feuer ist ein natürlicher Bestandteil von Graslandschaften und führt zu schnellerem Wachstum im Frühjahr.

Natürliches Grasen z. B. von Büffelherden, die nur kurze Zeit an einem Ort sind und frei weiterziehen können, tut den Graslandschaften gut. Die Büffel »pflegen« das Gras, sorgen für größere Biodiversität und fressen invasive Arten wie Büsche.

Präriegraswurzeln sind über 2 m lang und wachsen sehr dicht, sie strukturieren den Boden und schützen vor Erosion.

Die Wurzeltiefe einer Weizenpflanze beträgt nur 30 cm bis zu 1 m.

Monate

> 100 000 Jahre

1000 Jahre

1 Jahr

100 Jahre

10 Jahre

Wiederherstellung des Urzustands

Jahrhunderte bis hin zu »nicht wiederherstellbar«

Zerstörung und Degradation

Je nach Art: Monate bis Jahrzehnte

Wie Grasland rapide zerstört wird:

Intensives Pflügen und Nutzung von Pestiziden und Schadstoffen

Konvertierung zur Monokultur oder Aufforstung

Rohstoffabbau großflächiger Tagebau, z. B. Kohle oder Kupfer

Überweidung verdichtet die Böden und erodiert sie.

Wie Grasland nachhaltig genutzt wird:

Bodenstruktur erhalten durch geringes bzw. kein Pflügen sowie Anbau in Permakultur

Biodiversität erhöhen durch das Säen von Leguminosen*, nebenbei wird der Boden stickstoffhaltiger.

pH-Wert regulieren mit Kalk, damit die Böden nicht versauern und unproduktiv werden

Humusaufbau fördern z. B. mit Gründüngung durch Recycling von Maispflanzenresten o. Ä.

Gemäßigte, ökologische Nutzung von Weiden: weniger Tiere pro Weide und rotierende Nutzung über mehrere Weiden verteilt, sodass sich das Gras und der Boden erholen können. Zudem werden Leguminosen und Kräuter gesät, die positiv zur Biodiversität, zur Wurzelstruktur und zum Bodenleben beitragen.

* dazu zählen: Klee, Luzerne, Bohnen uvm.

Quellen: Bai et al. (2022), Buisson et al. (2022), Hipp (2020), Isenberg (2000)

Gefrorene Böden: Permafrost

Permafrost in der Arktis

Mind.

2 Jahre

in Folge muss ein Boden ganzjährig gefroren sein (mit Ausnahme der Auftauschicht), damit er als »Permafrost« bezeichnet wird.

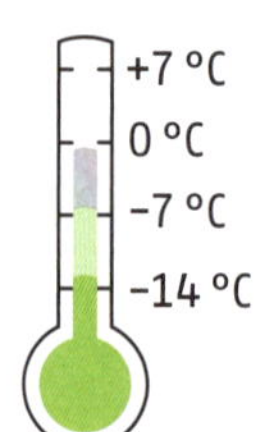

Temperaturen
Permafrost entsteht erst ab 0 Grad. Die Temperaturen im gefrorenen Boden variieren regional, typischerweise zwischen 0 und −14 Grad. In der Antarktis wurden sogar bis zu −36 Grad gemessen.

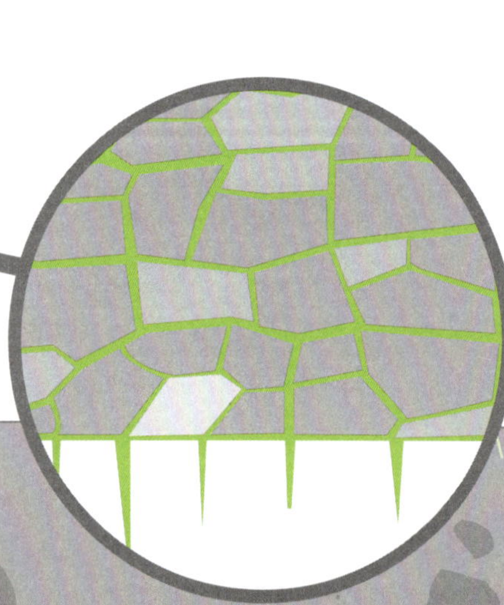

Gemusterte Oberfläche
Wenn die Böden im Sommer an der Oberfläche tauen und im Winter wieder gefrieren, entstehen durch den Gefrierprozess 2–50 m große polygone (eckige) oder kreisrunde Muster an der Oberfläche.

Eingeschlossenes Eis
Durch die Gefrier- und Auftauprozesse an der Oberfläche entstehen Spalten und Risse. Im Sommer füllen sich die Spalten mit Wasser, im Winter werden sie zu Eiskeilen. Zudem entstehen ovale Eislinsen, die den Boden anheben, und flächige Eisansammlungen im gefrorenen Boden.

Permafrost

überall gefroren (>90 %)

50–90% des Untergrundes gefroren

10–50% des Untergrundes gefroren

submariner Permafrost

mehrjährige Eisflächen

Ca. 25 % der Landflächen auf der Nordhalbkugel sind Permafrostböden.

Unterschiedliche Vegetationsformen
Über dem gefrorenen Boden gibt es eine Vielzahl unterschiedlicher Landschaftsformen, von Tundra und Mooren bis zu borealen Wäldern, Gebirgen, Flüssen und Seen.

Auftauschicht
Über den dauerhaft gefrorenen Böden liegt die »aktive Schicht«. Im Sommer taut diese je nach Region unterschiedlich tief auf – in der Regel 15–100 cm, in Ausnahmefällen bis zu 20 m tief.

Moor

See

Permafrost

CO_2 CO_2 CH_4 CO_2 CO_2

Gasspeicher
Im Permafrost sind große Mengen organischer Kohlenstoff und Methan gebunden – bei Tauprozessen freigesetzt, sind sie potente Treibhausgase.

Steine, Sedimente und Pflanzenreste werden von dem gefrorenen Wasser wie von Zement zusammengehalten. Der Eisanteil in den Böden ist dabei unterschiedlich hoch.

Talik (ungefrorener Bereich)

Ausdehnung
Permafrost dehnt sich von einigen Zentimetern bis zu mehreren hundert Metern in die Tiefe aus. Als Relikt der letzten Eiszeit kann er in Sibirien vereinzelt bis zu 1,5 km tief in den Boden reichen.

Quellen: AWI (2015), Dobiński (2020), Ehlers (2011), GRID (2020), Overduin et al. (2019), Obu et al. (2019)

Pflanzen

Grundbausteine des Lebens

Ca. **400 000** Pflanzenarten sind weltweit bestimmt. In etwa 2000 neue Arten werden jedes Jahr entdeckt.

Pflanzen produzieren den Sauerstoff, den wir atmen, und und bilden die Basis unserer Nahrungsmittel und Medizin. Wir nutzen sie für alltägliche Dinge wie Kleidung (Baumwolle, Hanf), Baumaterialien (Holz, Stroh) und Biokraftstoffe (Mais, Zuckerrohr). Außerdem haben sie für viele Menschen spirituelle und kulturelle Bedeutung.

Eine Pflanze [von latein. planta = Setzling, Jungpflanze] ist ein lebender Organismus, der im Boden, Wasser oder auf anderen Pflanzen wächst. Eine Pflanze stellt ihre eigene Nahrung aus Sonnenlicht her, besteht meist aus Wurzeln, Stiel und Blättern. 94 % aller Pflanzen haben Blüten.

44 % aller Pflanzen sind vom Aussterben bedroht.

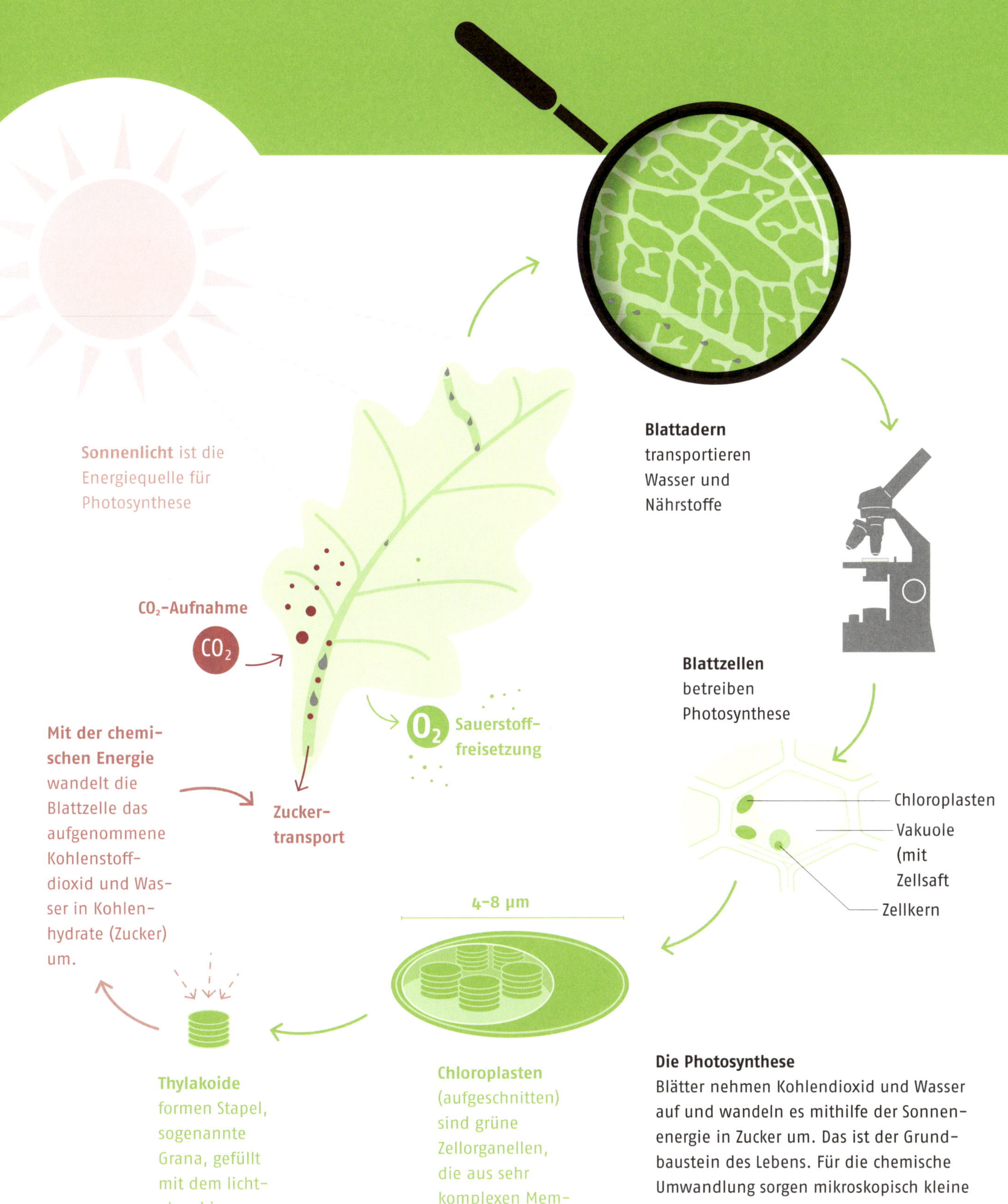

Die Photosynthese

Blätter nehmen Kohlendioxid und Wasser auf und wandeln es mithilfe der Sonnenenergie in Zucker um. Das ist der Grundbaustein des Lebens. Für die chemische Umwandlung sorgen mikroskopisch kleine Zellorganellen in den Blattzellen mit ihrem Farbstoff Chlorophyll. Dabei entsteht als Abfallprodukt der für uns so wichtige Sauerstoff.

Eine 100-jährige Eiche etwa versorgt jedes Jahr rund 11 Menschen mit Sauerstoff.

Quellen: Antonelli et al. (2020), BD (2017), Wald und Holz NRW (2022), Spektrum (2001)

Die Vielfalt der Pflanzen

Dürreresistent und hauptsächlich in Afrika heimisch: Der Baobab speichert Wasser in seinem Stamm. Seine Rinde, Früchte und Samen sind essbar, zudem werden Kleidung und Medizin aus ihm gewonnen.

Quellen: CAL-IPC (2019), Pawlik et al. (2016), Rahul et al. (2015)

Ursprünglich in Australien heimisch, wurde Eukalyptus weltweit für sein schnelles Wachstum in Plantagen gepflanzt. Als invasive Art ist er z. B. in Kalifornien und Chile dafür bekannt, Böden auszutrocknen, die Waldbrandgefahr zu erhöhen und die Biodiversität zu verringern.

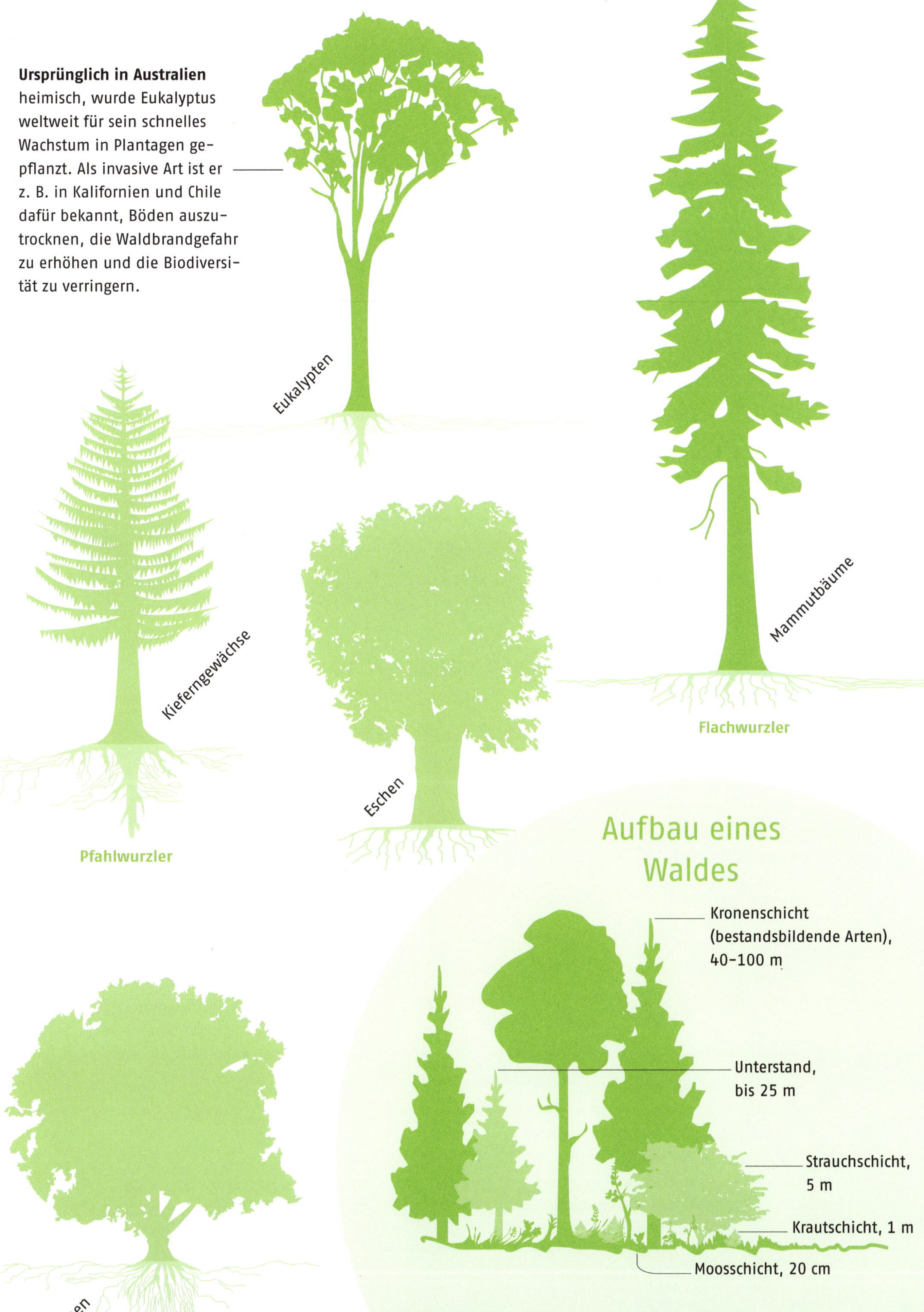

Das Leben eines Baumes

Nahrung
Bäume leben von Sonnenenergie, Kohlendioxid sowie Wasser, Zucker und gelösten mineralischen Nährstoffen aus dem Boden. In der Vegetationszeit benötigen Bäume signifikante Mengen Wasser.

Photosynthese
s. S. 111

Überwinterung
Laubbäume machen sich »winterfest«, indem sie u. a. Zucker als Frostschutzmittel einlagern, überflüssigen Wassertransport und Photosynthese einstellen sowie die letzten Nährstoffe aus den Blättern ziehen, bevor diese als Laub zu Boden fallen. Die meisten Nadelbäume behalten ihre Nadeln hingegen, die durch eine Wachsschicht vor Kälte und Austrocknung (Frosttrocknis) geschützt sind.

Heterotrophe Respiration
Mikroorganismen bauen den im Boden enthaltenen organischen Kohlenstoff ab und setzen dabei u. a. CO_2 frei.

Nährstoffkreislauf
Laub wird mithilfe von Bodenorganismen wie Pilzen langsam kompostiert. So kann der Baum die in den Blättern enthaltenen Nährstoffe im Idealfall wieder über die Wurzeln aufnehmen.

Bodenrespiration
Ein Teil des Kohlenstoffs wird von den Blättern in die Wurzeln transportiert und dort als CO_2 freigesetzt.

Quellen: Beldin & Perakis (2009), Campbell et al. (2003), Leitgeb (2015), Klein & Schulz (2011), SDW (2019)

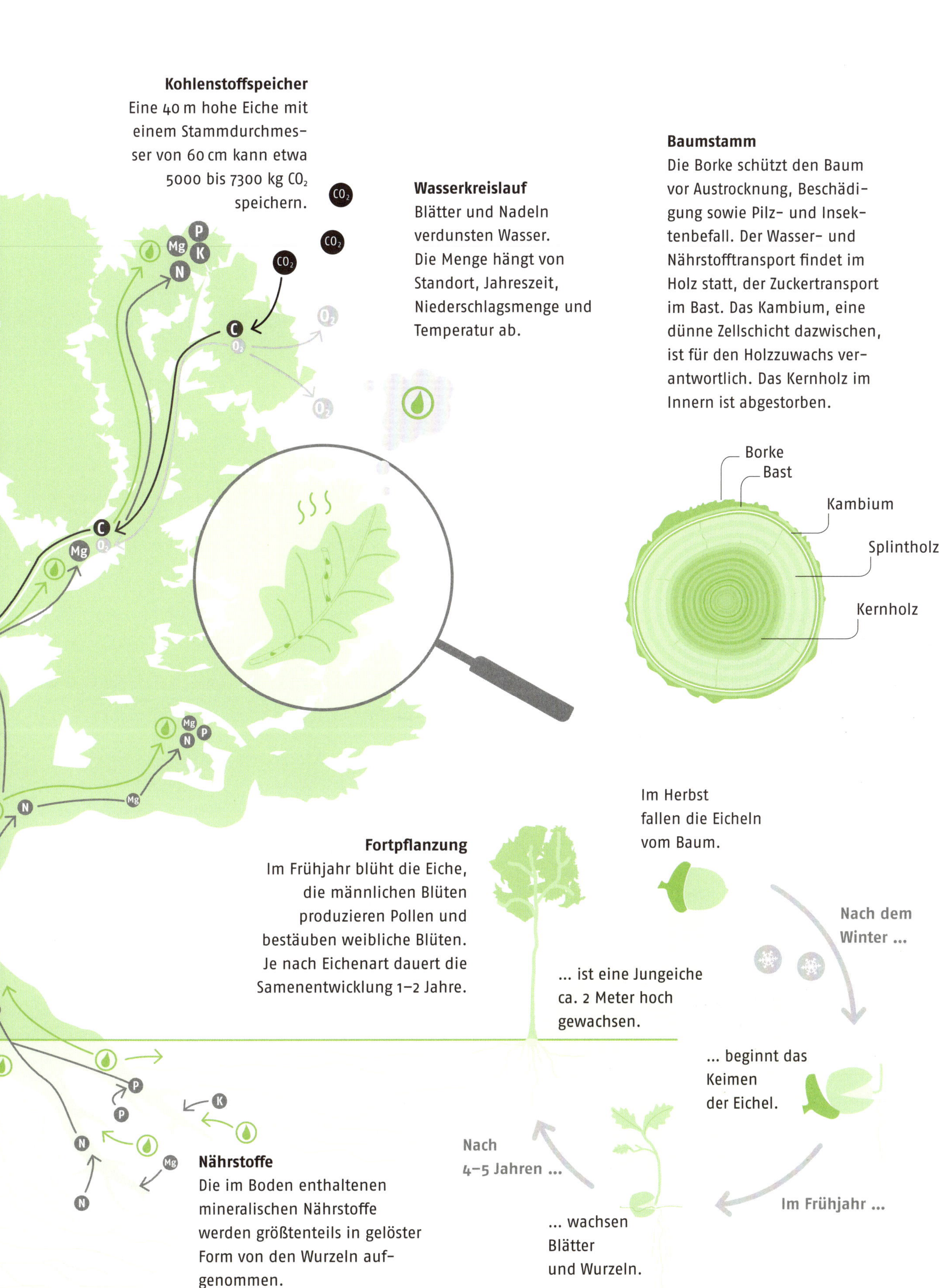

Kohlenstoffspeicher
Eine 40 m hohe Eiche mit einem Stammdurchmesser von 60 cm kann etwa 5000 bis 7300 kg CO_2 speichern.

Wasserkreislauf
Blätter und Nadeln verdunsten Wasser. Die Menge hängt von Standort, Jahreszeit, Niederschlagsmenge und Temperatur ab.

Baumstamm
Die Borke schützt den Baum vor Austrocknung, Beschädigung sowie Pilz- und Insektenbefall. Der Wasser- und Nährstofftransport findet im Holz statt, der Zuckertransport im Bast. Das Kambium, eine dünne Zellschicht dazwischen, ist für den Holzzuwachs verantwortlich. Das Kernholz im Innern ist abgestorben.

Fortpflanzung
Im Frühjahr blüht die Eiche, die männlichen Blüten produzieren Pollen und bestäuben weibliche Blüten. Je nach Eichenart dauert die Samenentwicklung 1–2 Jahre.

Nährstoffe
Die im Boden enthaltenen mineralischen Nährstoffe werden größtenteils in gelöster Form von den Wurzeln aufgenommen.

Die Wälder der Erde

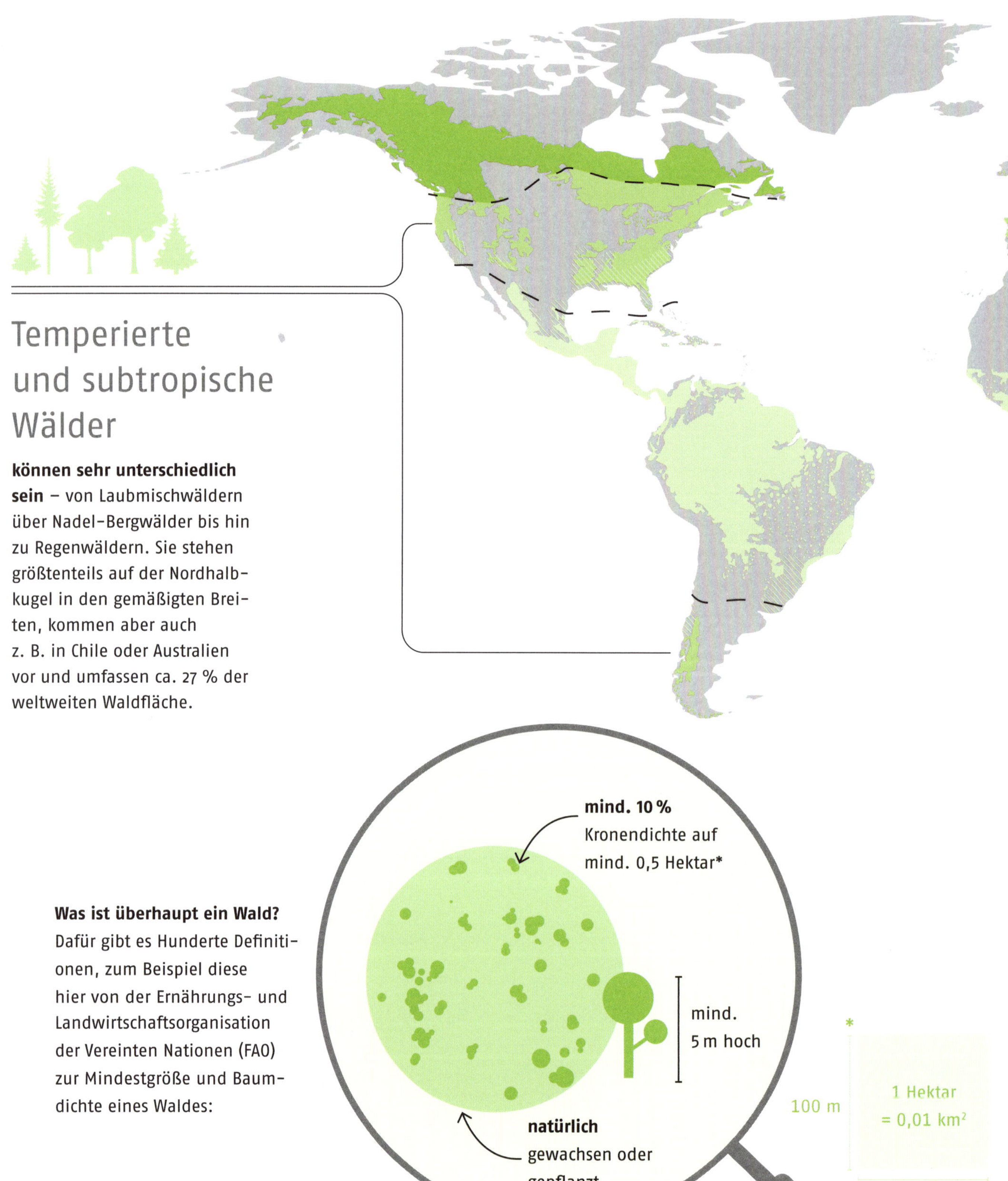

Temperierte und subtropische Wälder

können sehr unterschiedlich sein – von Laubmischwäldern über Nadel-Bergwälder bis hin zu Regenwäldern. Sie stehen größtenteils auf der Nordhalbkugel in den gemäßigten Breiten, kommen aber auch z. B. in Chile oder Australien vor und umfassen ca. 27 % der weltweiten Waldfläche.

Was ist überhaupt ein Wald? Dafür gibt es Hunderte Definitionen, zum Beispiel diese hier von der Ernährungs- und Landwirtschaftsorganisation der Vereinten Nationen (FAO) zur Mindestgröße und Baumdichte eines Waldes:

mind. 10 % Kronendichte auf mind. 0,5 Hektar*

mind. 5 m hoch

natürlich gewachsen oder gepflanzt

* 1 Hektar = 0,01 km² (100 m × 100 m)

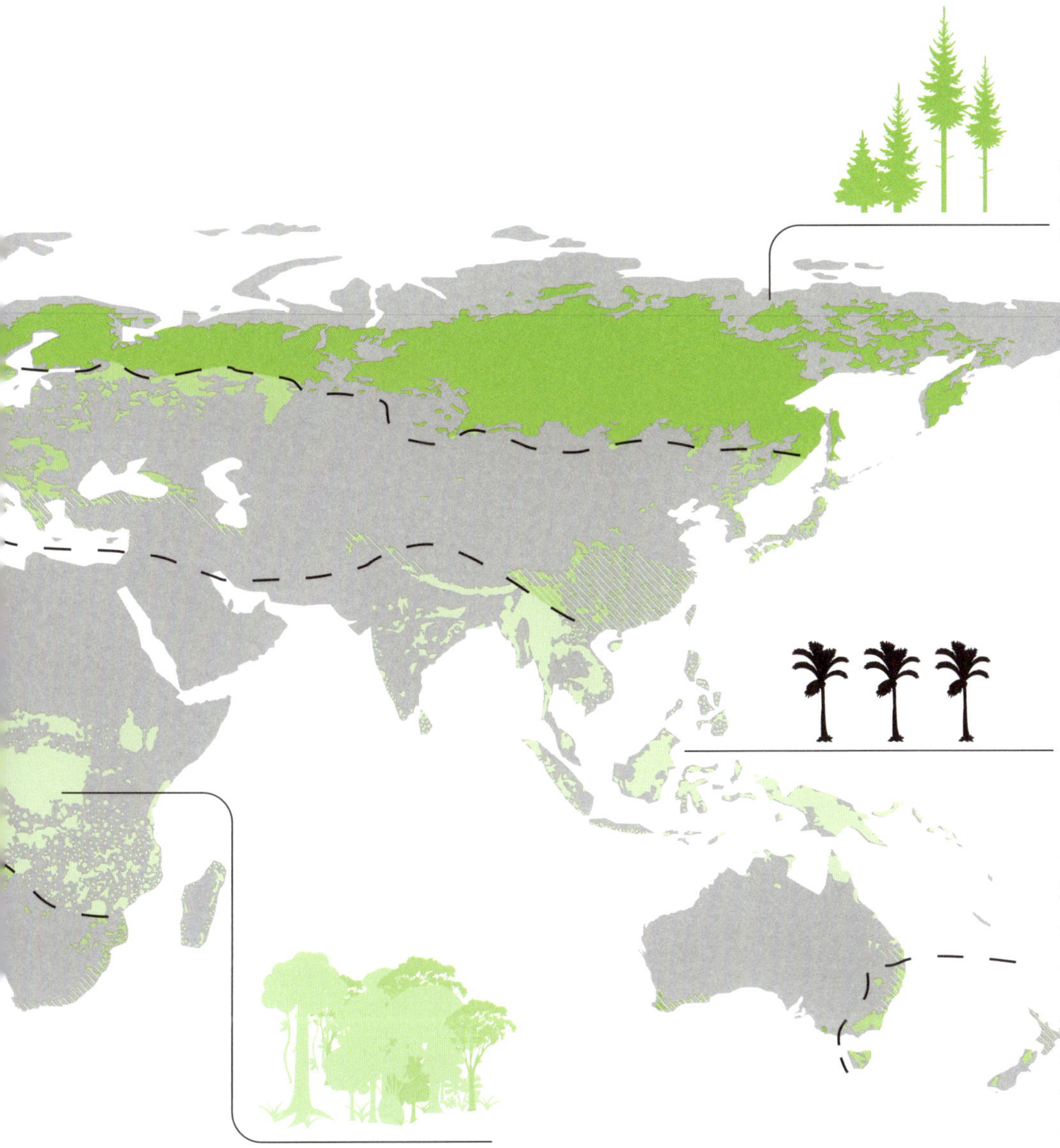

Waldarten boreal temperiert subtropisch tropisch

Boreale Nadelwälder

sind die nördlichsten Wälder der Erde und bestehen hauptsächlich aus Tannen, Lärchen, Fichten und Kiefern. Sie ziehen sich wie ein Gürtel über die Nordhalbkugel. Als größtes zusammenhängendes Waldökosystem umfassen sie ca. 28 % der weltweiten Waldfläche.

Industrielle Baumplantagen

expandieren weltweit: 3 Mio. ha wurden zwischen 2010 und 2020 pro Jahr neu gepflanzt. Sie werden meist für den steigenden Bedarf an Holz, Zellstoff, Palmöl oder Früchten verwendet. Problematisch wird es, wenn Primärwälder abgeholzt werden, um Platz für Plantagen zu schaffen. Da Baumplantagen kaum Ökosystemfunktionen erfüllen oder Biodiversität beherbergen, werden sie meist nicht als »Wälder« bezeichnet. Die FAO zählt sie zu den »gepflanzten Wäldern« mit ca. 3 % der weltweiten Waldfläche.

Tropische Wälder

haben die größte Biodiversitätsdichte von allen, sie beherbergen 50 % aller bekannten Pflanzenarten. Neben dem tropischen Regenwald zählen tropischer Trockenwald, Bergwälder und Nebelwälder dazu. Sie umfassen ca. 45 % der weltweiten Waldfläche und regulieren das Weltklima, z. B. durch Wasseraustausch mit der Atmosphäre.

Gemeinsam Wälder retten!
Ärmel hochkrempeln und mitmachen, z. B. bei lokalen Waldschutzinitiativen.
greenwire.greenpeace.de/themengruppe-wald

Quellen: FAO (2020), Gauthier et al. (2015), Jenkins & Schaap (2018), Martone et al. (2017), Petersen et al. (2016), Tyrrell et al. (2012)

Hotspots der Artenvielfalt

Mind. 1500 endemische* Pflanzenarten muss es in einer Region geben, damit sie als biologischer Hotspot gilt.

* nur in diesem Gebiet vorkommende Arten

Biodiversitätshotspots (Farben nur zur Unterscheidung von angrenzenden Gebieten)

70 % haben die weltweiten 36 Hotspots durchschnittlich bereits von ihren ursprünglichen Ausmaßen eingebüßt.

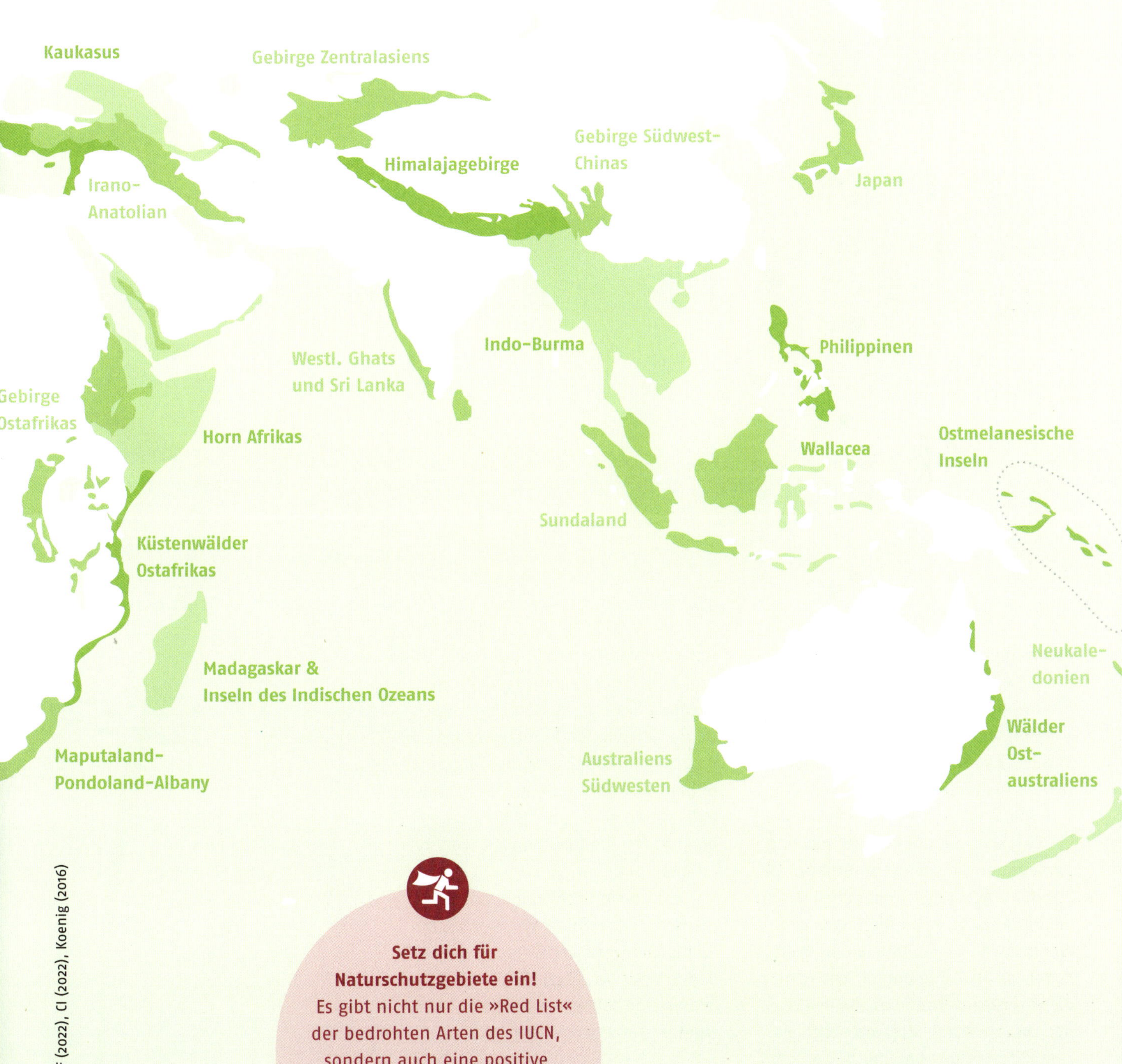

Quellen: CEPF (2022), CI (2022), Koenig (2016)

Setz dich für Naturschutzgebiete ein!
Es gibt nicht nur die »Red List« der bedrohten Arten des IUCN, sondern auch eine positive »Green List« für herausragende Naturschutzgebiete:
iucngreenlist.org

Unterwasser-wälder

Seeotter stellen das biologische Gleichgewicht in pazifischen Kelpwäldern her: Ohne sie würden die Seeigel überhandnehmen und ganze Kelpwälder kahl fressen.

25 % der Küsten sind von Kelpwäldern besiedelt.

■ Kelpwälder **Bedrohungen:** Seeigelwüste Erwärmung des Wassers

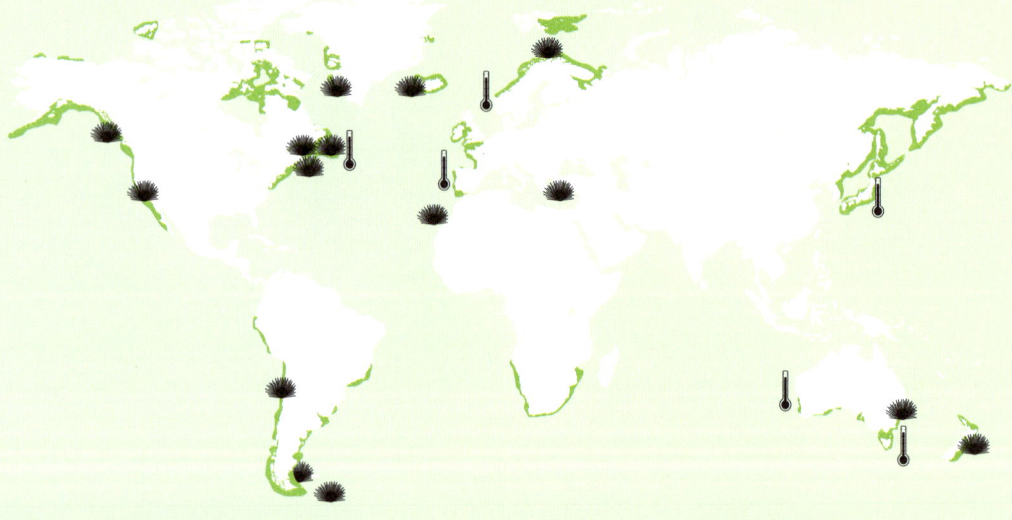

Kelpwälder werden als »Wälder der Ozeane« bezeichnet wegen ihrer hohen Artenvielfalt, großen Produktivität und Dynamik des Ökosystems und wegen ähnlicher vertikaler Strukturen und Lichtverhältnisse.

Im Kampf gegen den Klimawandel können Kelpwälder eine Schlüsselrolle einnehmen. Sie speichern nicht nur CO_2 aus der Umgebung, sondern helfen auch bei der Anpassung an die Folgen des Wandels: Mit ihrem höheren pH-Wert gelten sie als Refugium für Schalentiere, die von Ozeanversauerung bedroht werden, bei schweren Stürmen tragen sie zum Küstenschutz bei und steigern den Ertrag der Fischer.

Die Zucht von Kelp, traditionell vor China und Japan, hat sich mittlerweile auf Nordamerika und Nordeuropa ausgedehnt: 8 Millionen Tonnen wurden 2016 global geerntet. Als vitamin- und mineralhaltiges Nahrungsmittel ist es in Asien beliebt und wird z. B. als Nahrungsergänzungs- und Bindemittel weiterverarbeitet.

Jedoch sind Kelpwälder durch menschliche Einflüsse wie Meeresverschmutzung und -erwärmung weltweit bedroht. Als unersetzliche, einzigartige Ökosysteme sollten sie dringend unter strengeren Schutz gestellt werden.

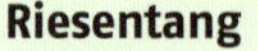

Riesentang wächst bis zu 60 m hoch und 50–60 cm pro Tag. Seine Lebensdauer beträgt bis zu 7 Jahre.

Quellen: Branch (2018), Calloway (2018), Christie et al. (2003), Estes et al. (1998), Filbee-Dexter & Wernberg (2018), Grebe et al. (2019), Krause-Jensen & Duarte (2016), NOAA (2020), Schiel & Foster (2016), Wernberg et al. (2019)

Jährlich werden geschätzte 173 Millionen Tonnen Kohlenstoff durch abgestorbenen Kelp langfristig in Sedimente, hauptsächlich in der Tiefsee, eingelagert. Zudem produziert der Kelp während der Photosynthese große Mengen Sauerstoff.

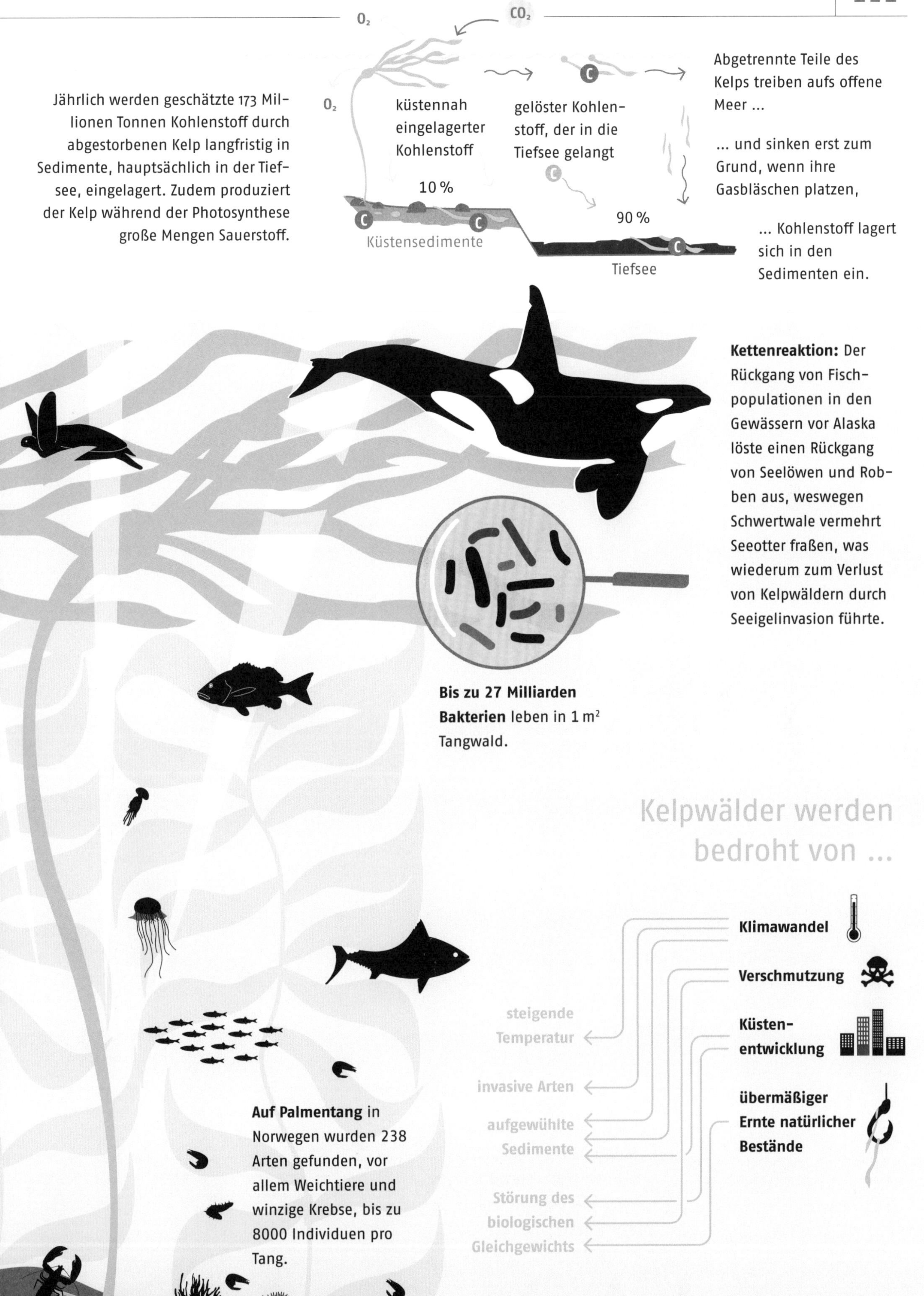

Kettenreaktion: Der Rückgang von Fischpopulationen in den Gewässern vor Alaska löste einen Rückgang von Seelöwen und Robben aus, weswegen Schwertwale vermehrt Seeotter fraßen, was wiederum zum Verlust von Kelpwäldern durch Seeigelinvasion führte.

Bis zu 27 Milliarden Bakterien leben in 1 m^2 Tangwald.

Kelpwälder werden bedroht von ...

Auf Palmentang in Norwegen wurden 238 Arten gefunden, vor allem Weichtiere und winzige Krebse, bis zu 8000 Individuen pro Tang.

Warum unser Klima ...

Boreale Nadelwälder erwärmen ihr Umfeld: Durch ihre niedrige Albedo* absorbieren sie fast die gesamte Sonnenenergie (ca. 92 %) und erwärmen so die Luft, die sie umgibt.

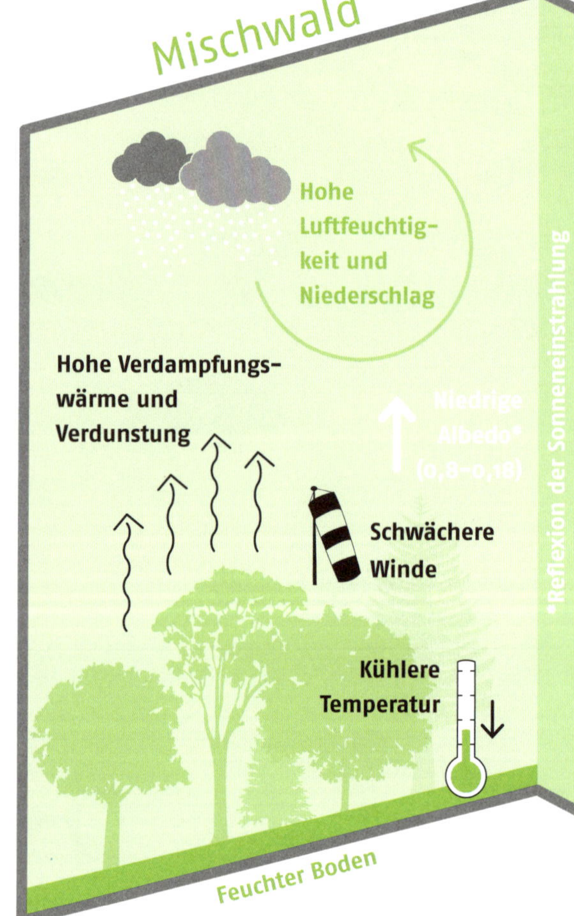

Tropische Regenwälder kühlen durch starke Verdunstung und Wolkenbildung ihre Region und haben dadurch sogar kühlenden Einfluss auf das Weltklima.

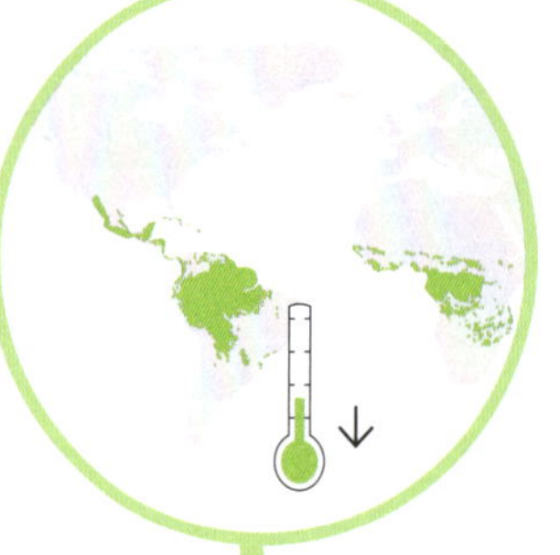

Dichte Primärwälder und Sekundärwälder haben, wenn sie nachhaltig oder gar nicht bewirtschaftet werden, ihr eigenes Mikroklima. Die Luft und der Boden sind dort feuchter und kühler als auf unbewaldeten Landflächen.

Lichte Monokulturbaumplantagen degradieren Böden. Je nach Anbaupraktik und Baumart können der Grundwasserspiegel und die Trinkwasserqualität dadurch sinken.

… auf intakte Wälder angewiesen ist

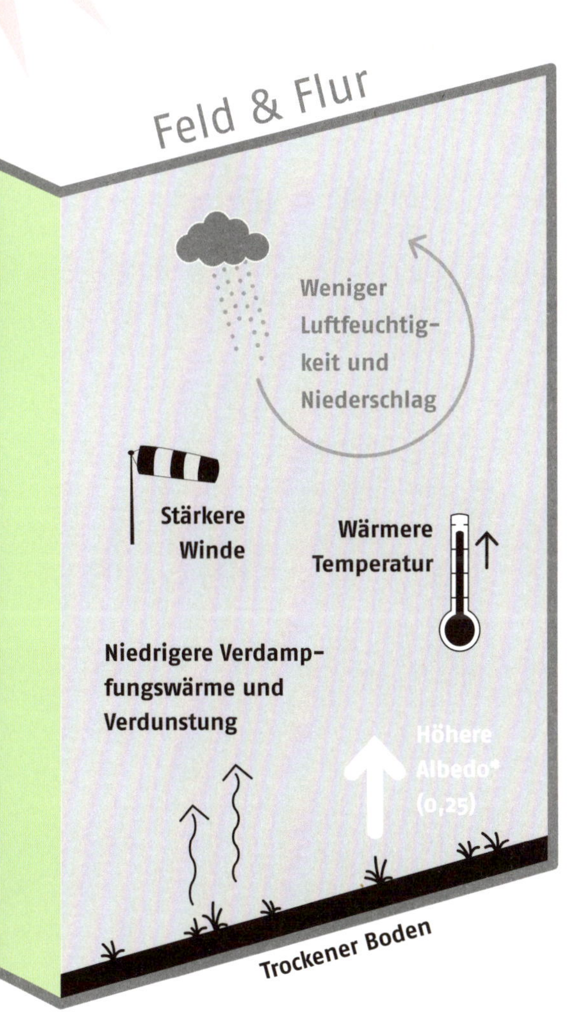

Wälder sind Klimaschützer, sie entziehen der Atmosphäre ca. 28 % der von Menschen verursachten CO_2-Emissionen.

Aufforstung und Renaturierung sind, wenn es mit der Reduktion von CO_2-Emissionen einhergeht, eine effektive Klimaschutzstrategie, um langfristig CO_2 zu binden.

Umgerechnet ca. 296 Gigatonnen CO_2 sind weltweit in der über- und unterirdischen Biomasse von Wäldern in Form von Kohlenstoff gespeichert. Durch weitere Entwaldung und Degradierung würden Teile davon freigesetzt.

Quellen: Artaxo et al. (2018), Centritto et al. (2011), Sanderson et al. (2012)

Atem der Wälder

CO_2-Senke oder Quelle?

Unberührte Wälder oder intakte, nachhaltig bewirtschaftete Wälder nehmen 2-mal so viel CO_2 auf, wie sie emittieren.
Im Gegenstaz zu degradierten oder zerstörten Wäldern: Nach Kahlschlag oder Brandrodung emittieren diese CO_2.
Besonders dramatisch ist die Lage in Südostasien und am Amazonas. Das Kongobecken, der zweitgrößte Regenwald der Erde, ist zurzeit noch eine CO_2-Senke, allerdings muss er dringend besser vor (illegaler) Ausbeutung geschützt werden.

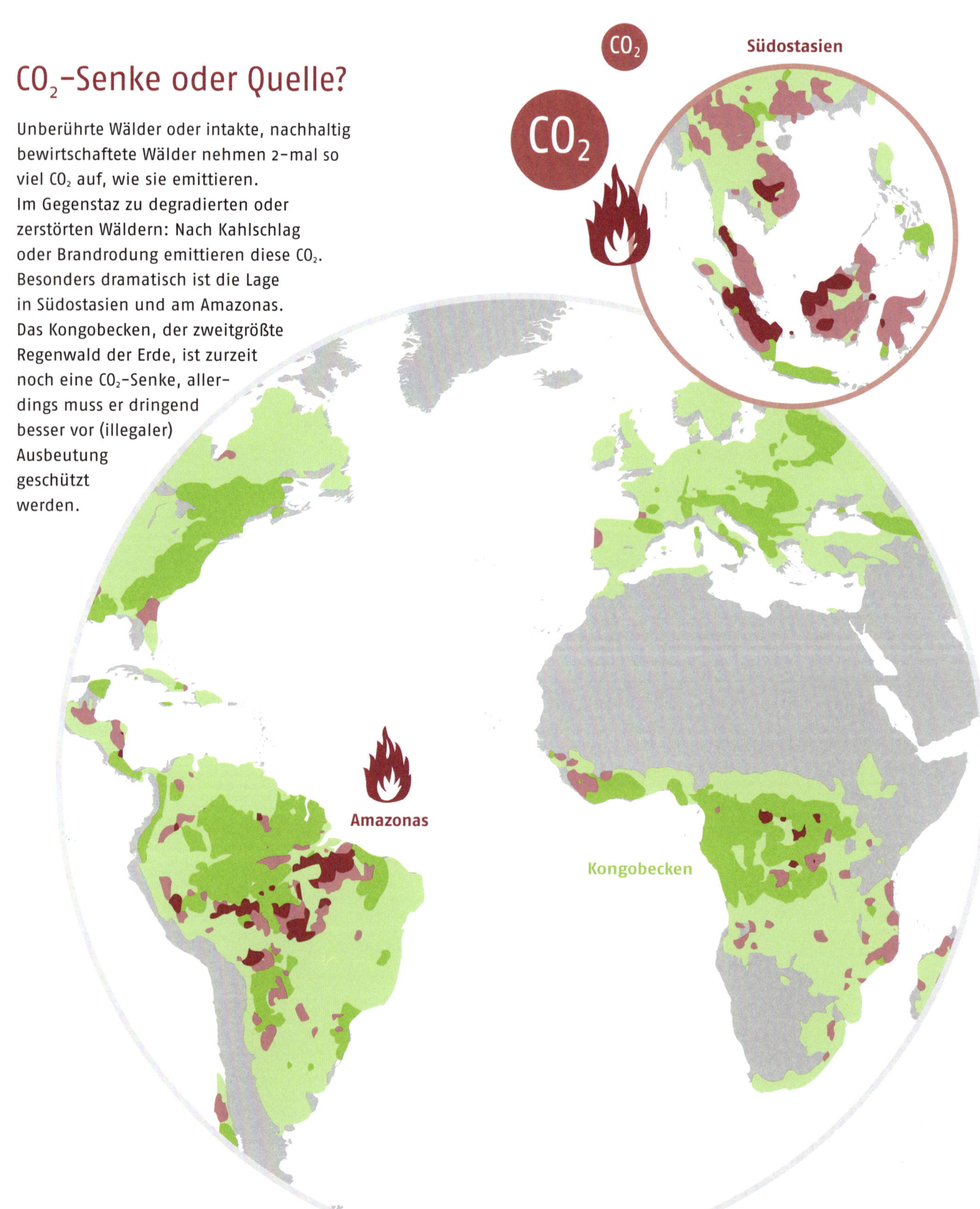

Wo speichern Bäume am meisten Kohlenstoff?

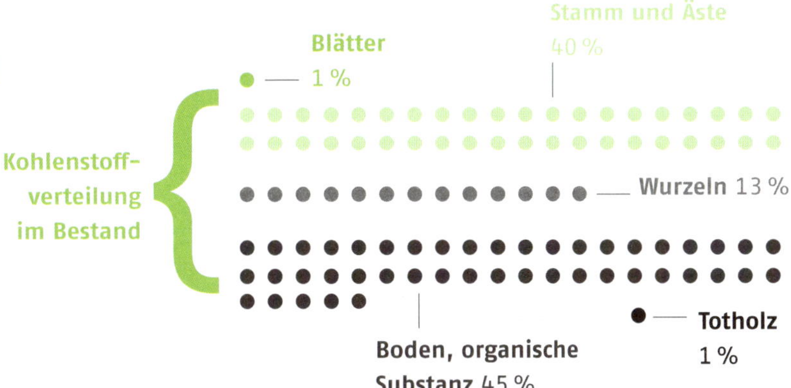

Während der Vegetationsperiode auf der Nordhalbkugel (Mai–Oktober) sinkt die CO_2-Konzentration in der Atmosphäre. Je grüner es wird, desto mehr CO_2 wird bei der Photosynthese von Blättern aufgenommen und als Kohlenstoff, im Baum verteilt, gespeichert.

22,6 kg CO_2 speichert ein Baum in den Tropen durchschnittlich pro Jahr.

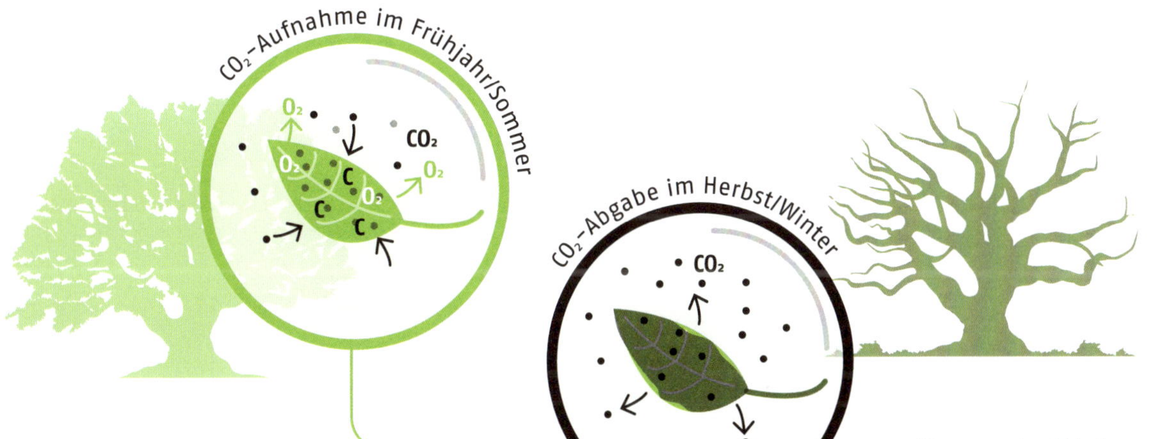

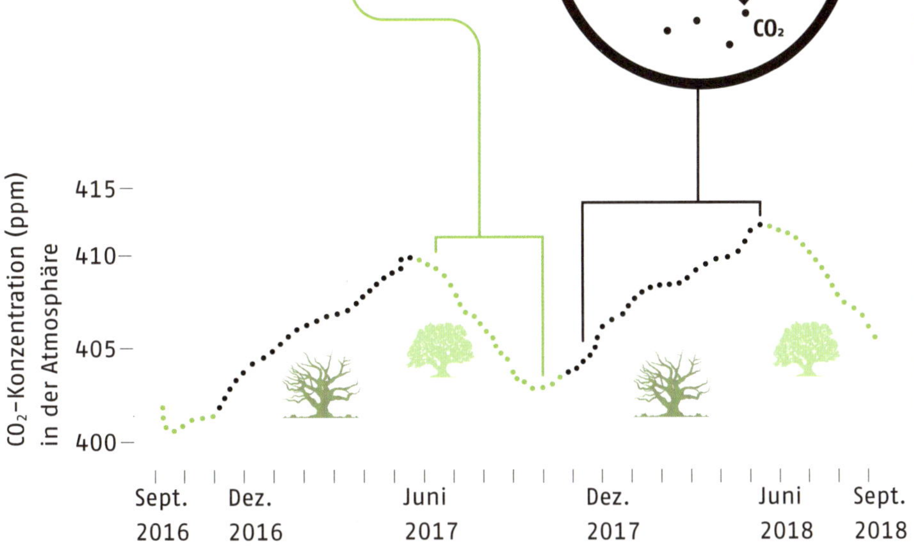

Wenn es im Oktober auf der Nordhalbkugel kälter wird, tritt Vegetationsruhe ein, und die CO_2-Konzentration in der Atmosphäre steigt an. Je mehr Blätter von den Bäumen fallen und mineralisiert werden, desto mehr Kohlenstoff wird aus ihnen freigesetzt. Zudem setzen blattlose Bäume auch im Winter CO_2 frei.

Quellen: Betts et al. (2008), FAO (2018), Harris et al. (2021), IPCC (2014), MPG (2010), Gough et al. (2008), WRI (2018)

Great Green Wall in Afrika

Die Great Green Wall (GGW) ist ein Mosaik aus Renaturierungsprojekten in knapp 30 Ländern, das sich durch die Sahelzone zieht. Hauptsächlich werden Bodenschutz- und Wasserverbesserungsmaßnahmen umgesetzt, um die Regionen wieder ergrünen zu lassen. Das Pflanzen von Bäumen macht dagegen nur einen kleinen Teil der Aktivitäten aus, da es sehr teuer ist und zuerst die trockenen Verhältnisse verbessert werden müssen.

- Initiator: Afrikanische Union (AU)
- 20 Staaten helfen finanziell
- Zeitraum 2007–2030?
- Länge: fast 8000 km
  Breite: ca. 15 km
- Ziele bis 2030:
  - 100 Mio. ha bewalden
  - 250 Mio. t Kohlenstoff binden
  - 10 Mio. Jobs schaffen

18 % der »Great Green Wall«, 17,8 Mio. ha, sind bislang renaturiert.

Senegal hat bisher 18 Mio. Bäume gepflanzt und ca. 192 000 ha Land renaturiert und bewaldet.

Äthiopien hat bislang ca. 12 Mio. ha degradiertes Land und Böden renaturiert und 218 400 neue Jobs geschaffen.

Niger hat 730 000 ha degradiertes Land bewaldet sowie renaturiert und dabei ca. 21 500 »grüne« Jobs geschaffen.

340 Mio.

135 Mio.

2020 2050

80 % der Menschen in der Sahelzone leben in Armut, d. h. von weniger als 2 € am Tag.

Das Bevölkerungswachstum in der Sahelzone ist rapide und wird u. a. dazu führen, dass in Zukunft mehr junge Menschen Arbeit in ländlichen Regionen suchen oder infolge von Arbeitslosigkeit abwandern.

Die Renaturierung hat viele Ziele, je nach Region ...

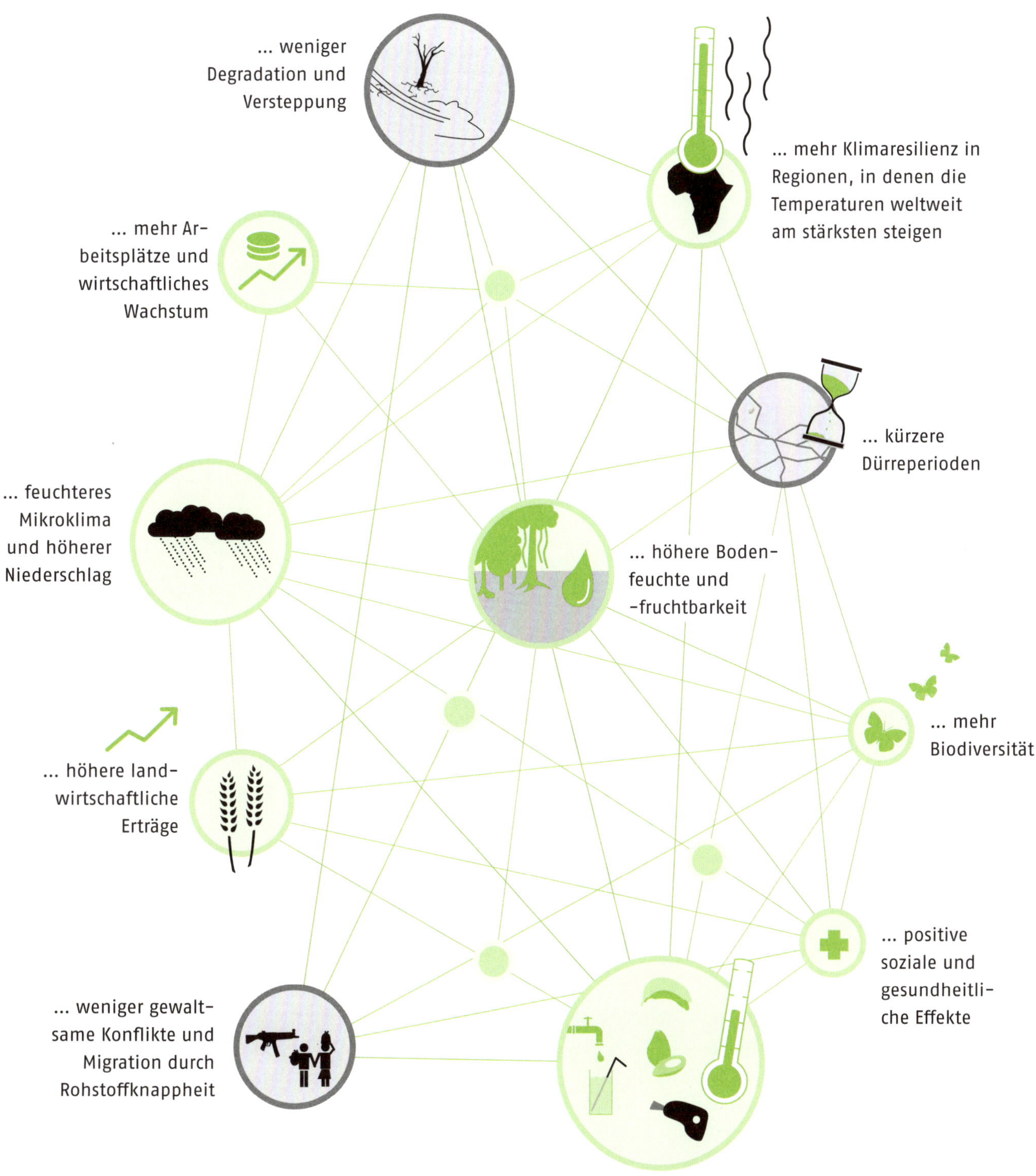

... höhere Ernährungs- & Trinkwassersicherheit, Klimaschutz sowie weniger Armut

Quellen: GGW (2020), UNCCD (2020)

Wenn das Klima trockener wird ...

... erobern Pflanzen neue Lebensräume.

Durch die Verschiebung von Klimazonen verändert sich auch die natürliche Artenmischung: Während Nadelbäume sich gen Norden ausbreiten, dehnen sich Laubwälder z. B. in den niederschlagsreicheren Westen der USA aus.

... nehmen Insektenbefall & Krankheiten zu.

Vor allem Nadelbäume werden durch Wasserknappheit anfälliger für Insektenbefall wie den Borkenkäfer, der von lang anhaltenden Dürren profitiert und u. a. in Westkanada und den USA Hunderte Millionen Hektar Wald zerstört hat.

... sterben Wälder.

In Kalifornien (USA) sind nach 5 Dürrejahren in Folge mehr als 100 Mio. Bäume abgestorben, und Millionen mehr wurden geschwächt.

... schwindet die Artenvielfalt.

Hoch spezialisierte Baumarten, die z. B. für die Fortpflanzung auf Vögel angewiesen sind, wie die Weißstämmige Kiefer (*Pinus albicaulis*), können vom Aussterben bedroht sein, wenn sich das Klima rasch verändert.

... wachsen Pflanzen langsamer.

Bei Wasserknappheit nimmt die Wachstumsrate ab, einige Pflanzen stoppen ihr Wachstum sogar. Blätter werden vorzeitig abgestoßen, um weiteren Wasserverlust zu verhindern.

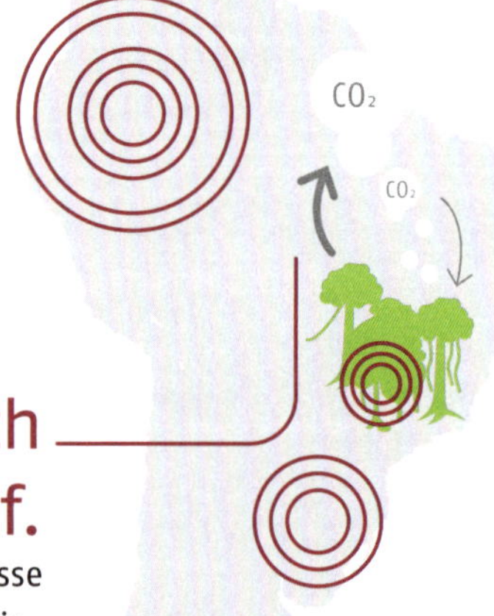

... verändert sich der CO_2-Kreislauf.

Dürren stören Ökosystemprozesse wie Kohlenstoff- und Wasserkreisläufe in Ökosystemen. Unter Stress können tropische Wälder zu CO_2-Emittenten statt -Senken werden.

... trocknet der Boden aus.

Flüsse und Grundwasser sind durch reduzierten Niederschlag und höhere Verdunstung direkt von Dürren betroffen, Niveau und Wasserqualität nehmen ab.

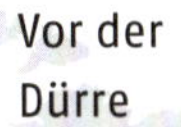

Vor der Dürre

1. Jahr Dürre

>3 Jahre Dürre

... verstärken sich Dürren weltweit.

Ausgelöst durch heißere, trockenere Sommer, verstärkt durch starke landwirtschaftliche und industrielle Nutzung des Grundwassers sowie Überpopulation: Dürren und »Blitzdürren« haben weitreichende Folgen (Blitzdürren trocknen den Boden innerhalb von Tagen bis Wochen aus).

... überleben weniger Jungpflanzen.

In Dürrezeiten ist die Bodenfeuchtigkeit für Samen zu gering, um austreiben zu können; Sämlinge erreichen mit ihren kurzen Wurzeln die feuchteren Bodenschichten nicht und sterben ab.

... breiten sich invasive Arten aus.

Fremde Arten können eine Austrocknung der Böden bewirken und heimische Arten verdrängen, wie z. B. in Südafrika: 6–12 Jahre nach Anpflanzung von Eukalyptusplantagen sind dort Flüsse ausgetrocknet, und die Bäume haben sich schnell weiter ausgebreitet.

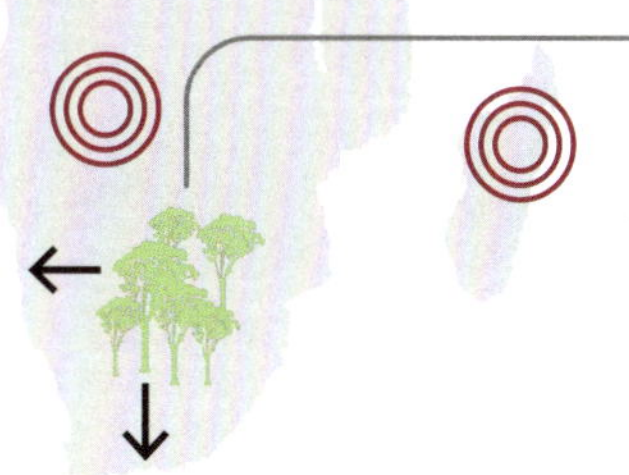

... steigt die Waldbrandgefahr.

Nach 3-jähriger Dürre und bei Rekordtemperaturen sind in Australien von September 2019 bis Februar 2020 rund 5,8 Mio. Hektar Wald verbrannt, 21 % der Gesamtwaldfläche Australiens.

Quellen: BOM (2019), Fei et al. (2017), Forsyth et al. (2004), Kolb (2019), Malhi & Philips (2005), Mukherjee et al. (2022), NCC (2020), Vose et al. (2015)

Artenverlust aufhalten …

Landflächen weltweit:

15 % unter Schutz

Mind. 35 % der Landflächen weltweit müssten unter Schutz gestellt werden, um die Klima- und die Artenkrise zu bewältigen

Ökosysteme bestehen aus einer Vielzahl von Arten, die in einem komplexen Netzwerk und oft symbiotisch in einem sensiblen Gleichgewicht zusammenleben und voneinander abhängen. Nur als Ganzes können sie überleben. Wissenschaftler bezeichnen Biodiversität als unser »globales Sicherheitsnetz«.

Eine hohe Artenvielfalt ist essenziell, damit Ökosysteme sich an die Stressfaktoren des Klimawandels anpassen und sich nach extremen Wetterereignissen schnellstmöglich regenerieren können.

Viele der »Ziele für nachhaltige Entwicklung« der Vereinten Nationen sind nur mit regenerierter Biodiversität erreichbar, unter anderem: Nahrungsmittelsicherheit, Trinkwassersicherheit, Wald-, Ozean- und Klimaschutz. Wenn wir genug Naturräume in den richtigen Regionen schützen, können wir diese Ziele noch erreichen.
Bei mehr als 1,5 Grad Erwärmung werden einige Ökosysteme kollabieren, weil zu viele Arten aussterben und die Grenzen der Anpassungsfähigkeit erreicht sind. Das gilt es zu verhindern.

Quelle: Dinerstein (2020)

… und das Klima stabilisieren

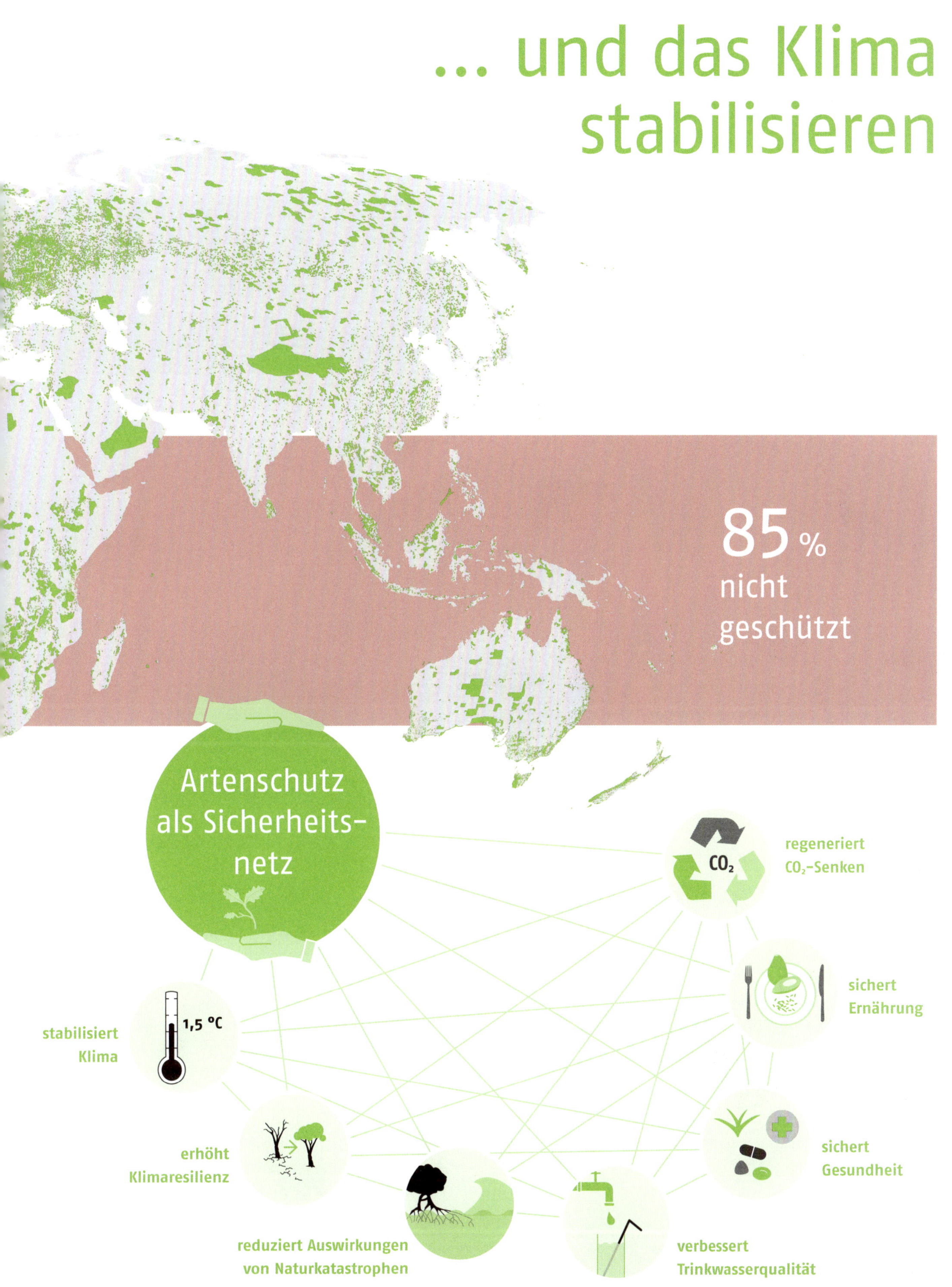

Tiere

Weltweite Fauna

Ca. 2,13 Mio.

Tierarten von den geschätzten 8,7 Mio. Arten weltweit sind bisher bestimmt und benannt.

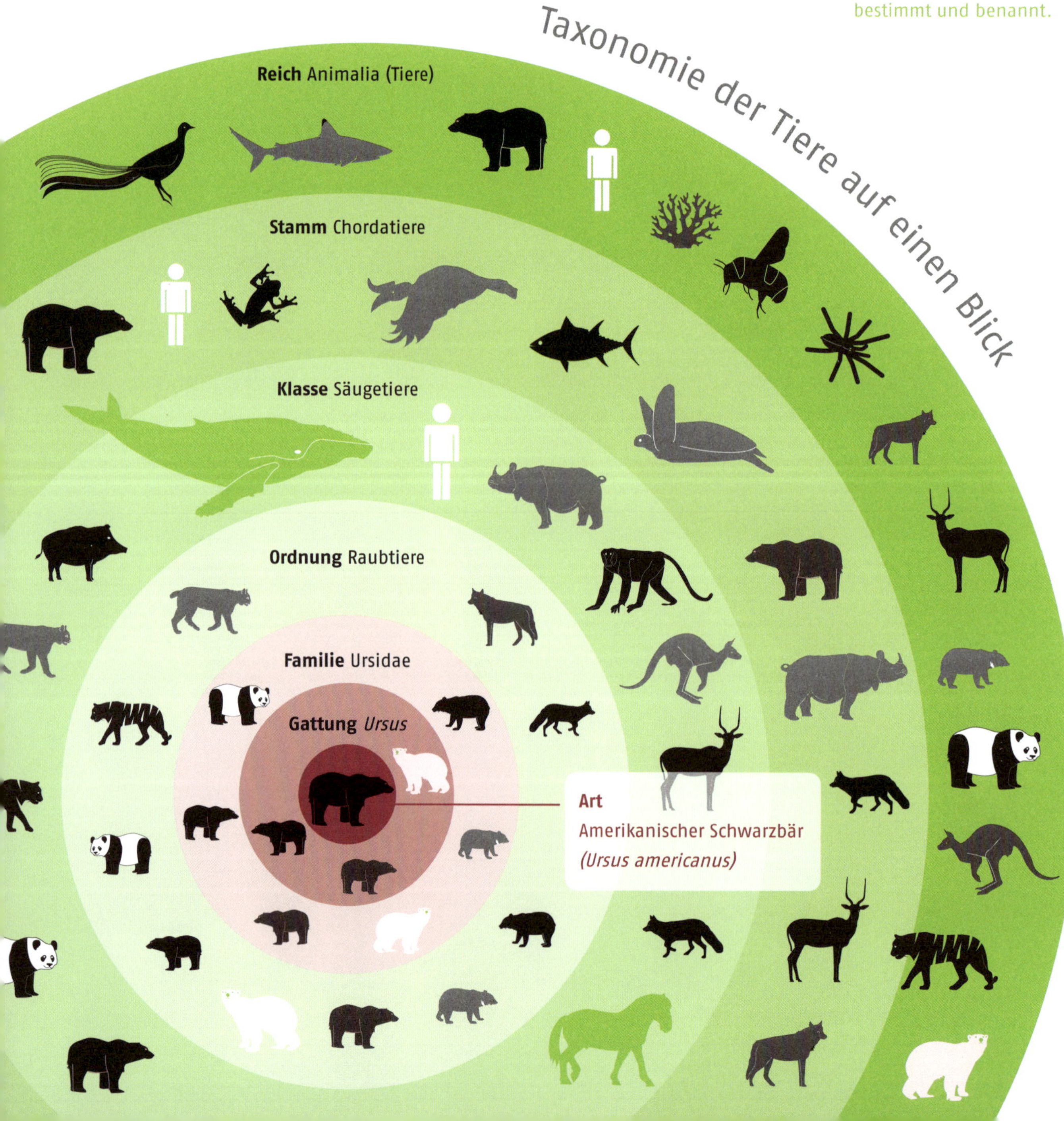

Weltweite Biomasse der Landwirbeltiere

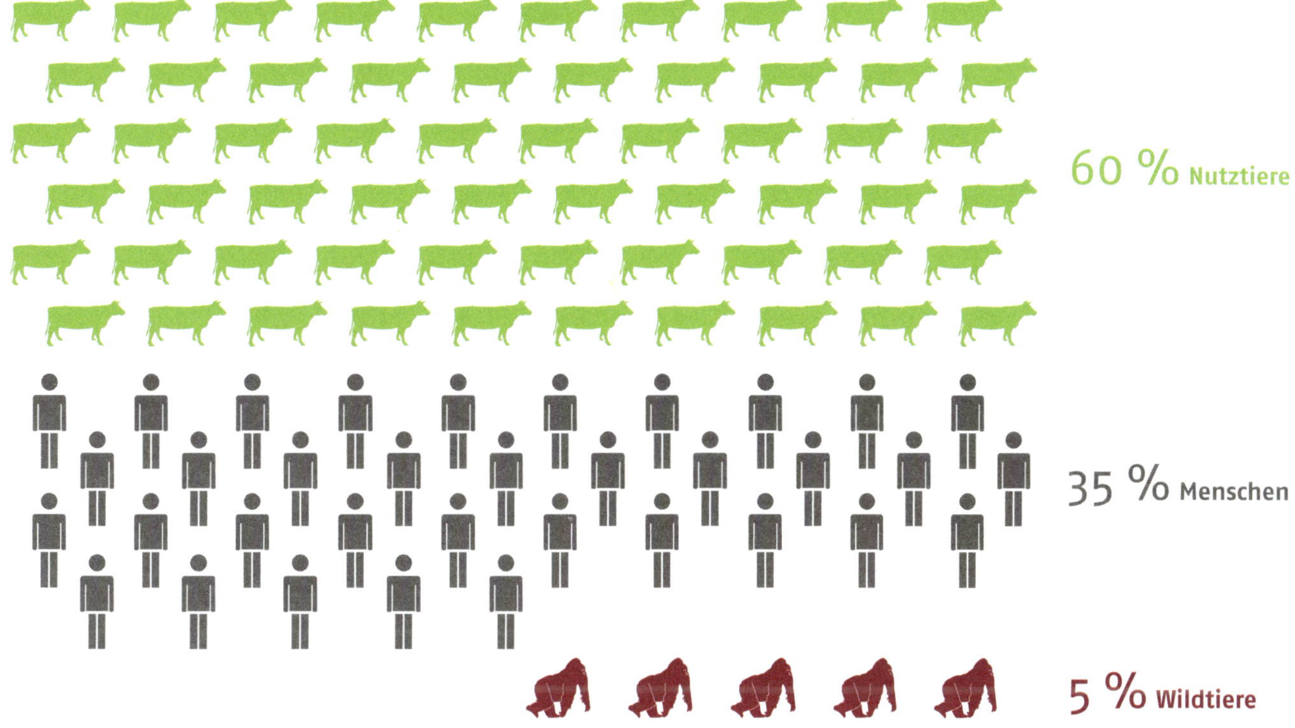

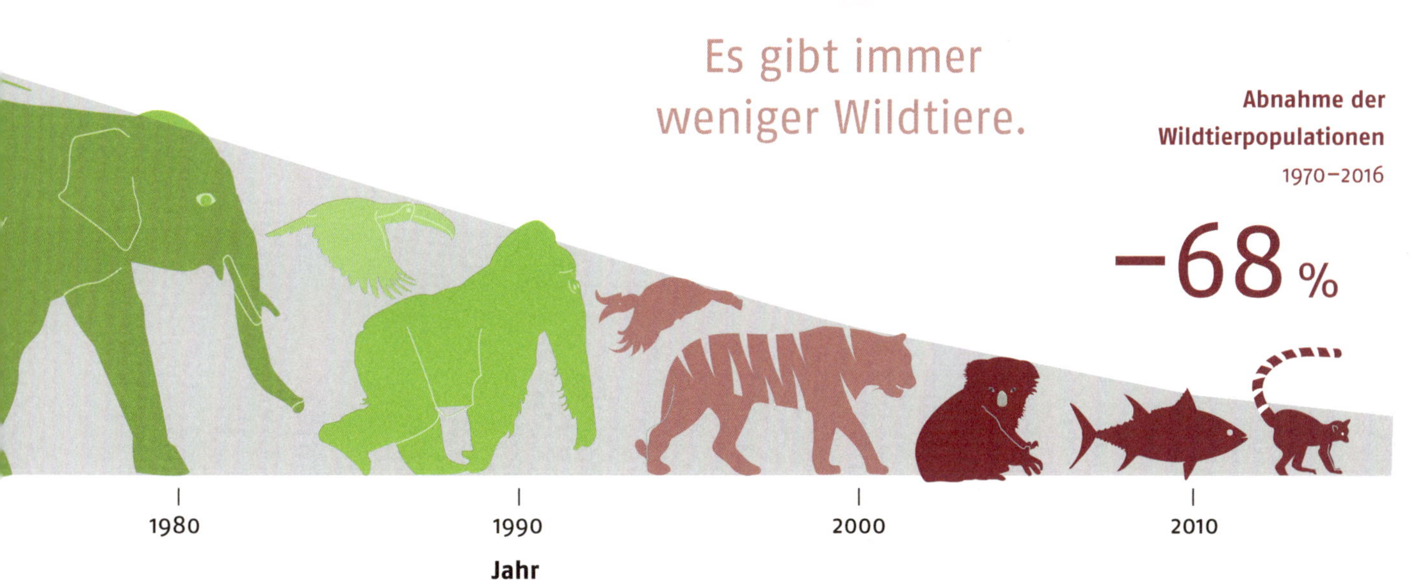

Quellen: IUCN (2021), Mora et al. (2011), Wiegandt et al. (2022)

Komplexes Nahrungsnetz

Die Regenerationsfähigkeit von Ökosystemen ist nur so stark wie ihre biologische Vielfalt. Die Diversität von Pflanzen zieht eine Vielzahl unterschiedlicher Tiere an, die wiederum entscheidende Rollen spielen: Manche sorgen für Bestäubung, andere für Samenausbreitung, erhalten Graslandschaften, indem Büsche gefressen werden, oder düngen Böden.

Sobald eine Art aus dem Nahrungsnetzwerk verschwindet oder stark zurückgeht, leidet das gesamte Ökosystem, da Tiere und Pflanzen in einem fragilen Gleichgewicht voneinander abhängig sind.

Nahrungsnetz in einem Wald auf der Nordhalbkugel:

Fleischfresser 2. Ordnung

Luchse

Fleischfresser 1. Ordnung

Greifvögel und Eulen

Wildschweine

Füchse

Pflanzenfresser

Kleine Säugetiere

Rotwild

Pflanzen

Moose, Flechten, Blätter, Früchte, Samen und Waldbeeren

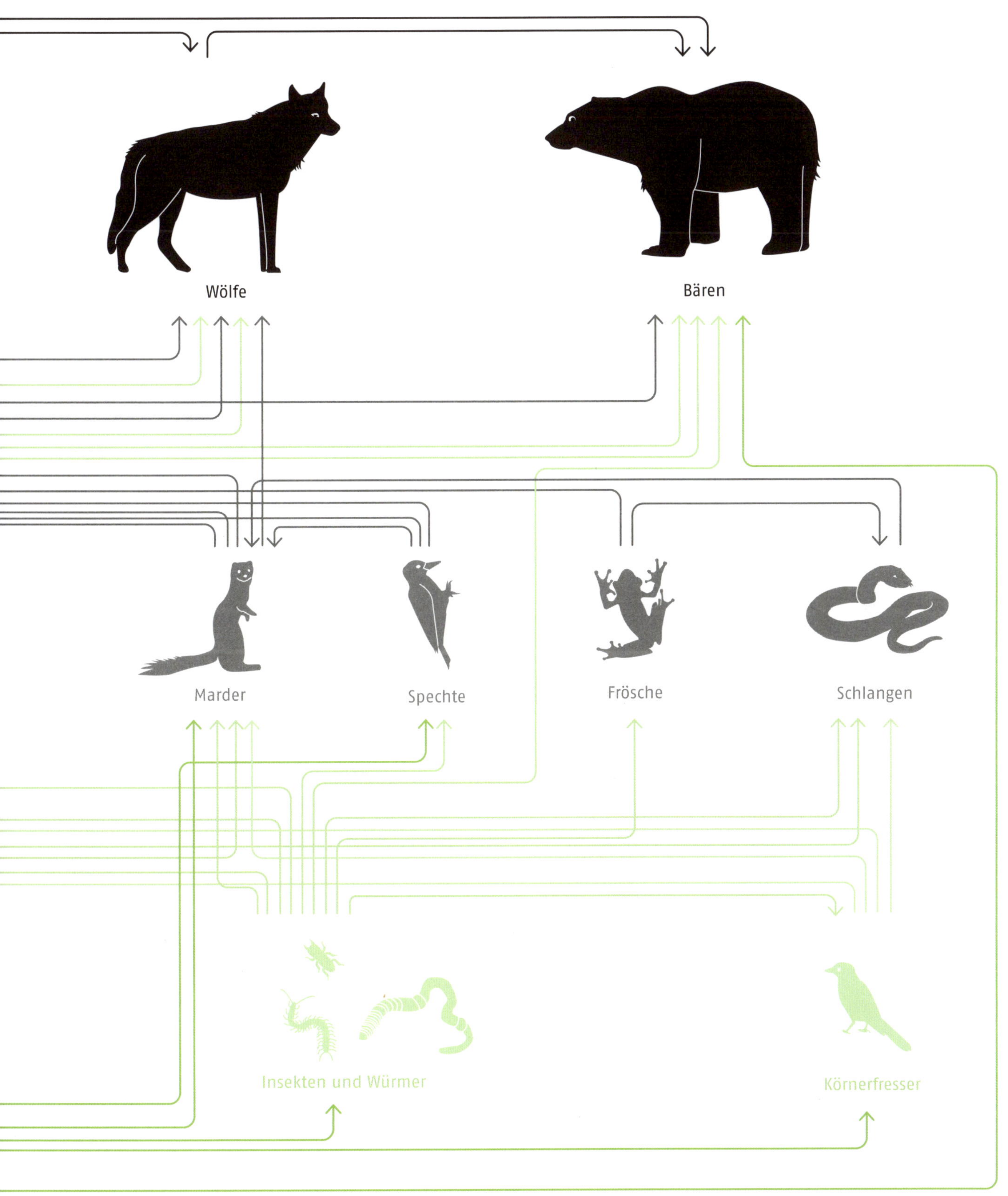

Quellen: siehe Seite 215

Verlust von Waldbewohnern

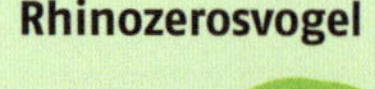

Rhinozerosvogel

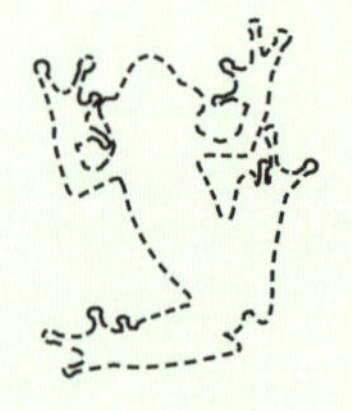

Mount-Glorious-Torrent-Frosch

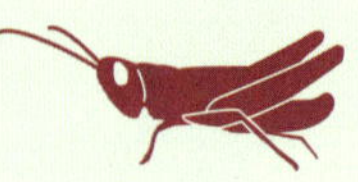

Serbischer Grashüpfer

Rostig gefleckte Hummel

Blaue Ornamentvogelspinne

Nasenaffe

Großer Panda

Java-Nashorn

Tiger

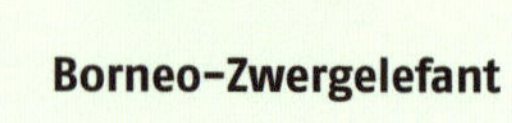

Borneo-Zwergelefant

Geschätzte 41 % weniger Arten leben in degradierten tropischen Regenwäldern im Gegensatz zu intakten Wäldern.

Quelle: Alroy (2017), IUCN (2020)

Unterschätzte Insekten

Mehr als 560 Wildbienenarten gibt es in Deutschland.

220 Arten sind gefährdet.

31 Arten sind vom Aussterben bedroht.

309 Arten sind stabil.

Ca. 3300 €/ha erwirtschaften Wildbienen durchschnittlich, das ist ihr Beitrag zur Nahrungsmittelproduktion. Damit sind sie etwas produktiver als Honigbienen (2900 €/ha).

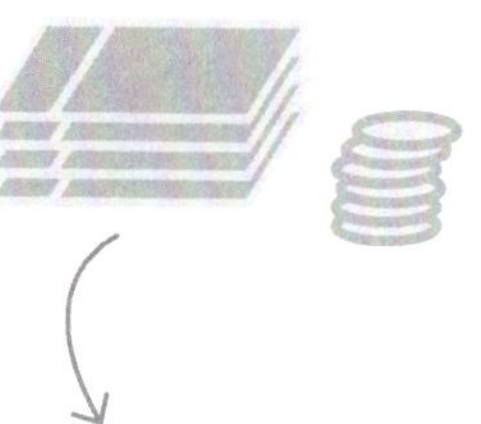

Ca. 35 % der weltweiten Nahrungspflanzen hängen von Bestäuberinsekten wie Bienen, Wespen, Motten, Fliegen und Schmetterlingen ab. Bestäuber sind essenziell wichtig für die Stabilität der Nahrungsmittelversorgung.

Quellen: Bassett & Lamarre (2019), Eggleton (2020), Kleijn (2016), Seibold et al. (2019), USDA (2022), Weber (2019)

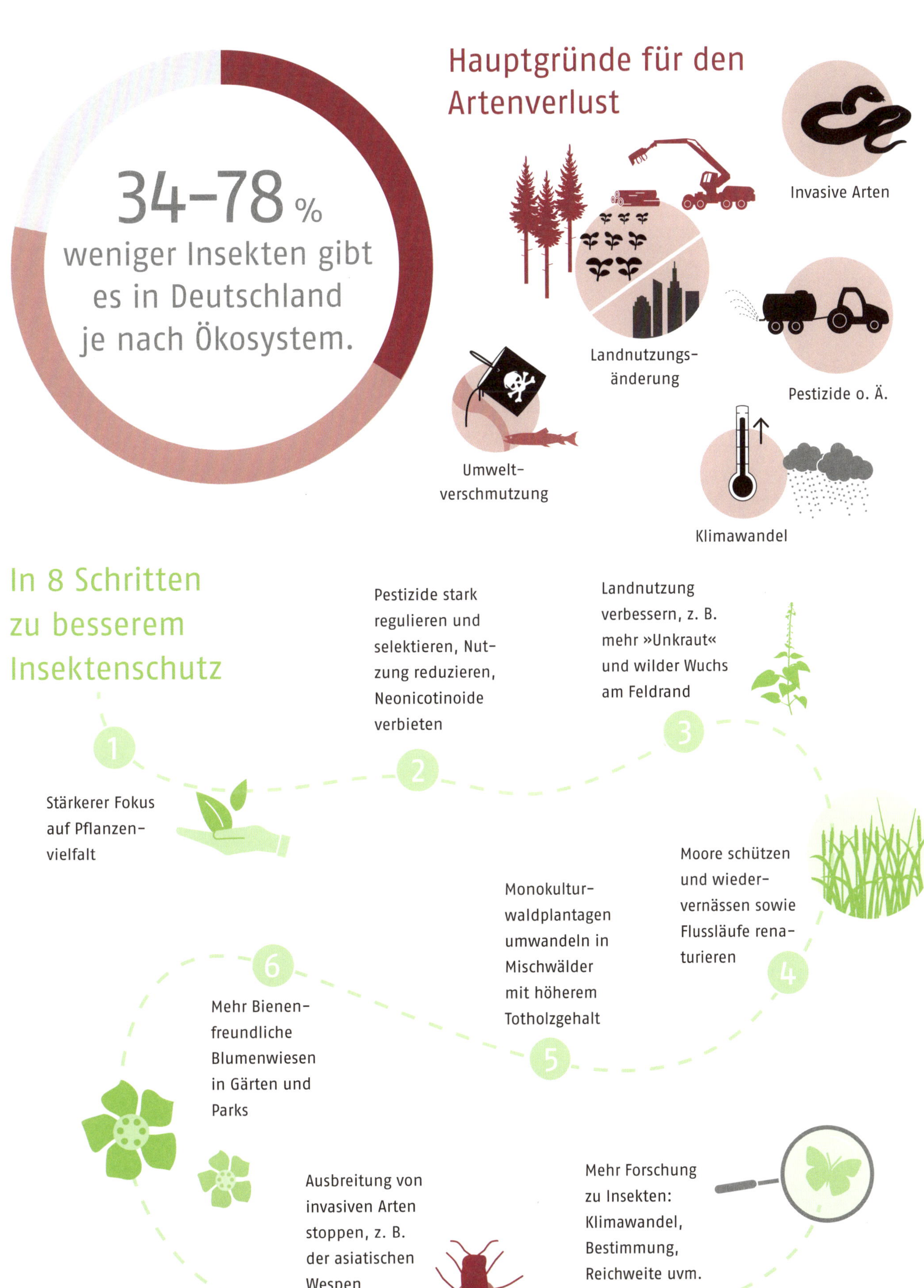
34–78 %
weniger Insekten gibt es in Deutschland je nach Ökosystem.
Hauptgründe für den Artenverlust
Invasive Arten
Landnutzungs-änderung
Pestizide o. Ä.
Umwelt-verschmutzung
Klimawandel
In 8 Schritten zu besserem Insektenschutz
1
Stärkerer Fokus auf Pflanzen-vielfalt
2
Pestizide stark regulieren und selektieren, Nutzung reduzieren, Neonicotinoide verbieten
3
Landnutzung verbessern, z. B. mehr »Unkraut« und wilder Wuchs am Feldrand
4
Moore schützen und wieder-vernässen sowie Flussläufe renaturieren
5
Monokultur-waldplantagen umwandeln in Mischwälder mit höherem Totholzgehalt
6
Mehr Bienen-freundliche Blumenwiesen in Gärten und Parks
7
Ausbreitung von invasiven Arten stoppen, z. B. der asiatischen Wespen
8
Mehr Forschung zu Insekten: Klimawandel, Bestimmung, Reichweite uvm.

Eisige Lebensräume

Arktis

Schütze die Arktis!
Das »Arctic Animal Movement Archive« vereint 15 Mio. Bewegungsmuster aus Studien von 1991 bis heute und zeigt den Wandel der Arktis aus Tiersicht:
www.movebank.org

Abwanderung
Verschiedenste Tierarten an Land und im Arktischen Ozean verlagern ihren Lebensraum aufgrund der Erwärmung Richtung Nordpol. Für den Polardorsch z. B. sind die bis zu 7 Grad höheren Wassertemperaturen in der Arktis eine existenzielle Bedrohung, er zieht aus der Beringsee vermehrt Richtung Nordpol.

Akklimatisierung
Tiere versuchen, sich an die neuen klimatischen Bedingungen anzupassen, indem sie Fressverhalten, Stoffwechsel, Atmung, Blutdruck oder Wasser- und Nährstoffaufnahme verändern.

>5 °C

Verlust des Meereises
Walrosse, Eisbären und Robben nutzen das Meereis zur Nahrungsaufnahme, als Ruheinsel und zur Aufzucht ihres Nachwuchses. Der Eisrückgang treibt die erschöpften Walrosse z. B. an weit entfernte Strände, denn sie finden nicht mehr ausreichend Eisschollen innerhalb ihrer Jagdgründe.

Neue Fressfeinde
Invasive Arten verändern die Nahrungsbeziehungen. Orkas z. B. jagen schon jetzt vermehrt Narwale in der eisfreien kanadischen Arktis und gefährden dort deren Populationen.

Gesundheit
Durch den erhöhten Aufwand bei der Nahrungssuche nimmt der Gesundheitszustand der Tiere ab, Mangelernährung und Untergewicht treten häufiger auf.

Invasive Arten
An Land, im Meer und in der Luft: Subarktische Arten breiten sich weiter Richtung Norden aus. In Alaska z. B. vertreiben Rotfüchse bereits Polarfüchse.

Status der Kaiserpinguinkolonien, Prognose für 2100

vom Aussterben bedroht | stark gefährdet | gefährdet | nicht bedroht

Antarktis

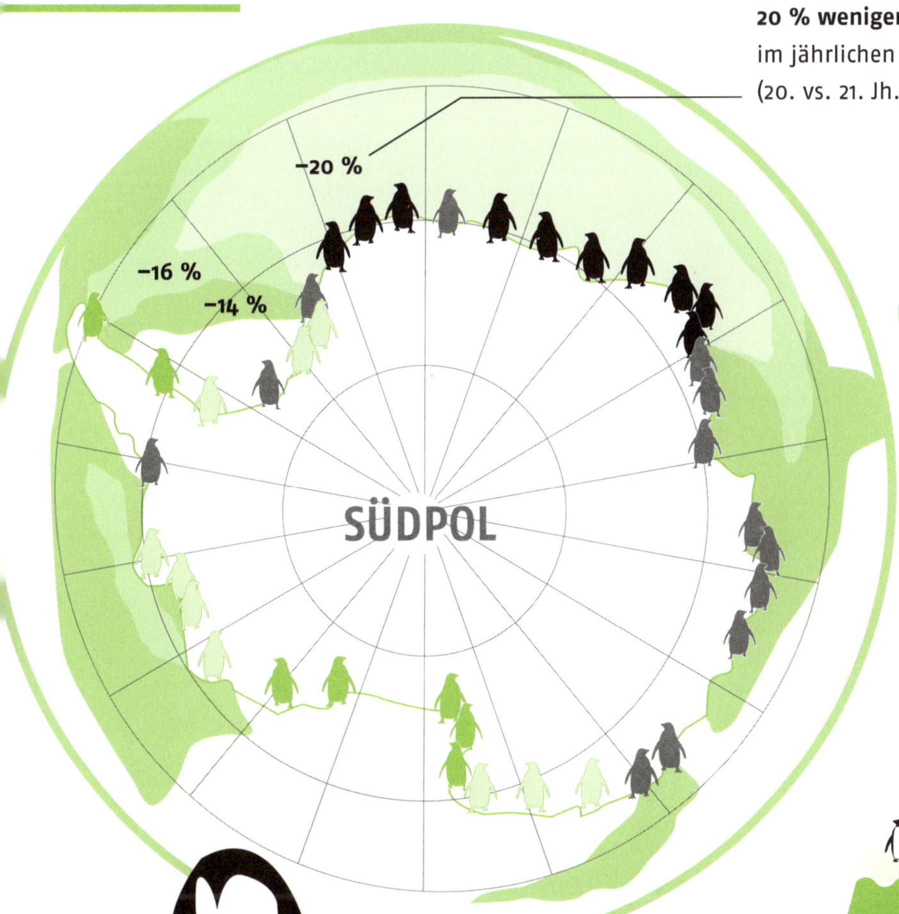

20 % weniger Meereis im jährlichen Durchschnitt (20. vs. 21. Jh.)

−20 %

−16 %

−14 %

SÜDPOL

Um 50 % wird die Kaiserpinguinpopulation bis 2100 voraussichtlich schrumpfen.

Meereisrückgang

Bis zum Ende des Jahrhunderts wird es in der Antarktis teils deutlich weniger Meereis geben. Kaiserpinguine benötigen allerdings stabile Meereisflächen, um ihren Nachwuchs 8 Monate lang aufzuziehen.

−60 °C

+37 °C

Mai

Im Mai legt das Weibchen auf dem Eis ein Ei, welches das Männchen 2 Monate ausbrütet, während die Mutter im Ozean jagen geht.

Juli

Ca. 65 Tage später schlüpft das Küken und wird – jetzt von der Mutter – unter den Bauchfedern weitere 50 Tage warm gehalten und gefüttert.

Sept.

Nach 2 Monaten gehen beide Eltern auf die Jagd, und die Jungen versammeln sich in Gruppen auf dem Eis, um sich warm zu halten. Das Meereis hat jetzt idealerweise die größte Ausdehnung erreicht.

Dez.

Die Familie zieht näher an den Rand des Meereises, die Jungtiere werden flügge, verlieren ihre Babydaunen und beginnen erste Jagdversuche. Das Meereis beginnt zu brechen und zu schmelzen.

Jan. Feb.

Das Gefieder ist nun wasserresistent, und die Tiere sind bereit für lange Tauchgänge und jagen eigenständig im tieferen Ozean. Das Meereis hat im besten Fall jetzt erst die geringste Ausdehnung.

Quellen: CBD (2021), Davidson et al. (2020), Drost (2016), Jenouvrier et al. (2014), Klein & Sowls (2015), Lefort et al. (2020), Thyrrin & Sejr (2018), WOR (2019)

Auf dem Vormarsch: invasive Arten

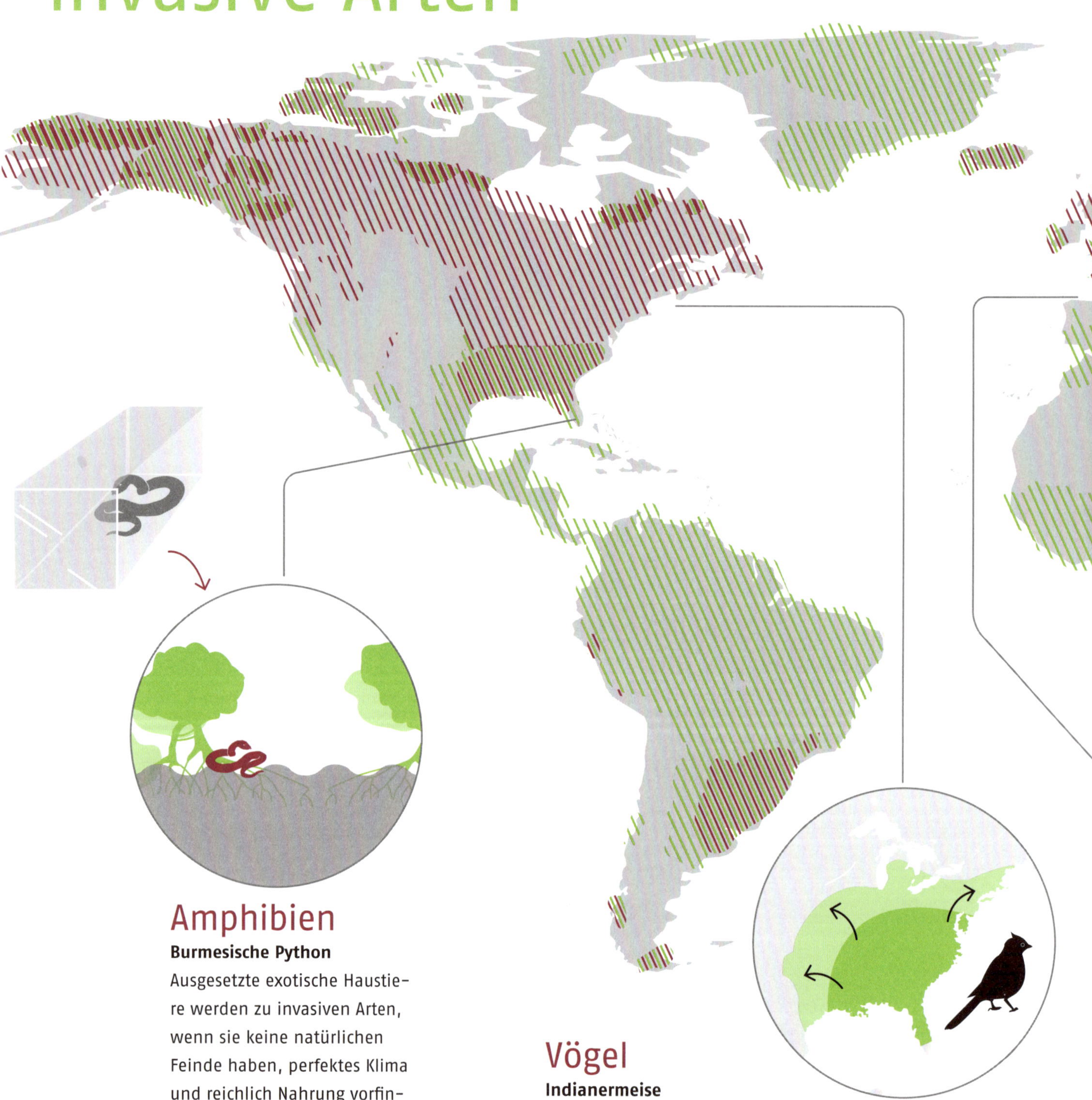

Amphibien

Burmesische Python

Ausgesetzte exotische Haustiere werden zu invasiven Arten, wenn sie keine natürlichen Feinde haben, perfektes Klima und reichlich Nahrung vorfinden. Im Everglades-Nationalpark in Florida ist die Burmesische Python für den Rückgang von mehreren Säugetierarten verantwortlich.

Vögel

Indianermeise

Einst als südliche Art bekannt, hat die Indianermeise sich seit Anfang des 20. Jahrhunderts von New Jersey bis ins 1200 km nördlichere Maine ausgebreitet.

48 %

größere Reichweite, 1966–2017

Status der invasiven Arten (Zeitraum 2000–2100) mehr invasive Arten weniger invasive Arten beides

Meerestiere

Seeigel

Die tropischen Pflanzenfresser, die in gemäßigte Breiten eindringen, haben in Japan, in Tasmanien und an der Ostküste Australiens einst artenreiche Kelpwälder in Seeigelwüsten umgewandelt.

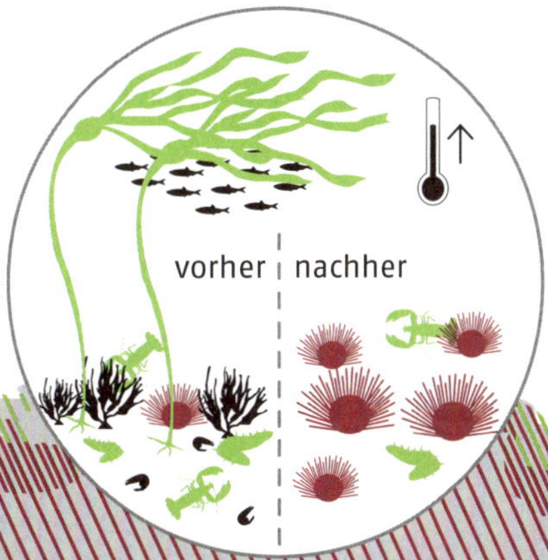

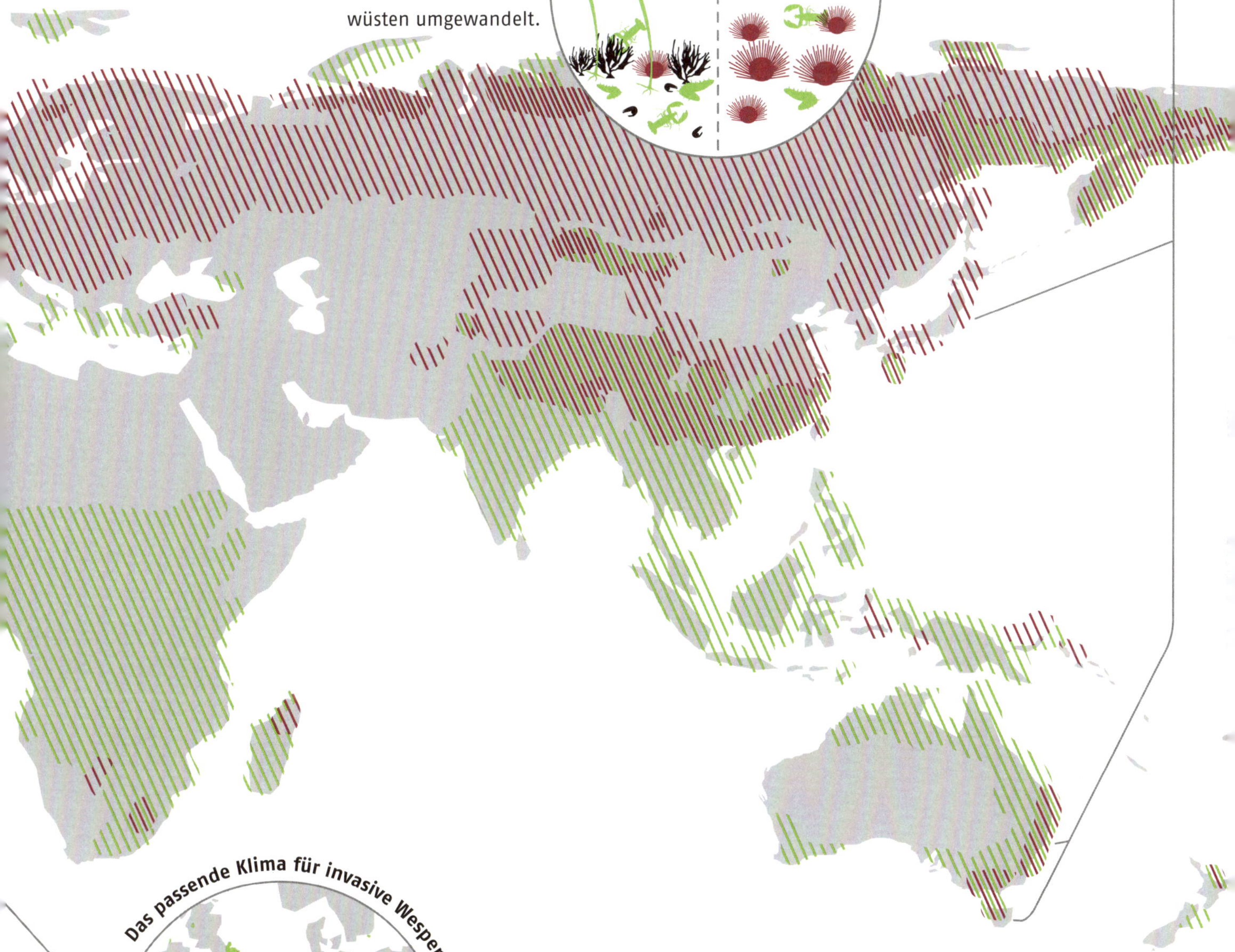

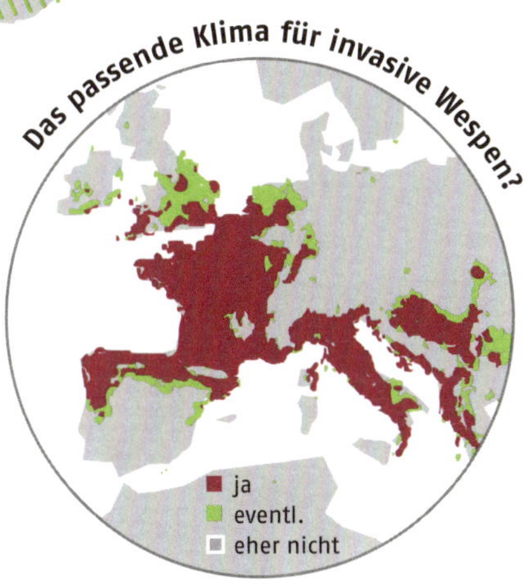

Vorhersage für 2100

Insekten

Asiatische Wespe

Invasive Art in Frankreich, Italien und dem Norden Spaniens, die sich durch das wärmere Klima weiter ausbreitet. Sie tötet die einheimischen Bienen.

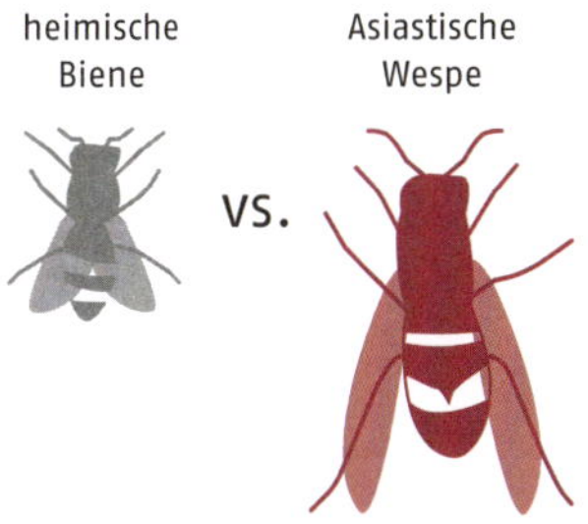

Quellen: Barbet-Massin et al. (2019), Bellard et al. (2013), Ling et al. (2009), Lockwood et al. (2019), Vickery (2020)

Meerestiere

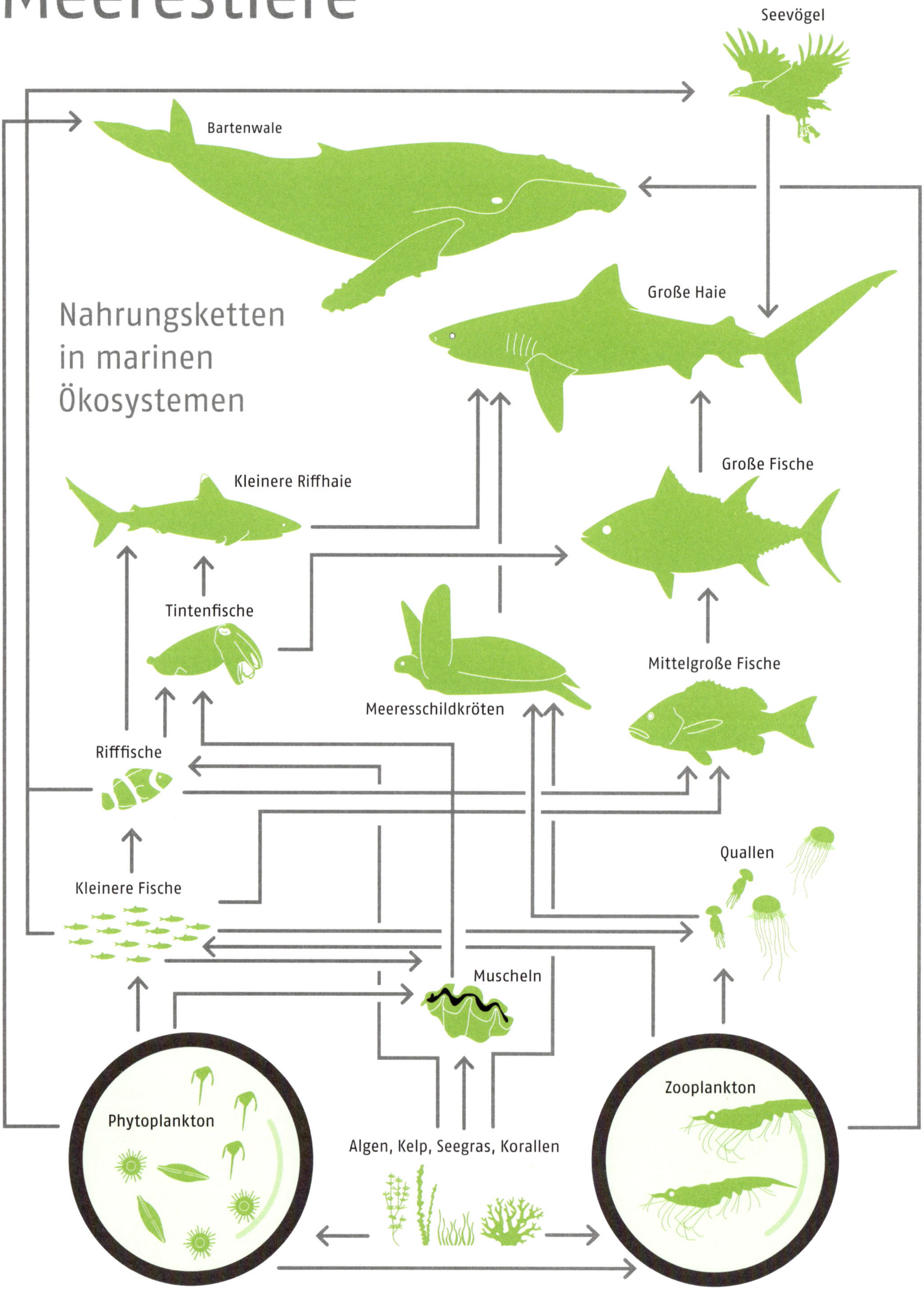

Nahrungsketten in marinen Ökosystemen

Seevögel
Bartenwale
Große Haie
Kleinere Riffhaie
Große Fische
Tintenfische
Meeresschildkröten
Mittelgroße Fische
Rifffische
Quallen
Kleinere Fische
Muscheln
Phytoplankton
Algen, Kelp, Seegras, Korallen
Zooplankton

Quellen: Grosberg et al. (2012), Maribus (2010), Mittermeier et al. (2011), Poulsen et al. (2016)

Artenvielfalt im Vergleich Land vs. Ozean

5000 Jahre alt ist das älteste Tier der Welt, eine Elchgeweihkoralle in der Karibik.

Unsere Meere beheimaten unzählige Tier- und Pflanzenarten. Täglich werden neue Mitglieder der uns noch so unbekannten Ökosysteme entdeckt.

Die Dezimierung oder das Verschwinden jeder einzelnen Art hat negative Auswirkungen auf das gesamte Ökosystem. Gerade deshalb ist die rapide Abnahme der marinen Biodiversität sehr bedenklich: Seit der Industrialisierung hat sich die Artenvielfalt in einigen Gebieten um 65 bis 90 Prozent vermindert.

Der Grund ist die Zerstörung vieler mariner Lebensräume durch den Menschen – mit Grundschleppnetzen werden die Meeresböden durchpflügt, Küstenfeuchtgebiete werden durch Überdüngung und Bebauung zerstört, und die Vermüllung mit Plastik reicht bis in die entlegensten und tiefsten Regionen der Weltmeere.

Die Konsequenzen sind fatal: Die Anpassungsfähigkeit in Zeiten des Klimawandels und die Produktivität von Ökosystemen nehmen mit jeder weiteren ausgerotteten Art weiter ab.

Hotspots der Artenvielfalt in den Meeren

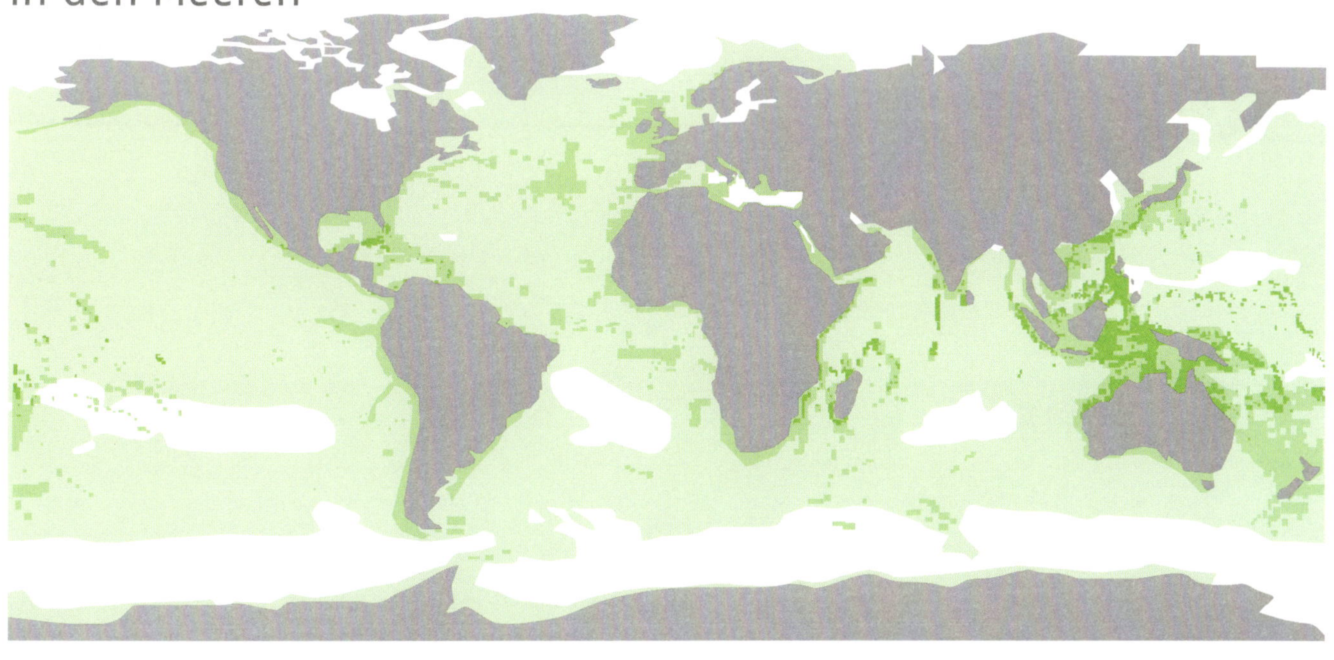

Artenvielfalt ■ sehr hoch (3364–8290*) ■ hoch (554–3363) ■ mittel (92–553) □ niedrig (1–91)

*Artenanzahl pro 0,5 Grad Längen- und Breitengrad

Auf der Roten Liste

(durch Überfischung und Beifang)

Seit 50 Jahren erstellt die Weltnaturschutzunion (IUCN) jährlich die »Rote Liste« der bedrohten Arten: Pflanzen und Tiere, die weltweit vom Aussterben bedroht sind, werden nach wissenschaftlichen Kriterien beurteilt und klassifiziert – um sie besser schützen zu können und die Biodiversität zu erhalten. Bislang sind die Daten von 77 000 Arten registriert, davon sind 41 000 Arten als »vom Aussterben bedroht« eingestuft: u. a. 37 % der Haie und Rochen sowie 33 % der Riffkorallen.

Quellen: Abdulla et al. (2013), IUCN (2022)

Gigantische Fischereiflotte

Die weltweite Fischfangflotte wird auf 4,7 Millionen Schiffe geschätzt. Sie haben das Potenzial, einen weit größeren Fang zu erwirtschaften, als die Fischbestände hergeben.

Supertrawler mit Fischfabrik, 120 – 144 m,
kann mehrere Monate auf See sein

Fischtrawler mit Fischfabrik, 70 – 90 m,
ist ca. 1 – 2 Monate auf See

Fangschiff, 25 – 45 m,
ist ca. 1-4 Wochen auf See

Traditionelles Fischerboot, 7–10 m,
ist maximal 1 Tag auf See

0 m | 50 m | 100 m | 140 m

250 000 Menschen
60 000 kg Fisch

Maximale Fangmenge pro Ausfahrt

7 000 000 kg

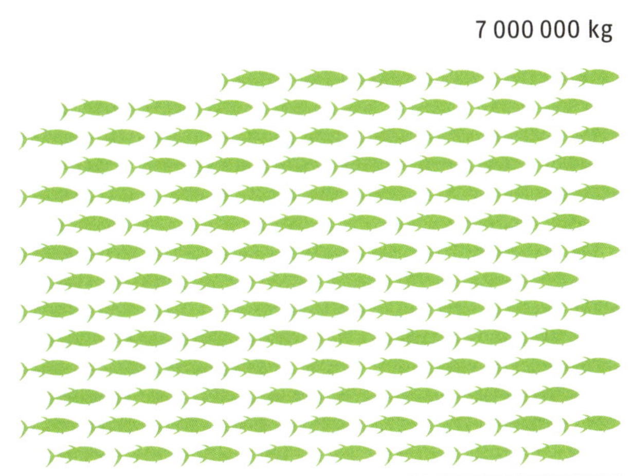

Beschäftigte in der industriellen Fischerei

500 000 Menschen

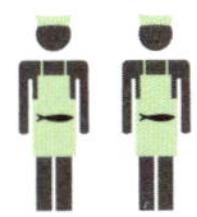

1 000 000–1 500 000 kg

60 000 kg

Beschäftigte in der traditionellen Fischerei weltweit

12 000 000 Menschen

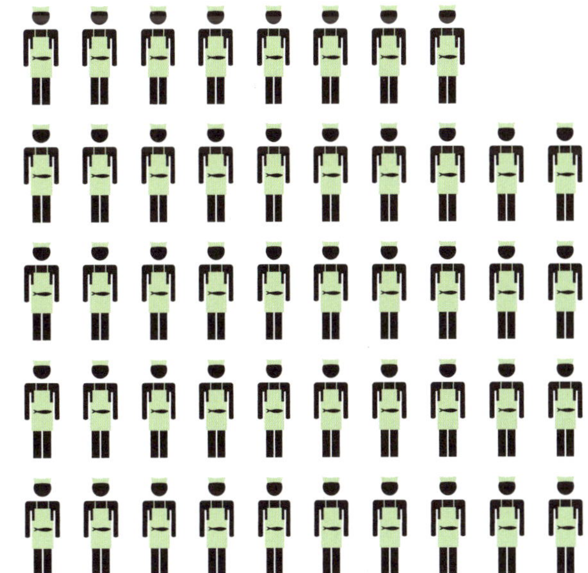

30–300 kg

Quellen: EU (2016), Greenpeace (2014), Reedereien (2017)

Überfischung aufhalten

Fischbestände gelten dann als »überfischt«, wenn dauerhaft mehr Fische gefangen werden als durch natürliche Vermehrung nachkommen oder zuwandern. Das zeigt sich zum Beispiel darin, dass trotz Verbesserung der Fangtechnik, längerer Fangfahrten und gesteigertem Fischereiaufwand die Fangmenge immer kleiner wird. Etwa 30 bis 55 % der Bestände sind laut wissenschaftlichen Schätzungen und Berechnungen überfischt oder zusammengebrochen. Ein Bestand ist »zusammengebrochen«, wenn er in nur wenigen Jahren überproportional stark abnimmt und daher eine geringe Chance hat, sich zu erholen. Um nachhaltige Fischerei zu betreiben, müssen weltweit wissenschaftlich fundierte Fangquoten eingeführt und auch durchgesetzt werden.

Fischfangintensität (2020/21) hoch mittel

Quelle: GFW (2021), Watson et al. (2012)

Fischzucht der Zukunft

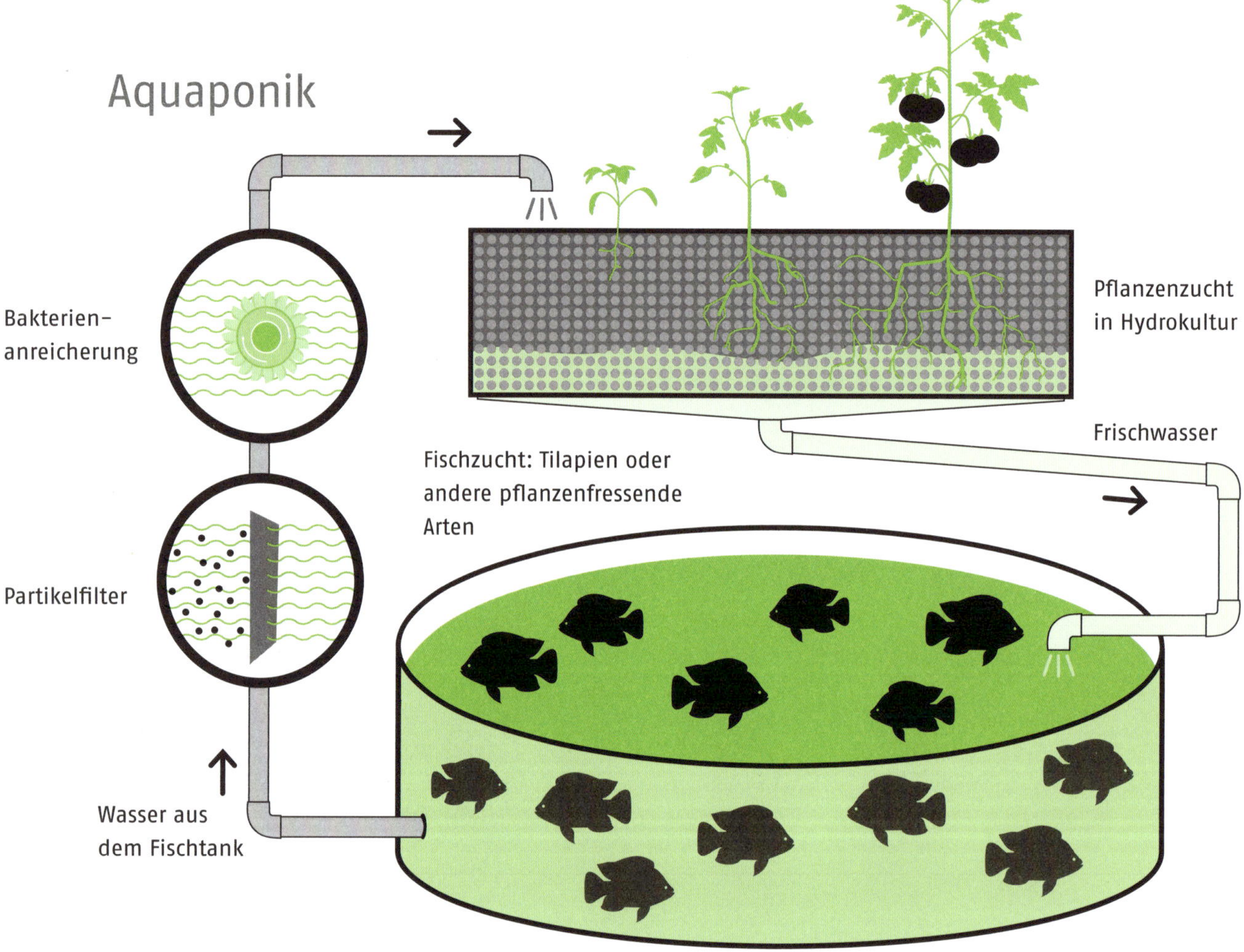

Um die Fischbestände zu entlasten, gibt es Ansätze nachhaltiger Fischzucht, die Kreislaufgedanken folgt. Die sogenannte Aquaponik stellt einen nahezu perfekten Kreislauf dar: Das von den Fischen »verschmutzte« Wasser aus dem Tank wird in die Landwirtschaft zu Tomaten oder anderen Pflanzen gepumpt. Die gröbsten Partikel werden entfernt und Bakterien beigemischt, die es den Pflanzen erleichtern, die Nährstoffe aufzunehmen. Durch den so entstandenen natürlichen Dünger ernähren sich die Pflanzen, wachsen schneller und ertragreicher, wobei sie als positiven Nebeneffekt das Wasser reinigen, das direkt zurück zu den Fischen geleitet wird. Dem Wasser werden durch die Pflanzen genügend Nährstoffe beigesetzt, sodass sich die Futterorganismen der Fische gut entwickeln können, wodurch sich in einer gut organisierten Farm das Zufüttern der Fische drastisch reduzieren lässt oder fast vollkommen erübrigt. Auch der CO_2-Verbrauch ist durch den Einsatz der Pflanzen viel geringer, da weniger stromintensive Wasserfilterungstechnik eingesetzt werden muss. Zusätzlich bewirken weniger Fische pro Becken und höhere hygienische Standards eine Senkung von Stress und Krankheiten, wodurch ein präventiver Einsatz von Antibiotika unnötig wird.

Quellen: DFO (2013), Maribus (2013)

Integrierte multitrophische Aquakultur

Die Fische in den Netzkäfigen sind die einzige Art im System, bei der zugefüttert wird. Mit ihren Ausscheidungen und Futterresten ernähren sie eine ganze Reihe weiterer Organismen.

Die Fischausscheidungen und Futterreste werden zu nebenan gezüchteten Muscheln und Tangen gespült, die dann die Nährstoffe aufnehmen bzw. die Futterpartikel herausfiltern.

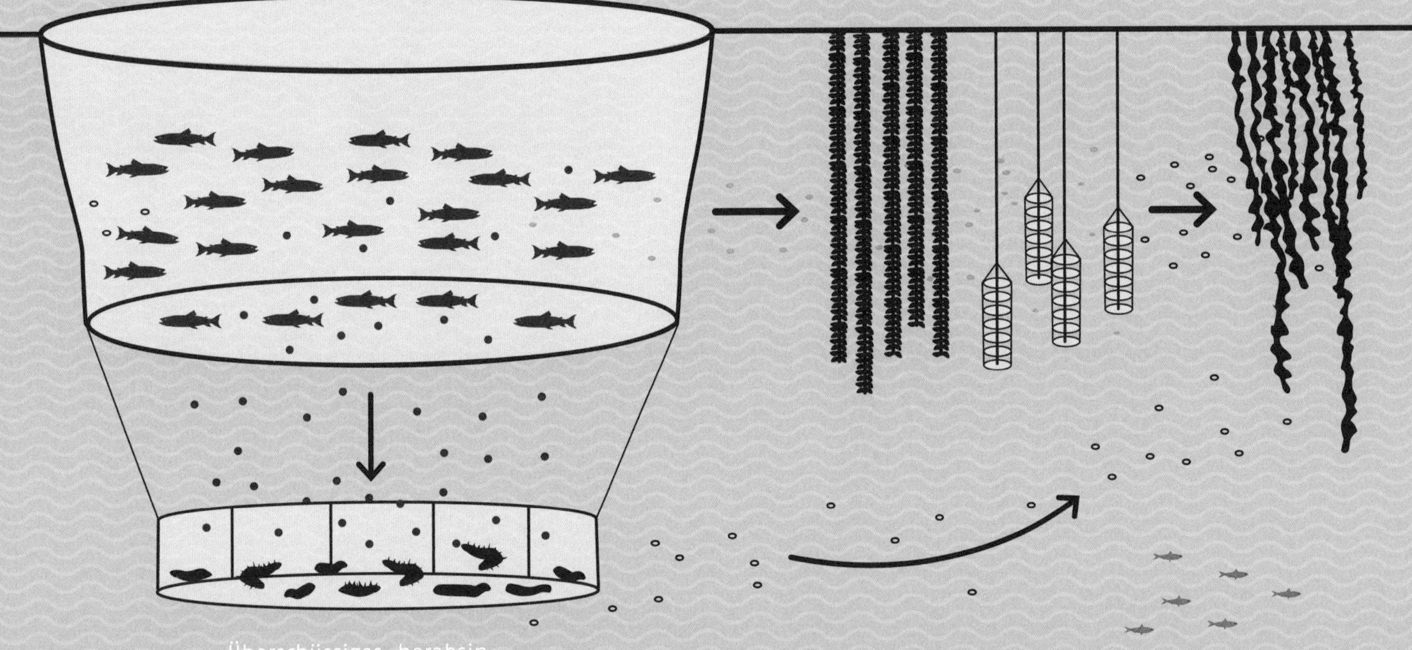

Überschüssiges, herabsinkendes Fischfutter und die Ausscheidungen der Fische werden von Seegurken gefressen, die in einem Käfig unterhalb der Fische gehalten werden.

Die restlichen Nährstoffe sinken zum Meeresgrund, wo sie verstärktes Algenwachstum bewirken können. Dieser Algenfilm wird dann zum Beispiel von Seeigeln abgeweidet.

Durch die integrierte multitropische Aquakultur (IMTA) werden negative Effekte klassischer Fischzucht wie zum Beispiel Überdüngung verhindert und das ökologische Gleichgewicht im Bereich der Zuchtanlagen bleibt erhalten. Diese neuere Art der Aquakultur ist auf dem Weg, das Modell der Zukunft zu werden, denn sie ist zudem ökonomisch: Bei gleichem Futteraufwand und gleicher Fläche kann der Fischzüchter einen größeren Ertrag erzielen und weitere für den Verkauf interessante Arten züchten. Das System folgt dem Prinzip einer Permakultur, dem Gegenteil der Monokultur: Nicht nur eine Art wird gezüchtet, sondern eine Gemeinschaft von Arten. Momentan wird erforscht, welche weiteren Arten den IMTA-Kreislauf komplettieren könnten, auch im Hinblick auf natürliche Parasiten- und Bakterienkontrolle.

Laute Ozeane

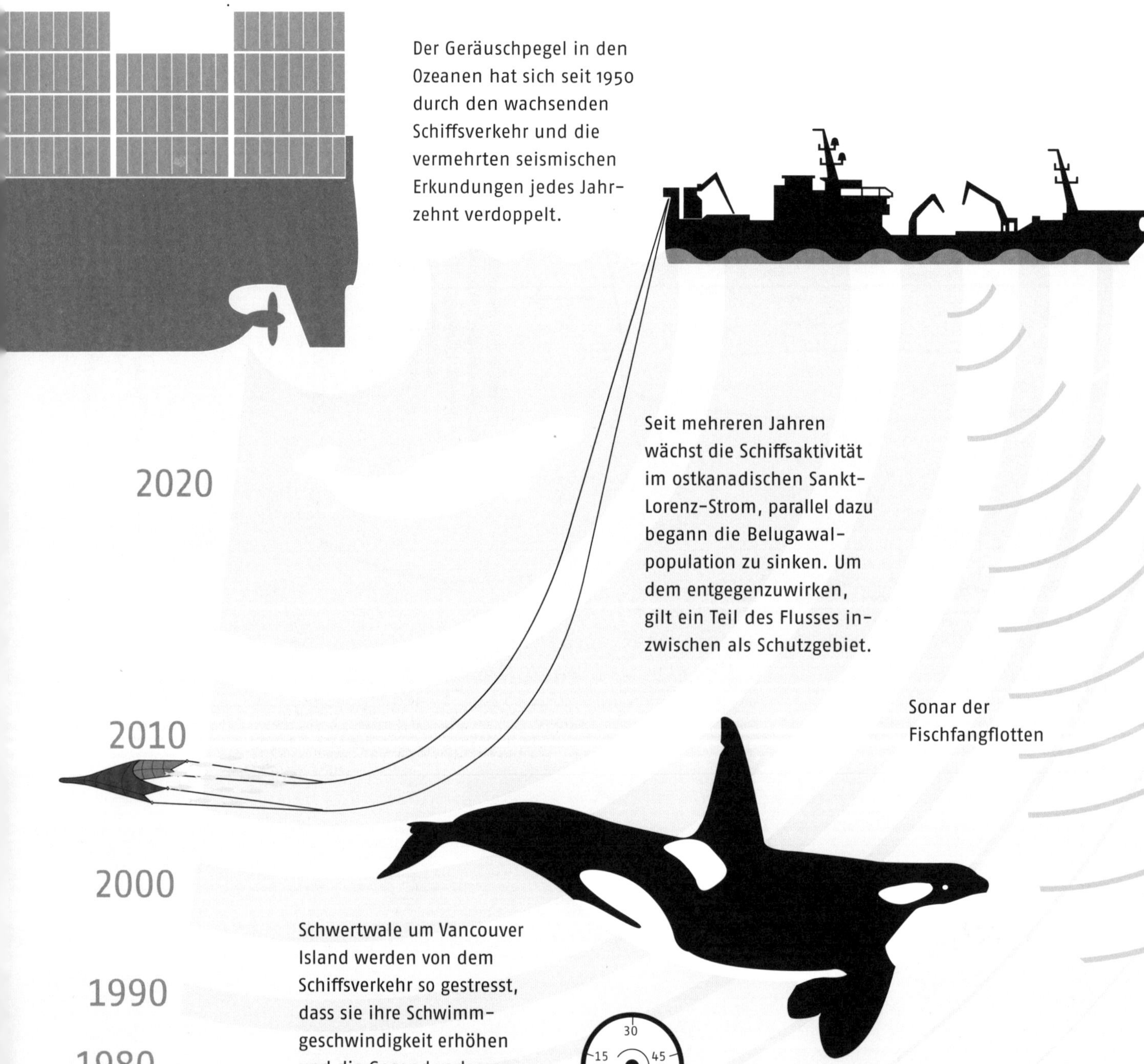

Der Geräuschpegel in den Ozeanen hat sich seit 1950 durch den wachsenden Schiffsverkehr und die vermehrten seismischen Erkundungen jedes Jahrzehnt verdoppelt.

Seit mehreren Jahren wächst die Schiffsaktivität im ostkanadischen Sankt-Lorenz-Strom, parallel dazu begann die Belugawalpopulation zu sinken. Um dem entgegenzuwirken, gilt ein Teil des Flusses inzwischen als Schutzgebiet.

Schwertwale um Vancouver Island werden von dem Schiffsverkehr so gestresst, dass sie ihre Schwimmgeschwindigkeit erhöhen und die Gegend verlassen, wenn mehr als ein Schiff in der Nähe ist. Dadurch verbrauchen sie wertvolle Energie, die sie sonst auf die Nahrungssuche verwenden könnten.

Quellen: Duarte (2021), Nowacek et al. (2001), Schorr et al. (2014), Veirs et al. (2016)

Walstrandungen können durch ein gestörtes Navigations- und Hörorgan verursacht werden. Seismische Erkundungen mithilfe sogenannter Airguns und U-Boote können die Wale taub machen – so beeinträchtigt, können sie Paarungspartner nicht mehr lokalisieren, finden keine Nahrung mehr und schwimmen ziellos umher.

Delfine ändern ihre Tauchlänge und ihren Lebensraum für kurze Zeit, wenn der Lärm des Schiffsverkehrs sie zu sehr stresst. Zudem wird ihre Echoortung durch Sonar gestört.

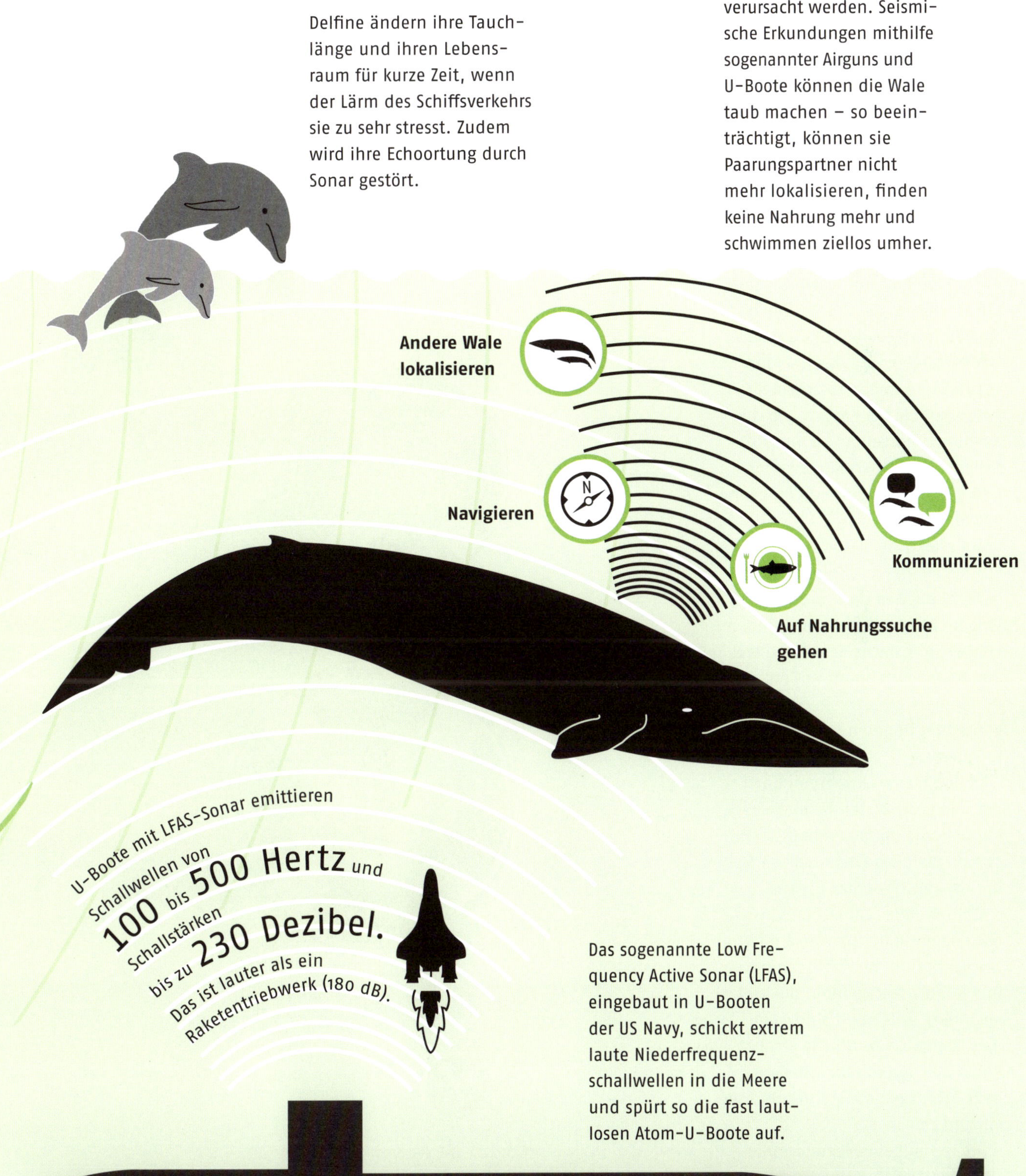

Das sogenannte Low Frequency Active Sonar (LFAS), eingebaut in U-Booten der US Navy, schickt extrem laute Niederfrequenzschallwellen in die Meere und spürt so die fast lautlosen Atom-U-Boote auf.

Wachsende Meeresschutzgebiete

Um eine nachhaltigere Zukunft für die Menschen und unseren Planeten zu sichern, ist der Ausbau der Meeresschutzgebiete unabdingbar. Schutzzonen erhalten die Biodiversität und tragen so zu einem gesunden Ökosystem bei, welches wiederum besser gegen menschliche Eingriffe, den Klimawandel und daraus resultierende Probleme gewappnet ist.

Am effektivsten sind große Schutzgebiete, in denen nicht gefischt werden darf und die über längere Zeit bestehen. Auch für Fischer sind solche Schutzgebiete langfristig vorteilhaft: Außerhalb der Gebiete können sie dann mit konsistent höheren Fangquoten rechnen.

In den letzten 6 Jahren haben sich die geschützten Bereiche verdoppelt. Sie umfassen heute rund 32 Mio. km², das entspricht 8,1 % der Gesamtfläche des Ozeans.

Während die Schutzzonen in nationalen Hoheitsgewässern stetig wachsen, sind die Wachstumsraten in den Hochseeregionen, die keiner Regierung unterstellt sind, minimal. Komplexe rechtliche Richtlinien machen es sehr schwierig, neue Schutzgebiete auf der Hochsee einzurichten.

Die Top 10 beim Meeresschutz sind Palau (78 % unter Schutz), Großbritannien (39 %), Mauritius (29 %), USA (24 %). Es folgen mit bis zu 12 %: Chile, Kiribati, Argentinien, Australien, Mexiko und Ecuador.

Schützt die Meere!
Die Schutzgebiete wachsen stetig, regelmäßig aktualisierte Informationen zu Schutzgebieten gibt es hier:
mpatlas.org

Meeresschutzzone (MPA)
mit Fischereiverbot
Meeresschutzzone (MPA)
mit eingeschränkter
Fischerei
Stand: August 2021
Quellen: AGDE (2016), UNEP-WCMC/IUCN (2021), Sciberras et al. (2015)

DIE ANTHROPOSPHÄRE

Vom Menschen geschaffen

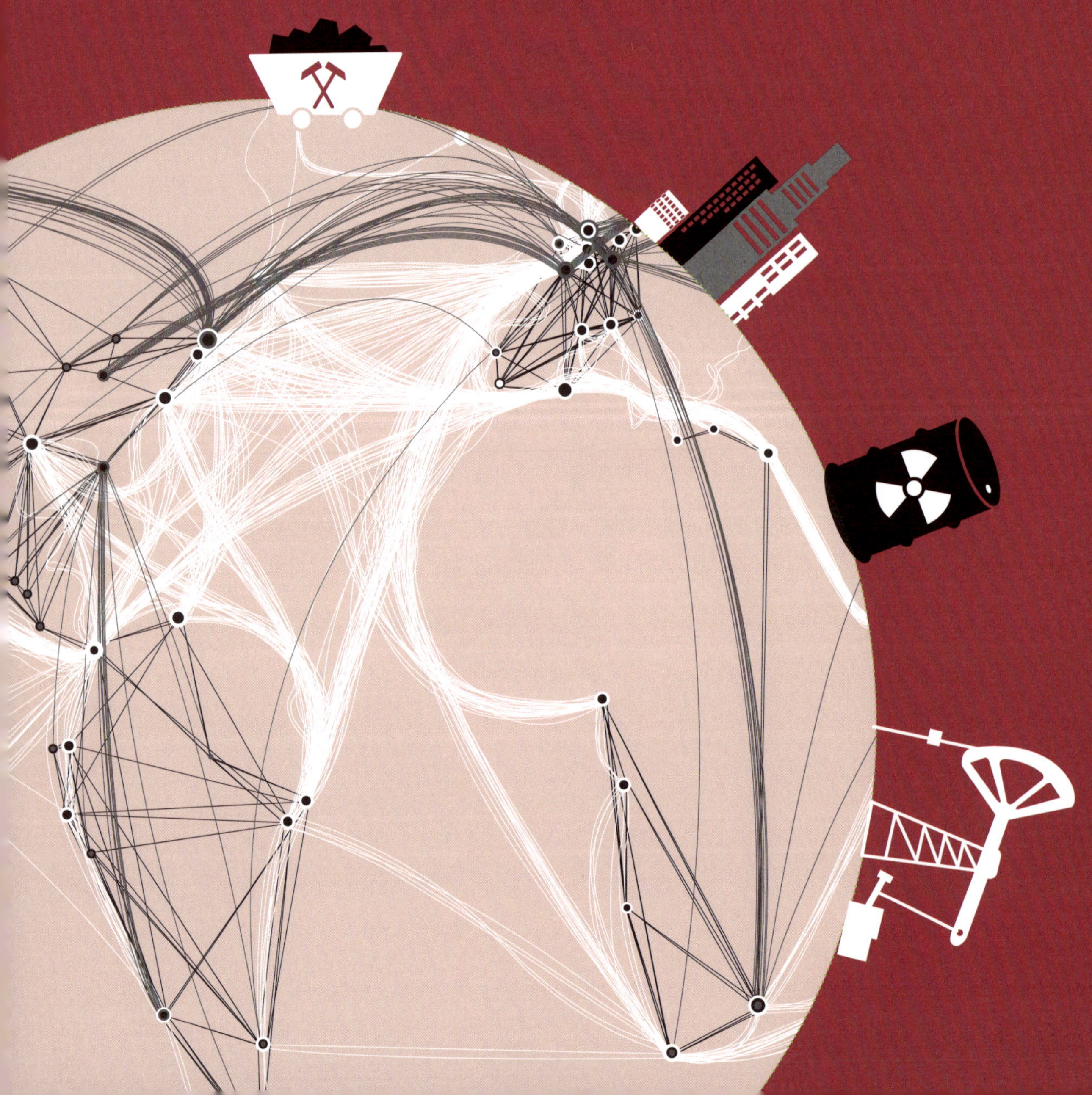

An | thro | po | sphä | re
[altgriechisch anthropos = Mensch
& sphaĩra = (Erd-)Kugel]

Die Anthroposphäre umfasst alles vom Menschen Geschaffene, Veränderte oder Zerstörte. Veränderungen der Oberfläche der Erde für Landwirtschaft, Transport, Industrie oder Gebäude sowie chemische Veränderungen der Luft, des Wassers und des Bodens zählen dazu.

Rohstoffe & Industrie

Globaler Rohstoffabbau

Wachsende Rohstoffverarbeitung
weltweit

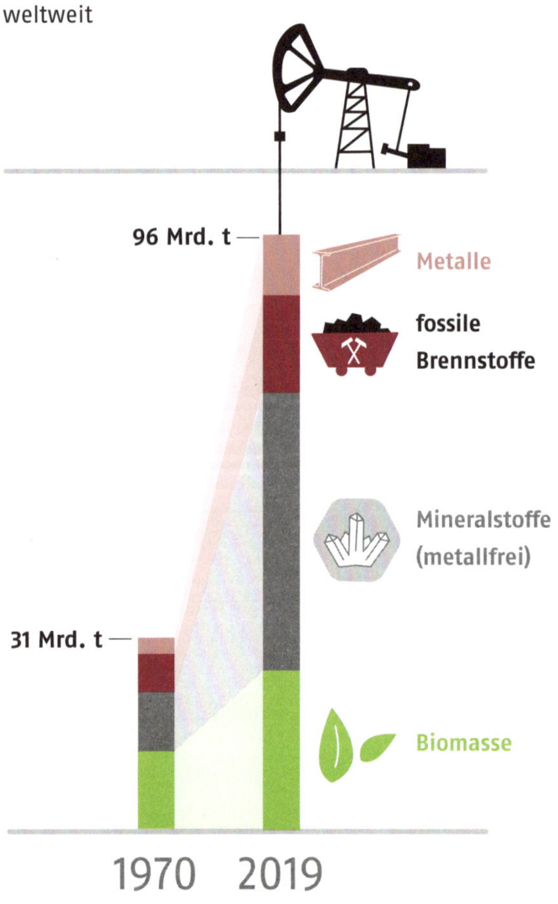

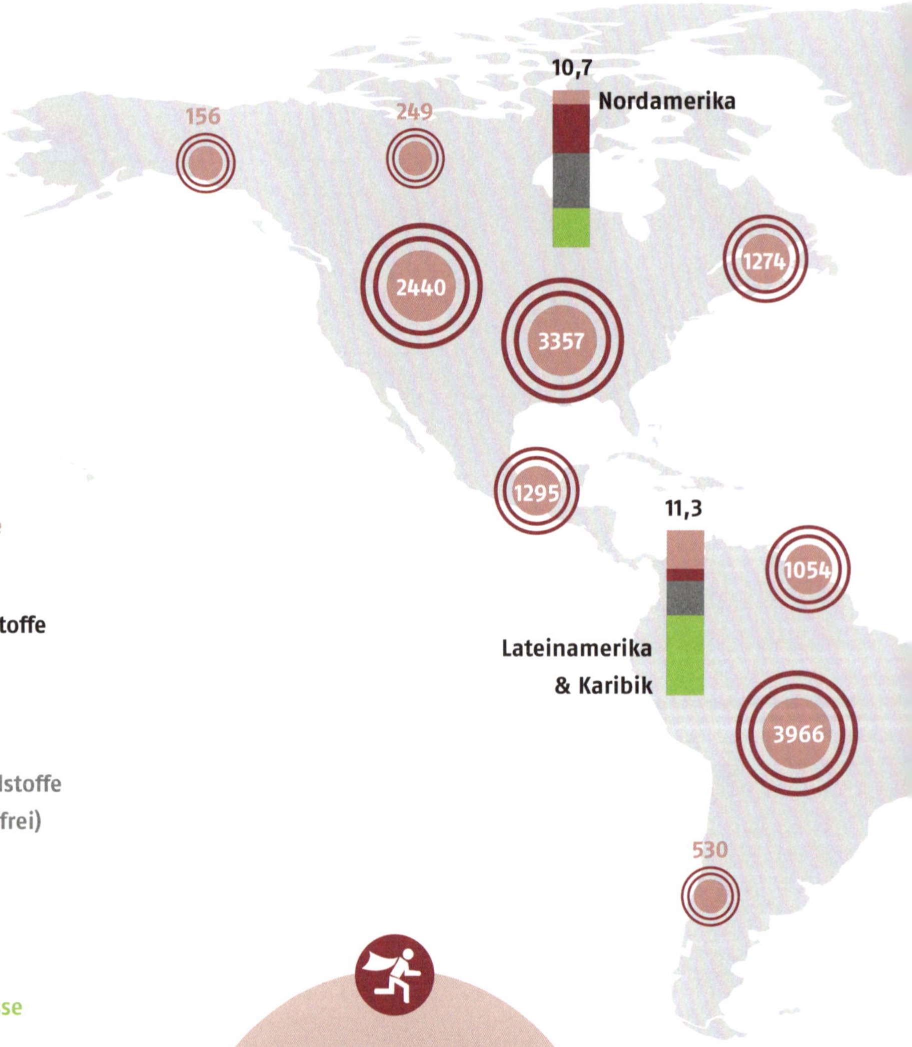

96 Mrd. t

31 Mrd. t

1970 2019

Metalle

fossile Brennstoffe

Mineralstoffe (metallfrei)

Biomasse

10,7
Nordamerika

156
249
2440
3357
1274
1295

11,3
Lateinamerika & Karibik

1054
3966
530

Schützt die Arbeiter!
Wo Rohstoffabbau aktuell gegen Menschenrechte verstößt, erfährt man im interaktiven »Environmental Justice Atlas«, der ständig aktualisiert wird:
ejatlas.org

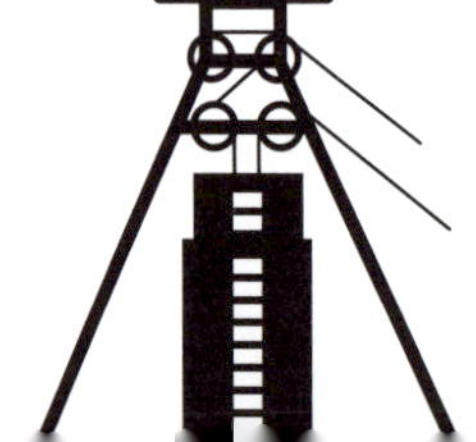

Wo die Rohstoffe abgebaut werden

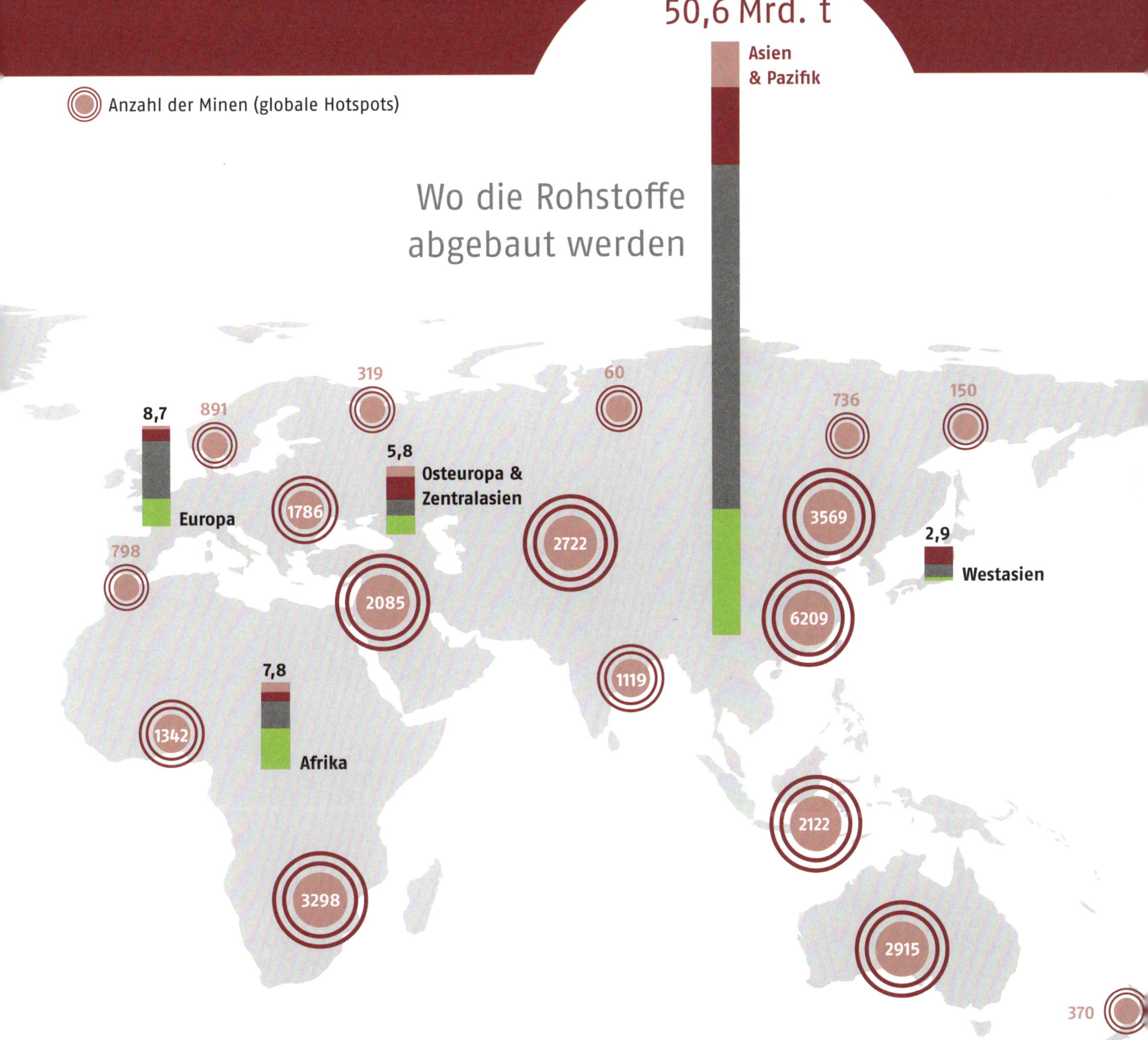

50,6 Mrd. t
Asien & Pazifik

Anzahl der Minen (globale Hotspots)

8,7
Europa

5,8
Osteuropa & Zentralasien

7,8
Afrika

2,9
Westasien

891
319
60
736
150
1786
2722
3569
798
2085
6209
1119
1342
2122
3298
2915
370

Der Rohstoffabbau und die Weiterverarbeitung sind global für rund die Hälfte aller CO_2-Emissionen verantwortlich. Sie sind ein riesiger Faktor, der zu wenig Beachtung in der Emissionsreduktion erfährt. Laut Prognosen der Vereinten Nationen (UNEP) wird sich der Abbau von Rohstoffen bis 2050 sogar noch verdoppeln.

Die dringend notwendige Reduzierung von Rohstoffen hingegen kann durch innovative und effiziente Verarbeitungstechnik und einen Umstieg auf Kreislaufwirtschaft erreicht werden **(s. S. 180)**. Wenn Rohstoffe als limitierte Wertstoffe gesehen werden, die nach ihrer Erstnutzung recycelt und weitergenutzt werden, können große Mengen CO_2 eingespart werden.

Quelle: WU Wien (2022)

Rohstoffe in der Tiefsee

Viele Rohstoffe, die für die Industrie interessant sind, stecken im Meeresboden. Dazu gehören Erdöl und Erdgas, aber auch Manganknollen, Massivsulfide und Kobaltkrusten.

Manganknollen entstehen auf dem Meeresgrund in 4000 bis 6500 m Tiefe und brauchen Millionen von Jahren, um wenige Millimeter zu wachsen. Die 5 bis 10 cm großen Knollen enthalten wertvolle Metalle für die Industrie wie Mangan, Eisen, Nickel, Kupfer, Lithium und Kobalt.

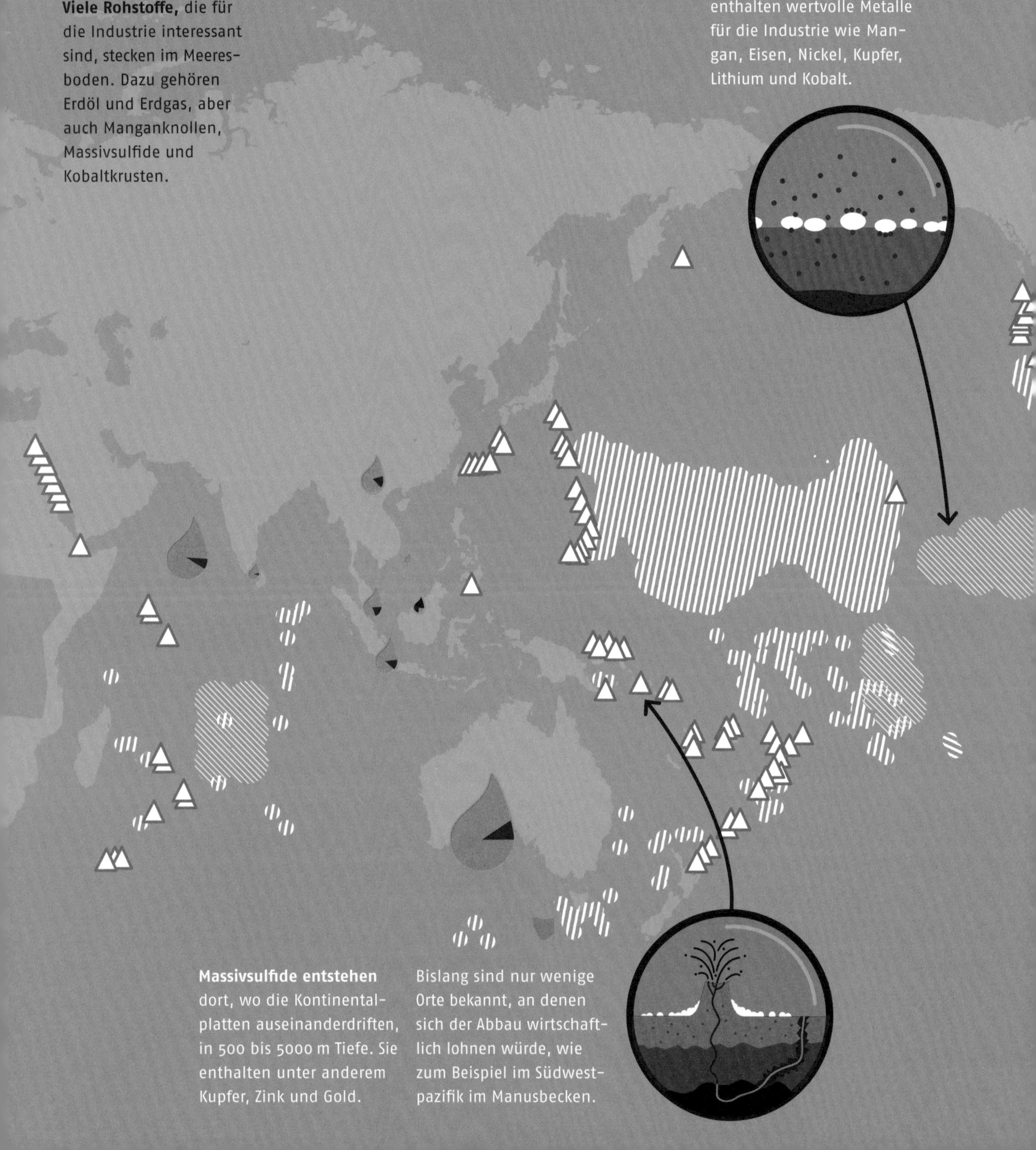

Massivsulfide entstehen dort, wo die Kontinentalplatten auseinanderdriften, in 500 bis 5000 m Tiefe. Sie enthalten unter anderem Kupfer, Zink und Gold.

Bislang sind nur wenige Orte bekannt, an denen sich der Abbau wirtschaftlich lohnen würde, wie zum Beispiel im Südwestpazifik im Manusbecken.

Vorkommen ab 400 m Meerestiefe — Erdöl — Erdgas — Massivsulfide — Manganknollen — Kobaltkrusten

Kobaltkrusten wachsen noch langsamer als Manganknollen, in allen Wassertiefen, auf sedimentfreien Gesteinsoberflächen wie an Felshängen oder Seebergen. Sie bestehen hauptsächlich aus Mangan und Eisen und enthalten in geringen Mengen ökonomisch interessante Elemente wie Nickel, Kobalt, Kupfer, Titan und seltene Erden. Letztere werden in Handys, Flachbildschirmen, Hybridfahrzeugen oder Windrädern verbaut.

Der Tiefseebergbau von Manganknollen, Kobaltkrusten und Massivsulfiden ist zurzeit noch Theorie. Es gibt zwar Prototypen von Abbaumaschinen, die auf 2000 m Tiefe funktionieren, aber die langfristige Nutzung in bis zu 6000 m Tiefe bleibt technisch unlösbar. Das ist gut so, denn die Schäden am Meeresboden sind auch nach einem Vierteljahrhundert mit bloßem Auge sichtbar, wie ein Forscherteam am Meeresboden der ersten Manganknollen-Abbautests 1989 im Pazifik kürzlich feststellte.

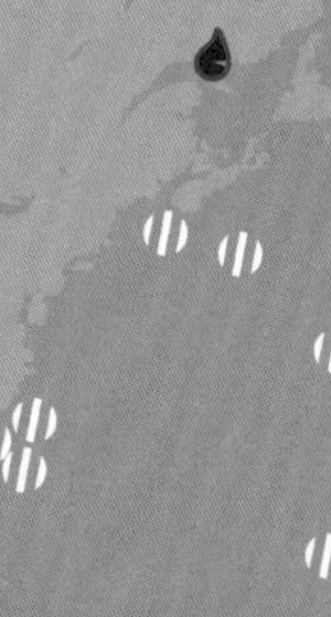

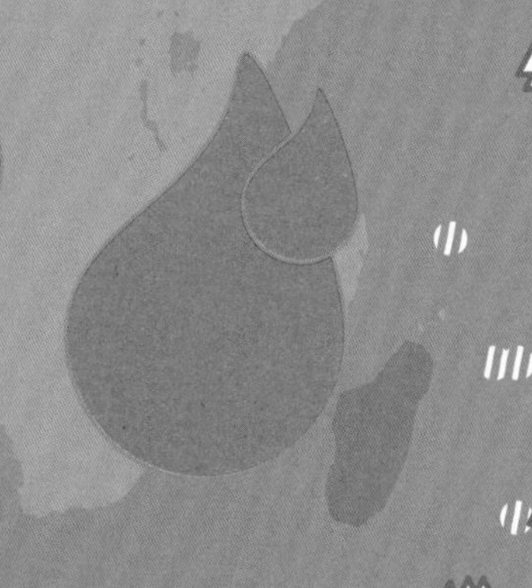

Öl- und Gasförderung aus dem Meer machen rund ein Viertel der weltweiten Förderung aus. Hauptsächlich wird im Nahen Osten, in der Nordsee, vor Brasilien, im Mexikanischen Golf und im Kaspischen Meer gebohrt.

Quellen: GEOMAR (2016), IEA (2018), Janssen et al. (2020), Maribus (2014), Rona (2003), UBA (2013), UNEP (2013)

Die größten Ölunfälle 1901–2020

Persischer Golf
Im Golfkrieg öffneten irakische Soldaten im Januar 1991 die Ventile des Sea-Island-Ölterminals, und das US-Militär beschoss zeitgleich irakische Öltanker. Ca. 1 000 000 Tonnen Öl traten aus und verseuchten die Küste Südkuwaits und Saudi-Arabiens.

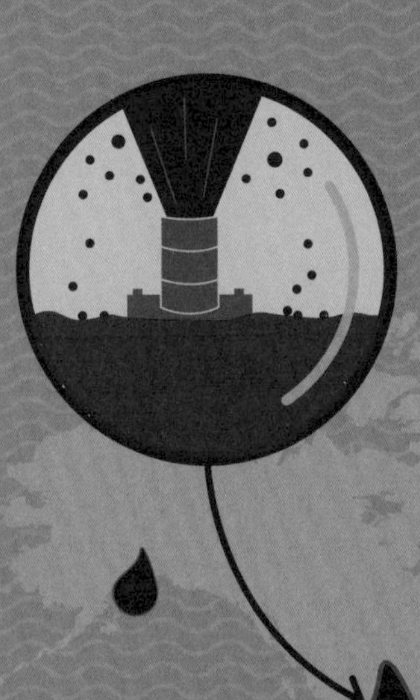

USA
Im März 1909 fand nahe Kern County in Kalifornien die in der Geschichte bisher größte Ölkatastrophe statt: Ca. 1 227 600 Tonnen Öl gelangten durch ein Bohrleck in die Umwelt.

USA
Im April 2010 verlor die Tiefseeplattform »Deepwater Horizon« bei einem Bohrleck etwa 470 779 Tonnen Schweröl.

Quellen: CEDRE (2016), Maribus (2010), safety4sea (2020), NA (2022), WHOI (2011)

1 Liter Öl kann bis zu 1 Million Liter Trinkwasser verseuchen. Geschätzte 1400 Mrd. t Öl gelangen weltweit pro Jahr in die Ozeane.

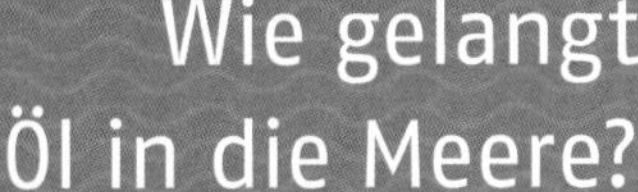

Wie gelangt Öl in die Meere?

Schätzungen in Mio. Tonnen pro Jahr (2010–2019)

Japan
Im November 1974 wurden 52 836 Tonnen Öl in der Tokyo Bay vor Honshu Island als Folge einer Tankerkollision ins Meer gespült.

1 200 000 Mt

Ölhaltige Abwässer gelangen z. B. von Straßen und Industrieanlagen über Flüsse und Abwasserkanäle in die Meere.

Natürliche Quellen, z. B. sickert Öl aus dem Meeresboden

100 000

Ölförderung, z. B. Ölverlust im Normalbetrieb und bei Unfällen

66 500

Transport von Öl z. B. Tankerunfälle 818

Weitere Ölunfälle 390

Südafrika
Im Juni 1983 traten durch einen Brand auf dem spanischen Tanker »Castillo de Bellver« an der Küste vor Saldanha Bay ca. 250 000 Tonnen Leichtöl aus.

Rohstoffe für den Energiebedarf

Deutschland verbraucht als eine der führenden Industrienationen gewaltige Mengen Rohstoffe. Mineralische Rohstoffe wie Steine und Erden werden größtenteils im deutschen Tagebau und in Steinbrüchen gewonnen. Bei den Energierohstoffen ist Deutschland fast komplett von Importen abhängig, mit der Ausnahme von Braunkohle.

Die russische Invasion der Ukraine zeigt: Unsere Importabhängigkeit muss verringert und die Vielfalt an Lieferländern erhöht werden.

Ein rund 7-mal schnellerer Ausbau erneuerbarer Energien sollte ebenfalls im Fokus liegen: für Energieunabhängigkeit und den Klimaschutz.

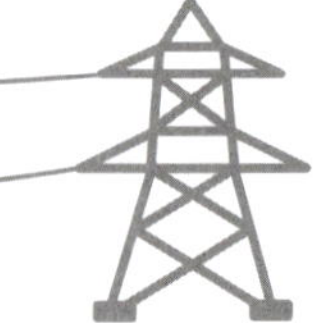

Strom in Deutschland …

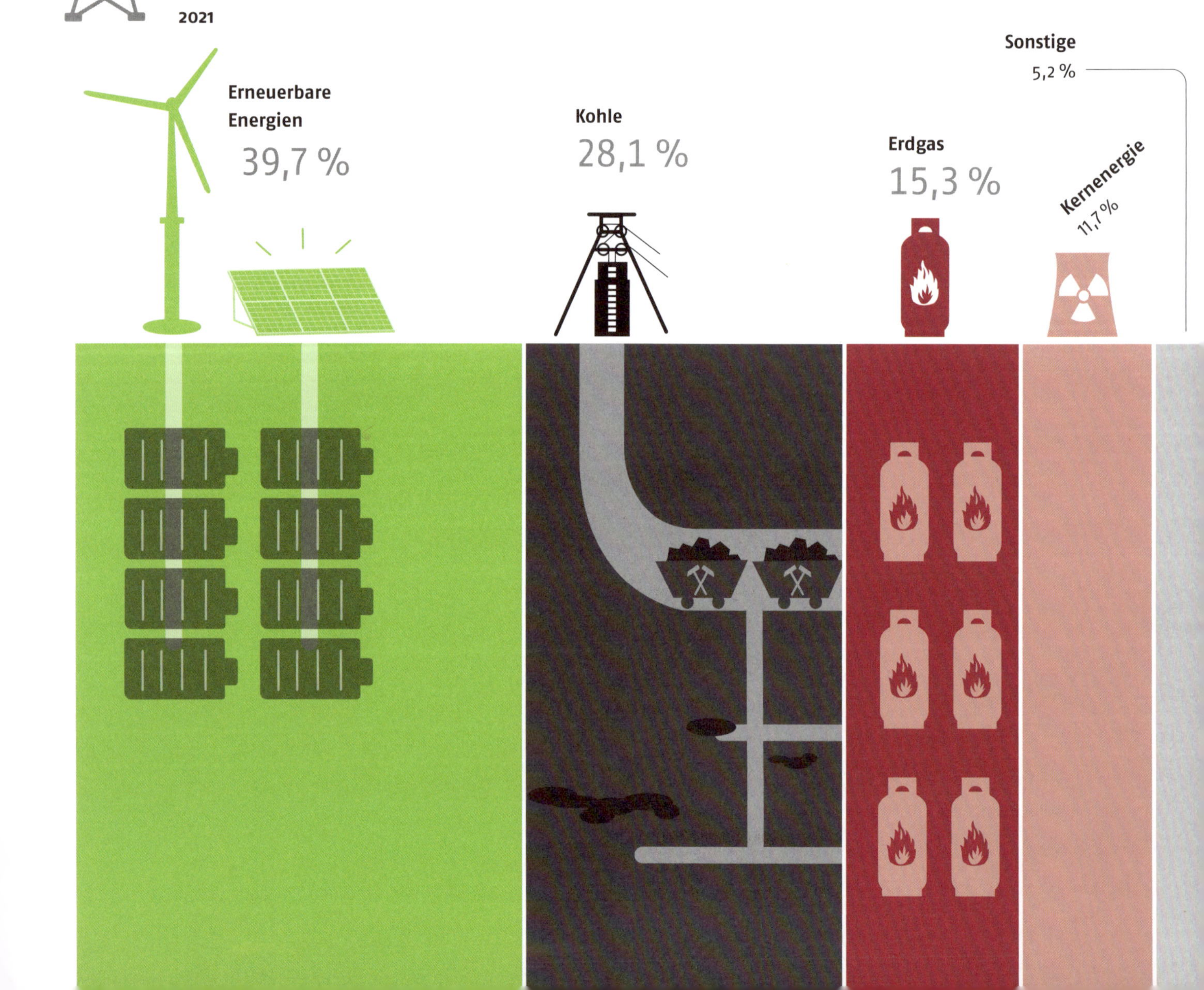

2021

Erneuerbare Energien 39,7 %

Kohle 28,1 %

Erdgas 15,3 %

Kernenergie 11,7 %

Sonstige 5,2 %

Energierohstoffimporte

Deutschland, 2021

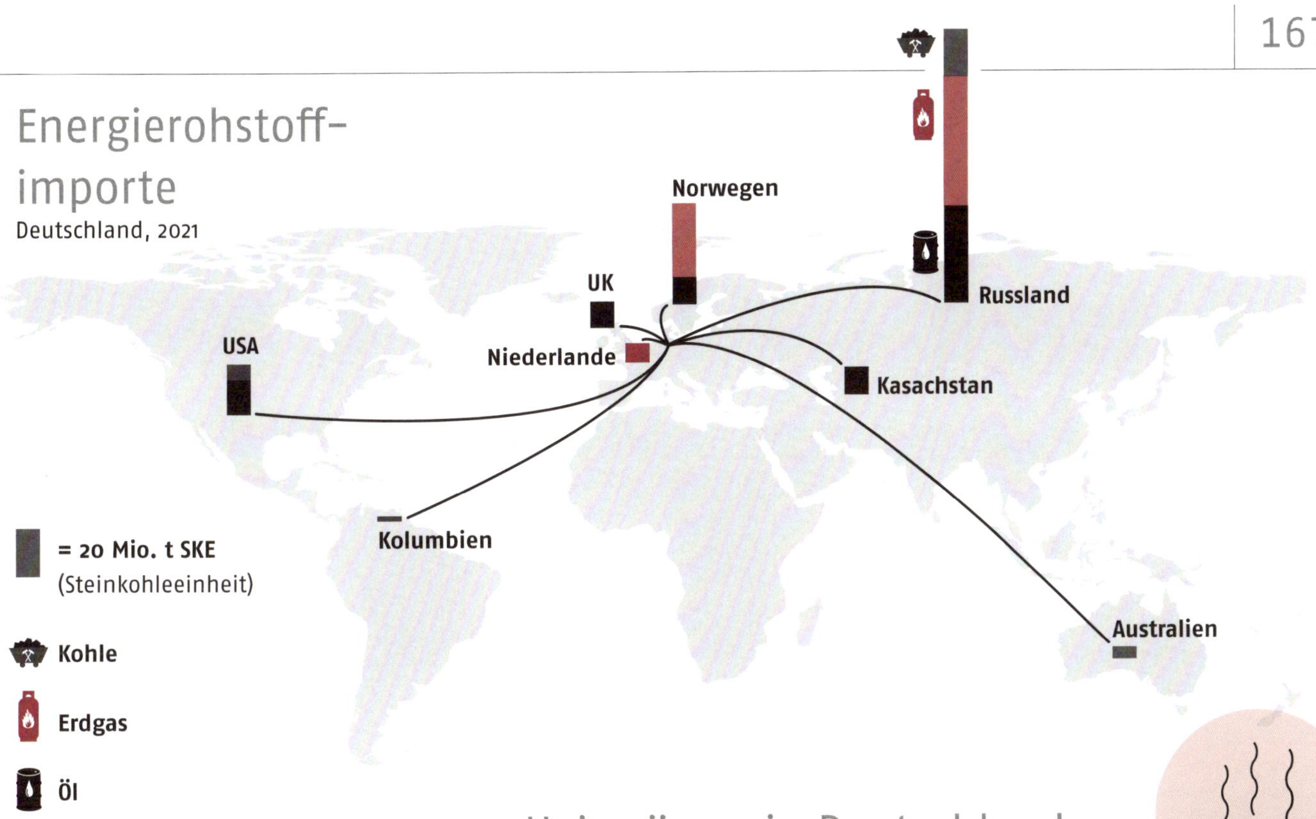

Heizwärme in Deutschland ...

2020

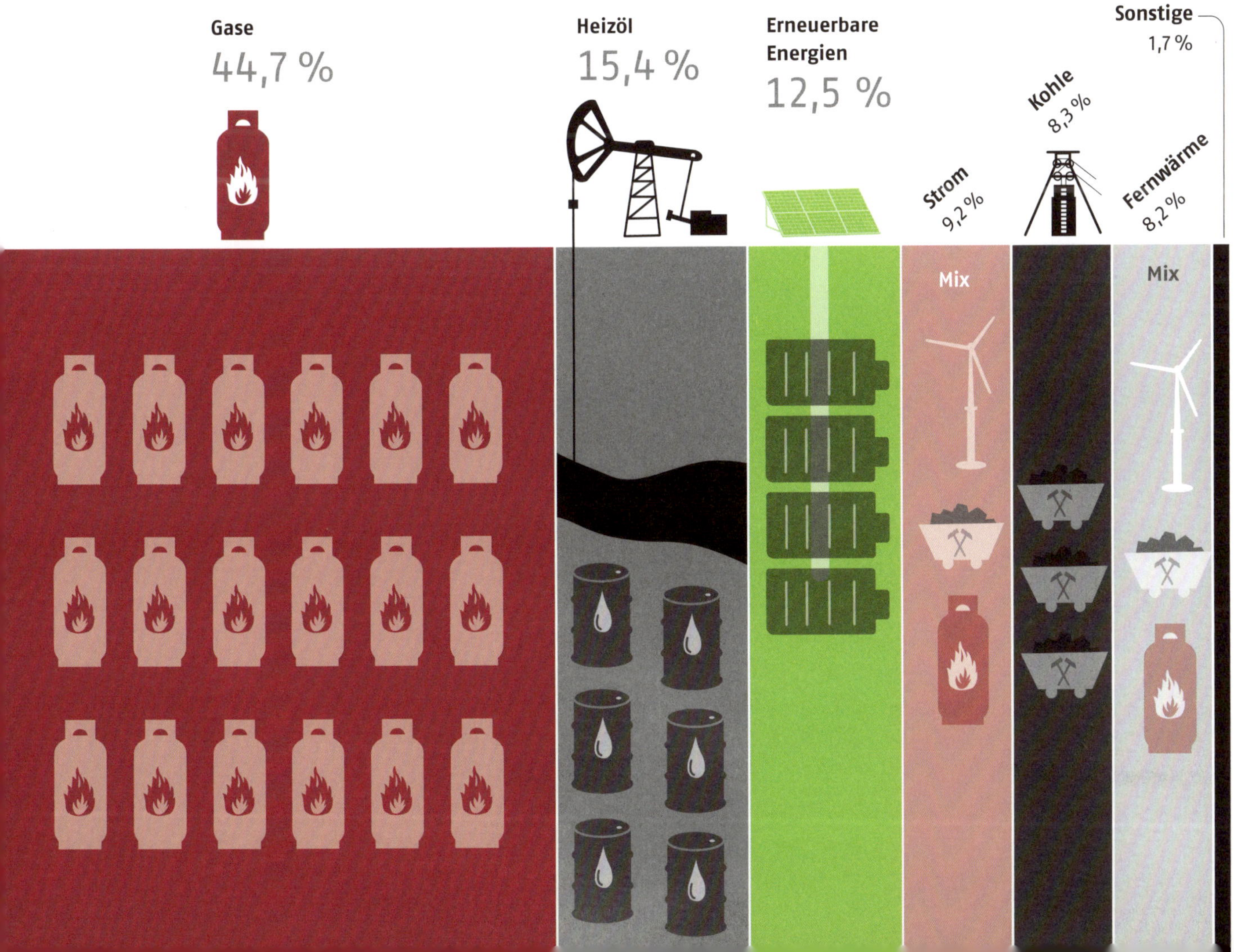

Strahlende Rohstoffe

Eine Hochrisikotechnologie auf dem Abstieg

Uranabbau
2021, weltweit

10 %
Kanada liegt auf Platz 3 der Uranproduktion mit der weltweit größten Uranmine am Cigar Lake. Dort werden ca. 10 % des Weltbedarfs unterirdisch gefördert: 4693 t.

55
Atomkraftwerke (AKW) hängen in den USA am Netz (2021), sie produzieren 19 % des US-Strombedarfs, Tendenz sinkend.

Die letzten 3 AKWs werden in Deutschland im April 2023 abgeschaltet.

Alle drei Kraftwerke sind seit 1988 in Betrieb: Emsland (Niedersachsen), Neckarwestheim 2 (Baden-Württemberg) und Isar 2 (Bayern).

70 %
Kernenergie im Strommix: Frankreich hat weltweit die höchste nukleare Abhängigkeit.

45 %
des weltweit abgebauten Urans kommen aus Kasachstan:
21 819 Tonnen jährlich.

Bisher gibt es weltweit kein sicheres Endlager für Atommüll.

Usbekistan liegt mit dem Abbau von 3500 t Uran auf Platz 5.

12 %
Namibia liegt auf Platz 2 der globalen Uranproduktion mit 5753 t.

9 %
Australien liegt mit dem Abbau von 4192 t Uran auf Platz 4.

6-mal höhere Lungenkrebsraten drohen im Uranabbau*, 24-mal höheres Risiko für weitere Lungenkrankheiten.

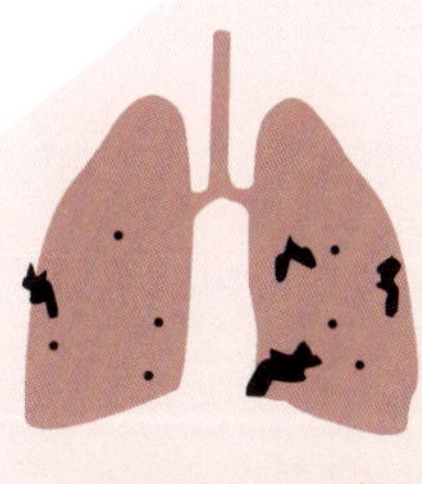

* Im Vergleich zu anderen Bergbauarbeitern

Quellen: BMUV (2022), CDC (2020), EIA (2022), WNA (2022)

Bäume als »grüner« Energielieferant?

Überlebenswichtig
65 Millionen Flüchtlinge sind weltweit abhängig von Holz als einzig zugänglicher Energiequelle.

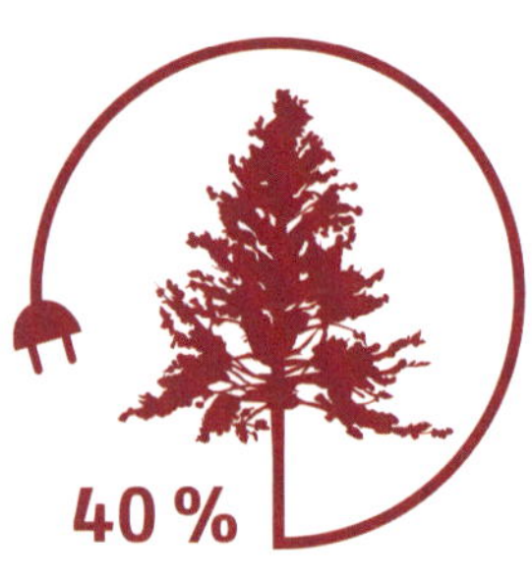

Klimaschutz
Aus Holzprodukten gewonnene grüne Energie trägt 40 % zum erneuerbaren Energienmix weltweit bei. Allerdings ist das auf lange Sicht nur bei nachhaltiger, naturnaher Holzwirtschaft und unter Nutzung neuer Technologien und lokaler Produktion ein Gewinn für den Klimaschutz.

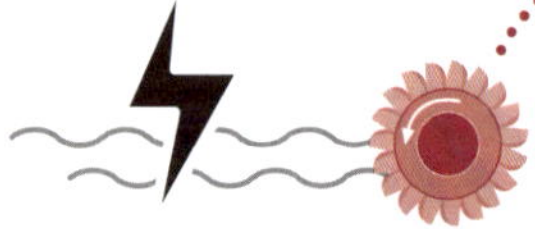

Wasserkrafthelfer
Bewaldete Zuflüsse sorgen für eine längere Lebensdauer der Hydroenergieturbinen durch natürliche Filtrierung des Wassers und Abmilderung der negativen Effekte von Dürren.

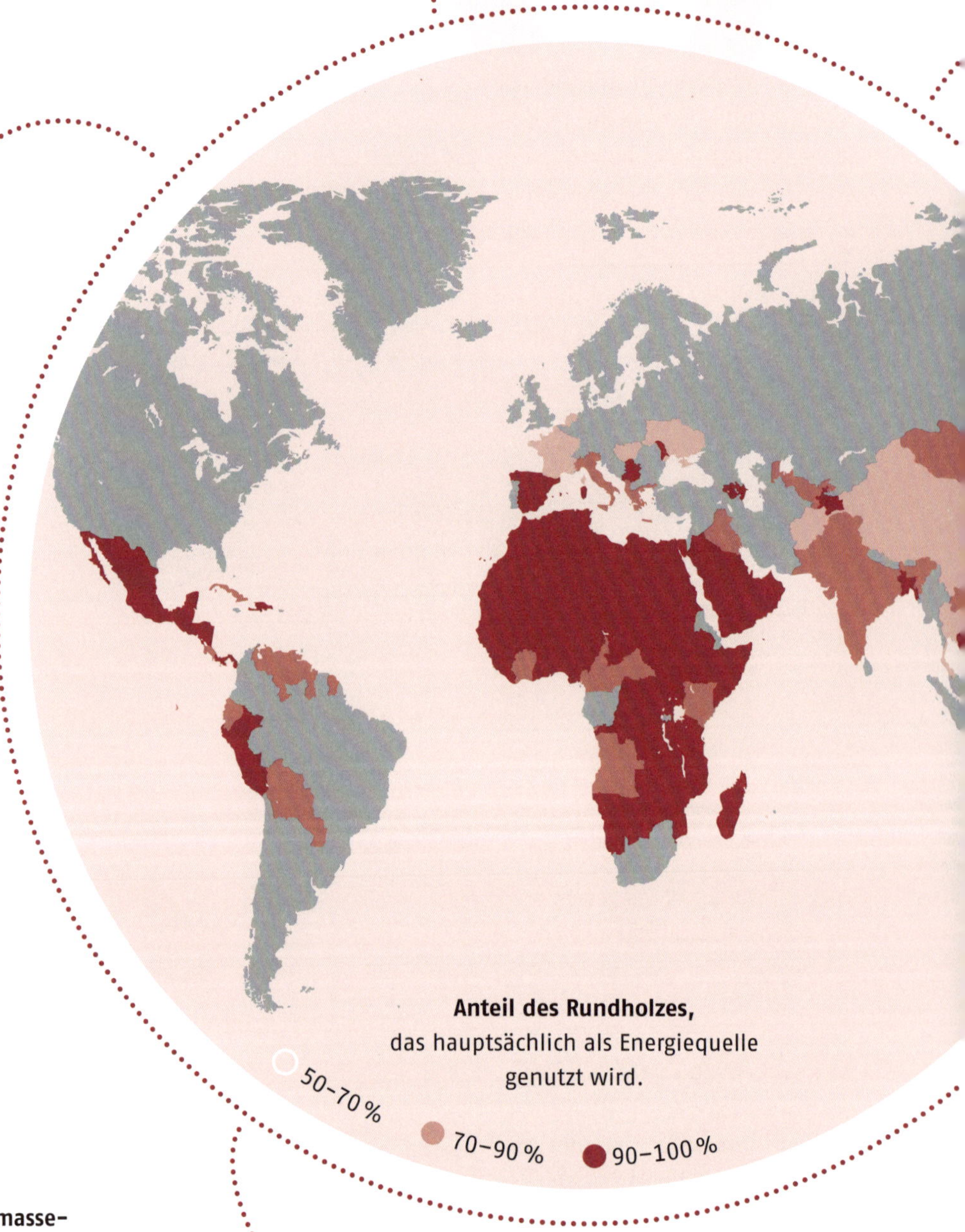

Anteil des Rundholzes, das hauptsächlich als Energiequelle genutzt wird.

50–70 %
70–90 %
90–100 %

Biomasseenergiegewinnung hängt zurzeit hauptsächlich von Holzprodukten ab:

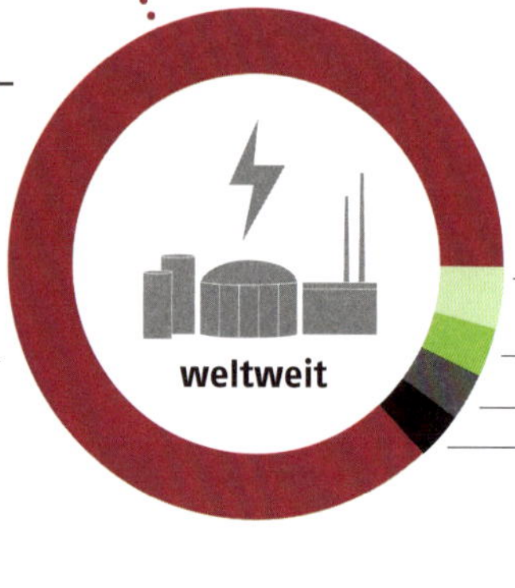

weltweit

87 % Holz, Holzkohle, Abfälle aus der Papier- und Holzwirtschaft etc.

4 % Abfälle aus der Landwirtschaft

3 % Energiepflanzen (z. B. Mais)

3 % tierische Abfälle

3 % Abfälle aus Mülldeponien

Konventionelle Forste weltweit in nachhaltige, naturnahe Wirtschaftswälder transformieren

Politische Anreize für Langzeitinvestitionen in Bioenergie vergrößern

Stärkere internationale Zusammenarbeit in der Regulierung des Holzhandels sowie im Technologie- und Wissenstransfer

Nachhaltige Forstwirtschaft weltweit fördern

2,4 Milliarden Menschen, rund ein Drittel der Weltbevölkerung, nutzen Holz täglich zum Kochen, Heizen oder Sterilisieren von Trinkwasser. Die afrikanische Bevölkerung ist besonders stark von Holz abhängig.

Hilfe ausbauen: saubere, günstige und effizientere Öfen entwickeln

50 % des Rundholzes weltweit, 1,86 Mrd. m^3, werden zu Energiezwecken genutzt.

Weiterbildungen etablieren

Die meisten Holzpellets werden aus Abfällen gepresst, die in Sägewerken anfallen. Das ist aber nicht immer der Fall: In den USA steigt der Holzpelletexport seit 2013 durch die Subvention von Holzpelletkraftwerken in der EU. Dafür werden ganze Wälder abgeholzt. In diesem Fall haben Pellets eine schlechtere CO_2-Bilanz als Kohle.

Selbst wenn der für Pellets abgeholzte Wald direkt wieder aufgeforstet wird, dauert es 40–100 Jahre, bis der neu gewachsene Wald das Klima wieder vergleichbar positiv beeinflusst – viel zu spät für die akute Klimakrise!

US-Export von Holzpellets

in Millionen Tonnen pro Jahr

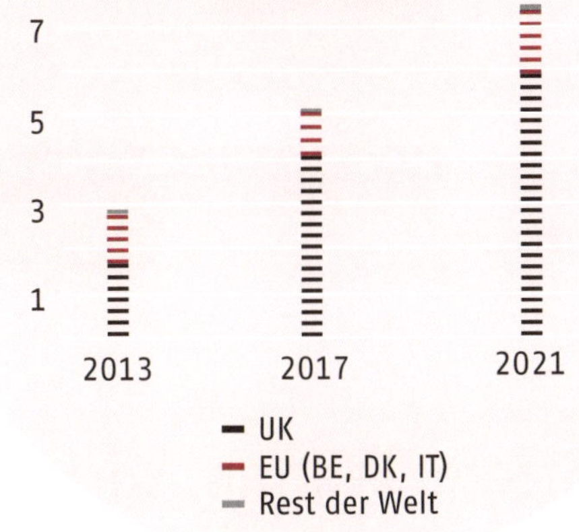

Weite Transportwege und Abholzung ganzer Wälder: Ist diese Form der Energiegewinnung wirklich »emissionsneutral«?

Quellen: FAO (2018 & 2020), Goncalves et al. (2018), Sterman et al. (2018), USITC (2018), Voegele (2022), WBA (2017)

Die Energiezukunft ist grün!

Die Energieversorgung der Zukunft – Strom, Wärme und Verkehr – wird auf Tausenden kleinen bis riesigen Photovoltaik- und Windenergieanlagen bzw. -parks aufbauen. Des Weiteren werden Wasserkraft, Wasserstoff, Biomasse und Erdwärme eine Rolle im Energiemix spielen. Energieproduzenten sind in der gesamten Bundesrepublik »verstreut«, die Stromversorgung wird somit dezentraler und durch viele regionale Stromspeicher ergänzt.

Industrieanlagen richten dort, wo es möglich ist, ihre Prozesse flexibel ein, um den Strom dann zu nutzen, wenn er produziert werden kann.

Regionale Stromspeicher (z. B. auch Pumpspeicherwerke) speisen die Energie bei Bedarf wieder ins Netz ein.

Biomasse

Verkehrswende
Ein wichtiges Ziel neben der Elektrifizierung ist die Verringerung des Individualverkehrs: z. B. durch Ausbau des öffentlichen Nah- und Fernverkehrs und eine verbesserte Infrastruktur für Fahrräder.

Verkehrswende

Mehr Rad fahren mit der wachsenden Auswahl an Sporträdern, Lastenrädern, Klapprädern und Anhängern – bei viel Gepäck oder schweren Strecken auch mit Elektromotor

E-Autos teilen
Carsharing ist wichtig für alle, die keinen Bus oder keine Bahn nehmen können. Je voller das Auto, desto besser

Energiemix 2040 (Strom, Wärme, Verkehr)

Solarstrom

Windkraft an Land und auf See

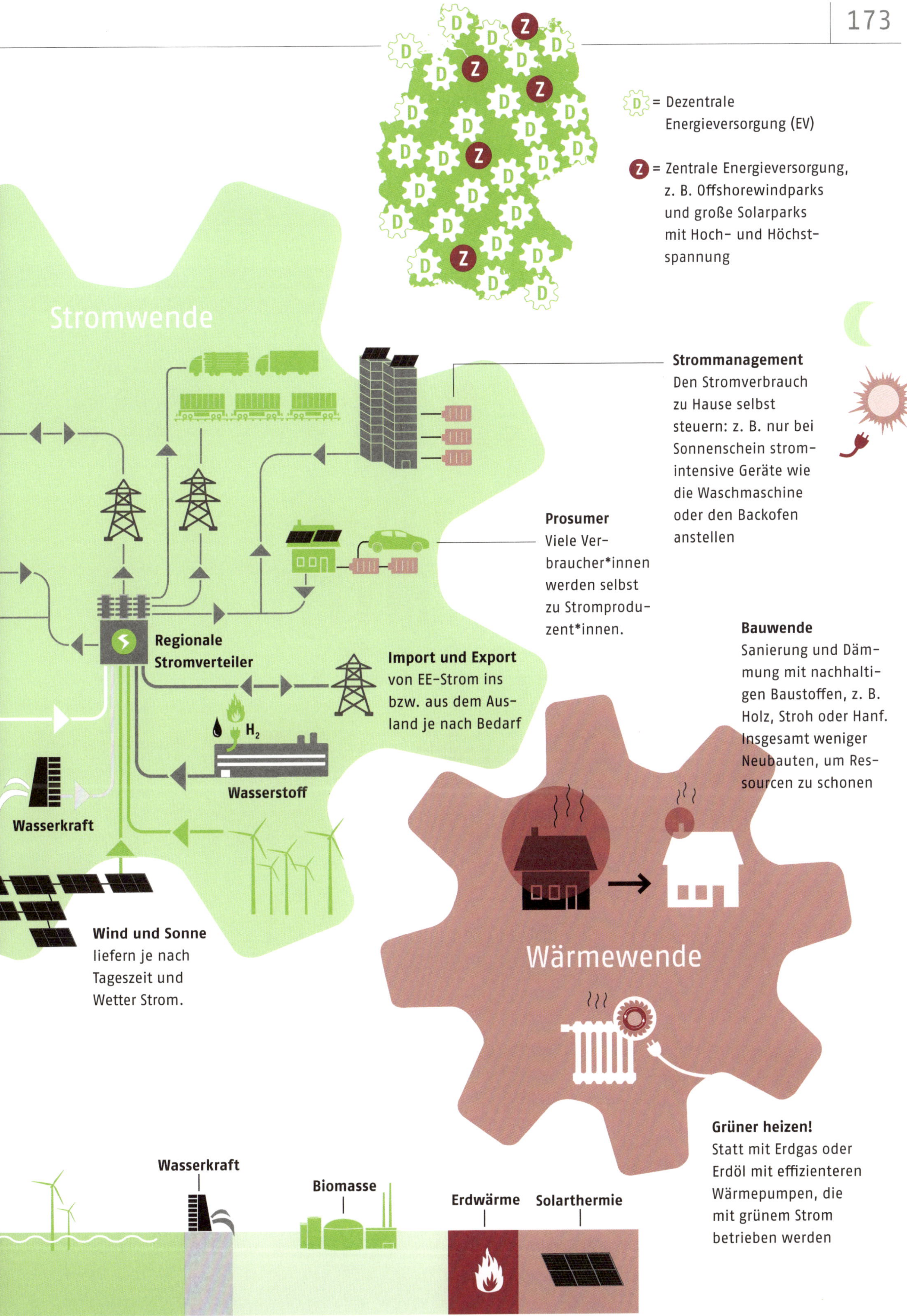

Quellen: Schmidt-Curelli & Knebel (2017), Quaschning et al. (2022)

Nachhaltige Forstwirtschaft

Deutschland

3,7 Mrd. m³

Vorrat an Holz stehen zurzeit im deutschen Wald. Dank nachhaltiger Holznutzung wächst mehr Holz nach, als entnommen wird.

Ca. 1,1 Millionen

Beschäftigte arbeiten in der Forst-, Holz- und Papierwirtschaft, inklusive Verlags- und Druckgewerbe.

49 000

Beschäftigte in der deutschen Forstwirtschaft

53 %

der deutschen Waldfläche dürfen uneingeschränkt zur Holznutzung verwendet werden.

47 %

sind Landschaftsschutzgebiete.

Quellen: Becher (2016), BMEL (2018)

Holzproduktion im Wandel

Weltweit

20. Jhd.

Traditionelle Holzverwendung
Papier/Zellstoff und Holzprodukte (Möbel, Häuser etc.)

21. Jhd.

Moderne, erweiterte Holzverwendung
Bioenergie (Holzpellets), Biochemie (Nanocellulose), Textilien, Autoteile, Baumaterial u. v. m.

27 Mio. Tonnen

Holz wurden im Jahr 2018 weltweit recycelt. Eines der UN-Nachhaltigkeitsziele ist es, bis 2030 die Kreislaufwirtschaft im Holzsektor global weiter auszubauen.

Papierproduktion

1990–2021

Steigender Papierbedarf **in Asien,** besonders in China

Starker Rückgang durch Digitalisierung **in Europa**

Rekordjahr 2021

Die globale Papierproduktion erreichte 2021 einen neuen Rekord mit 415 Mio. t, nachdem die Produktion 2018–2020 durch Pandemie und Rückgang des Zeitungs- und Magazindrucks leicht abflachte. Durch das Bevölkerungswachstum wird auch der Papierverbrauch tendenziell steigen. China avanciert in den letzten zwei Jahrzehnten zum weltweit größten Produzenten und Konsumenten von Papier und Zellstoff.

Quellen: FAO (2019 + 2020), Hetemäki & Hurmekoski (2016), IEA (2022), UNECE (2019)

Auf Sand gebaut

Sand besteht aus 0,063–2 mm kleinen Fragmenten, die sich über Tausende oder Millionen Jahre durch Abrieb und Verwitterung z. B. von Gestein gelöst haben. Auch der Zerfall von Korallen oder Muscheln führt zur Sandentstehung. Sand wird über große Distanzen als Staub mit dem Wind transportiert und formt so zum Teil große Wüsten wie die Sahara. Jeden Tag wird Sand neu gebildet: im Gebirge, in Flüssen oder im Ozean. Allerdings nutzen wir Menschen sehr viel mehr Sand, als durch Verwitterungsprozesse von der Natur »produziert« wird.

Unsere Zivilisatzion ist buchstäblich auf Sand gebaut: Nur Wasser benutzen wir noch mehr. Pro Tag nutzt jeder Mensch auf der Erde im Durchschnitt 15 kg Sand. Wenn man aus dem Sand, den wir in einem Jahr abbauen, eine Mauer bauen würde, wäre sie 27 m hoch und 27 m breit und würde einmal um den Globus führen.

Überraschend viele Produkte benötigen Sand. Er wird u. a. genutzt für …

Bau von Gebäuden, z. B. Beton, Ziegel, Putz

Infrastruktur, z. B. Straßen und Brücken

Energieproduktion, z. B. Solarpaneele

Technik & Internet, z. B. Computerchips, Glasfaserkabel

Stromspeicherung, z. B. Lithiumbatterien

Glasprodukte, z. B. Gläser, Fenster, Spiegel

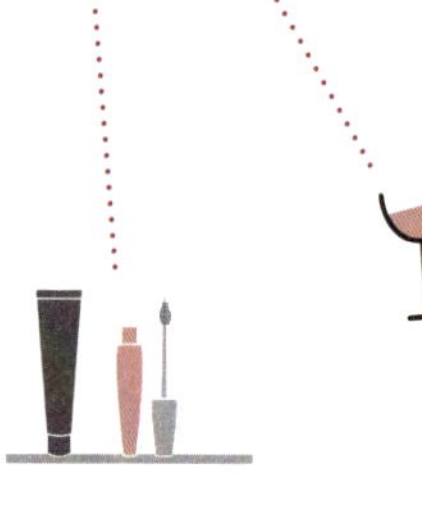

Hygieneprodukte, z. B. Zahnpasta

Textilien, z. B. Jeans

Geschätzte 50 Mrd. t Sand werden pro Jahr weltweit abgebaut.

Quellen: Dewi et al. (2019), Langrand & Peduzzi (2022), Masalu (2010), UNEP (2022)

Ca. 15 %

des Sandes werden weltweit illegal abgebaut. In Marokko ist die Hälfte der Strände illegal abgetragen worden, in Tansania sorgt der illegale Abbau für Küstenerosion, in Indien gibt es sogar eine Sandmafia.

Sandabbau

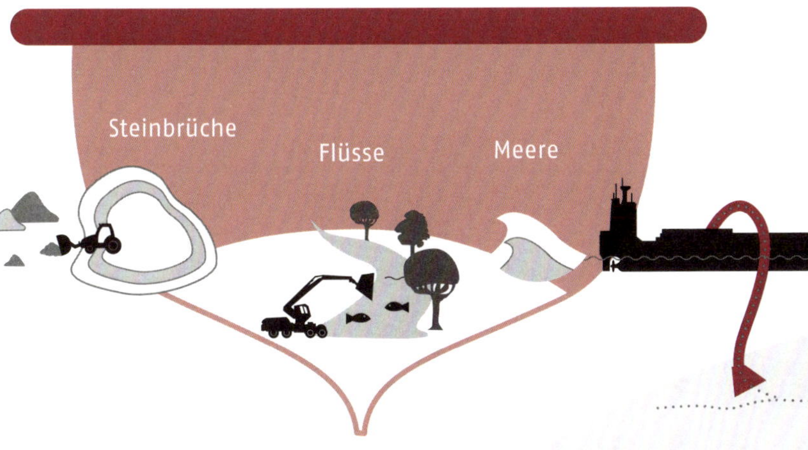

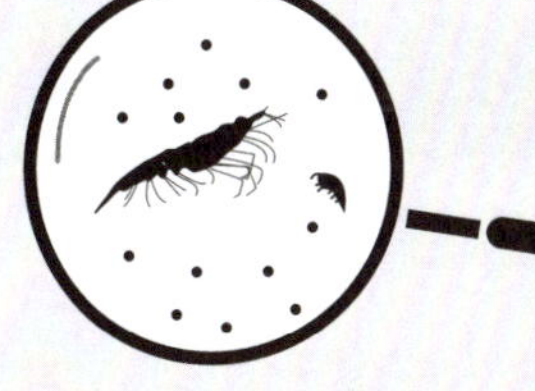

Umweltfolgen

Zerstörung von marinen Lebensräumen und Ökosystemen. Durch das Entfernen von im Sand lebenden Mikroorganismen und Pflanzen wie Seegras gibt es weniger Nahrung und Brutstätten für Fische, die Biodiversität nimmt drastisch ab.

Flüsse & Deltas
Der Sandabbau sorgt für den Kollaps von Flussbänken, zerstört Brutgebiete, führt zu Überflutungen, dezimiert Fischvorkommen und kann Dürren und Armut verstärken.

Nachhaltige Nutzung

Das Umweltprogramm der Vereinten Nationen (UNEP) und einige Staaten haben 2019 beschlossen, die Sandnutzung weltweit nachhaltiger zu gestalten.

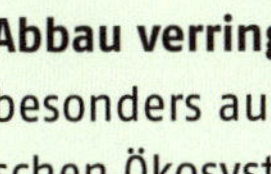

Abbau verringern, besonders aus dynamischen Ökosystemen wie Flüssen und Meeren

Daten sammeln zu Sandabbau

Regulierungen für die Sandnutzung und einen globalen Standard einführen

Sand ersetzen, z. B. aus Rückständen aus dem Eisenabbau

Wissenstransfer und Vernetzung von Staaten intensivieren

Optimierung der Nutzung und des Recyclings von Beton

Welt aus Plastik

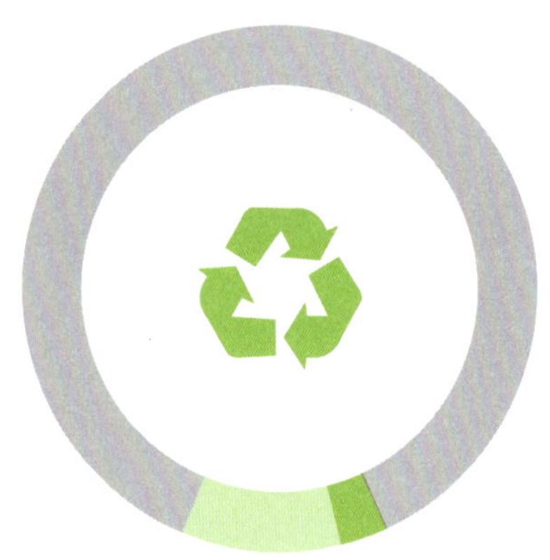

3–10 %

des weltweit gesammelten Plastiks werden recycelt.

367 Mio. t

Plastik wurden 2020 weltweit produziert, Tendenz steigend. Der Müllberg wächst täglich: Ein Großteil des seit 1950 produzierten Plastiks ist fast in Originalform auf Müllkippen, in der Landschaft, in Flüssen oder in den Weltmeeren zu finden.

9 Mio. Fässer Rohöl fließen täglich in die Plastikproduktion.

Plastik, das nach einmaligem Verbrauch weggeschmissen wird: 33 %

Geschätzte Zersetzungszeit

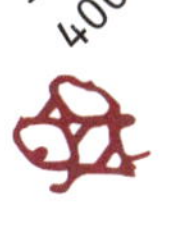

Ca. **450 Jahre**

lang zerfällt eine PET-Flasche im Ozean in immer kleinere Stücke, bis man sie mit dem bloßen Auge nicht mehr sehen kann. Plastik ist nicht biologisch abbaubar und verschwindet somit nie ganz.

Mehr als

100 000

Meeressäugetiere und Millionen von Seevögeln und Fischen sterben jährlich an gefressenen oder um sie gewickelten Plastikteilen.

Quellen: Schlining et al. (2013), Petroleum Economist (2019), Plastics Europe (2016), Subba Reddy (2014), UNEP (2015), WEF (2016)

Die Rohstoffzukunft ist zirkulär!

Die Ressourcen der Erde sind endlich. Viele wichtige Rohstoffe werden in Zukunft knapp, während die Bevölkerung und Nachfrage weiter wächst.

In der EU verbraucht jeder Bürger im Jahr durchschnittlich ca. 14 Tonnen Rohstoffe und produziert 5 Tonnen Abfall. Dieser Abfall landet in der aktuell »linearen Wirtschaft« größtenteils auf der Mülldeponie und wird nur zu einem kleinen Teil (ca. 8 %) recycelt.

Dagegen wird in der modernen Kreislaufwirtschaft so gut wie alles recycelt, wiederverwendet oder repariert.

Der Lebenszyklus von Produkten wird verlängert, u. a. durch intelligentes Design mit austauschbaren und reparierbaren Elementen. Hersteller müssen Produkte am Lebensende zurücknehmen und recyceln. Wegwerfprodukte und Billigproduktion z. B. von Plastikprodukten, Textilwaren oder Elektronik werden minimiert.

Insgesamt werden so nach und nach weniger Rohstoffe abgebaut. Das spart CO_2-Emissionen und reduziert die Zerstörung der Natur.

Solche Rohstoffkreisläufe imitieren das »Cradle-to-Cradle«-System der Natur, in der wertloser »Abfall« nicht existiert: Alles hat einen Wert und wird auf die unterschiedlichste Art verwertet.

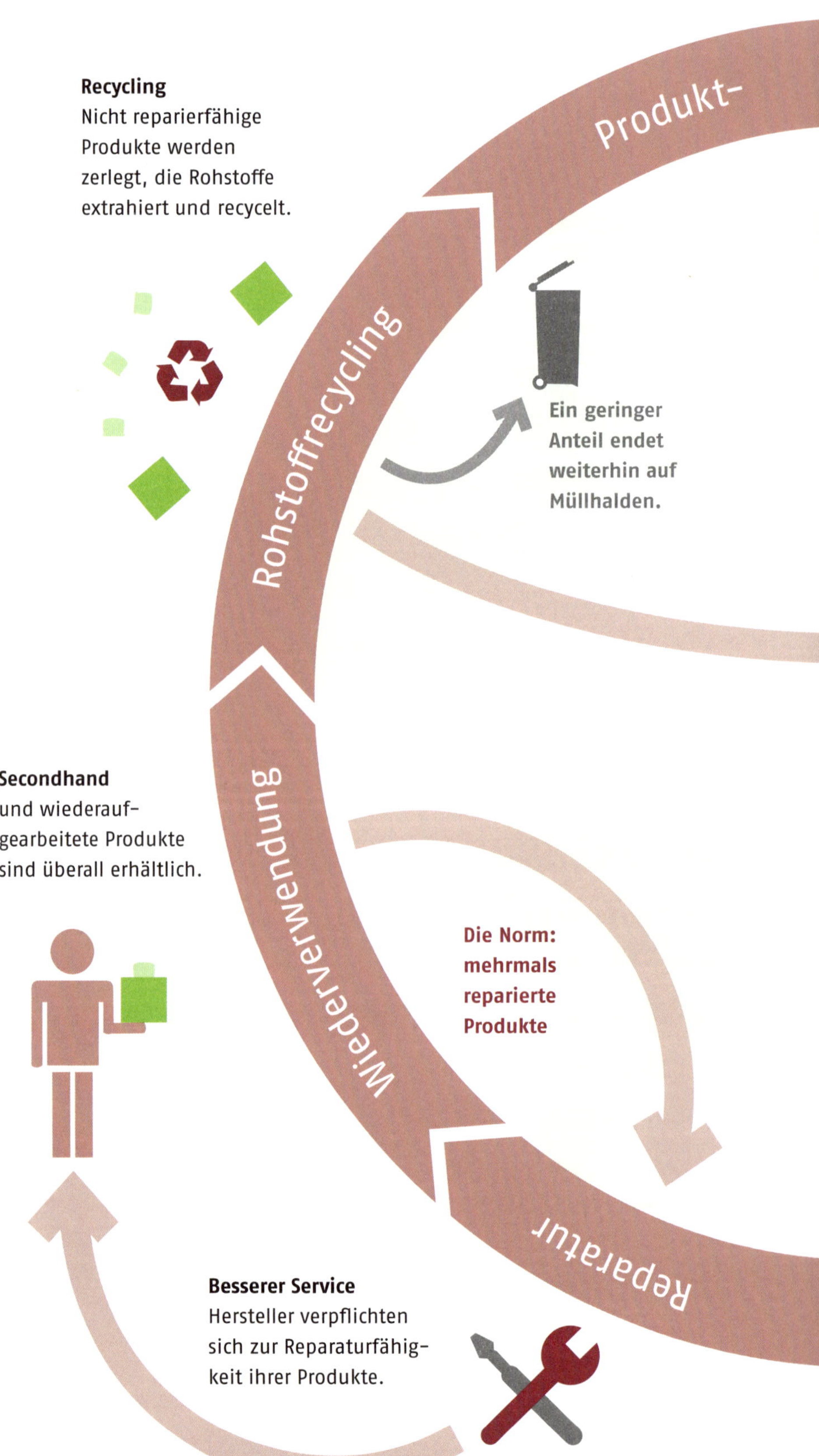

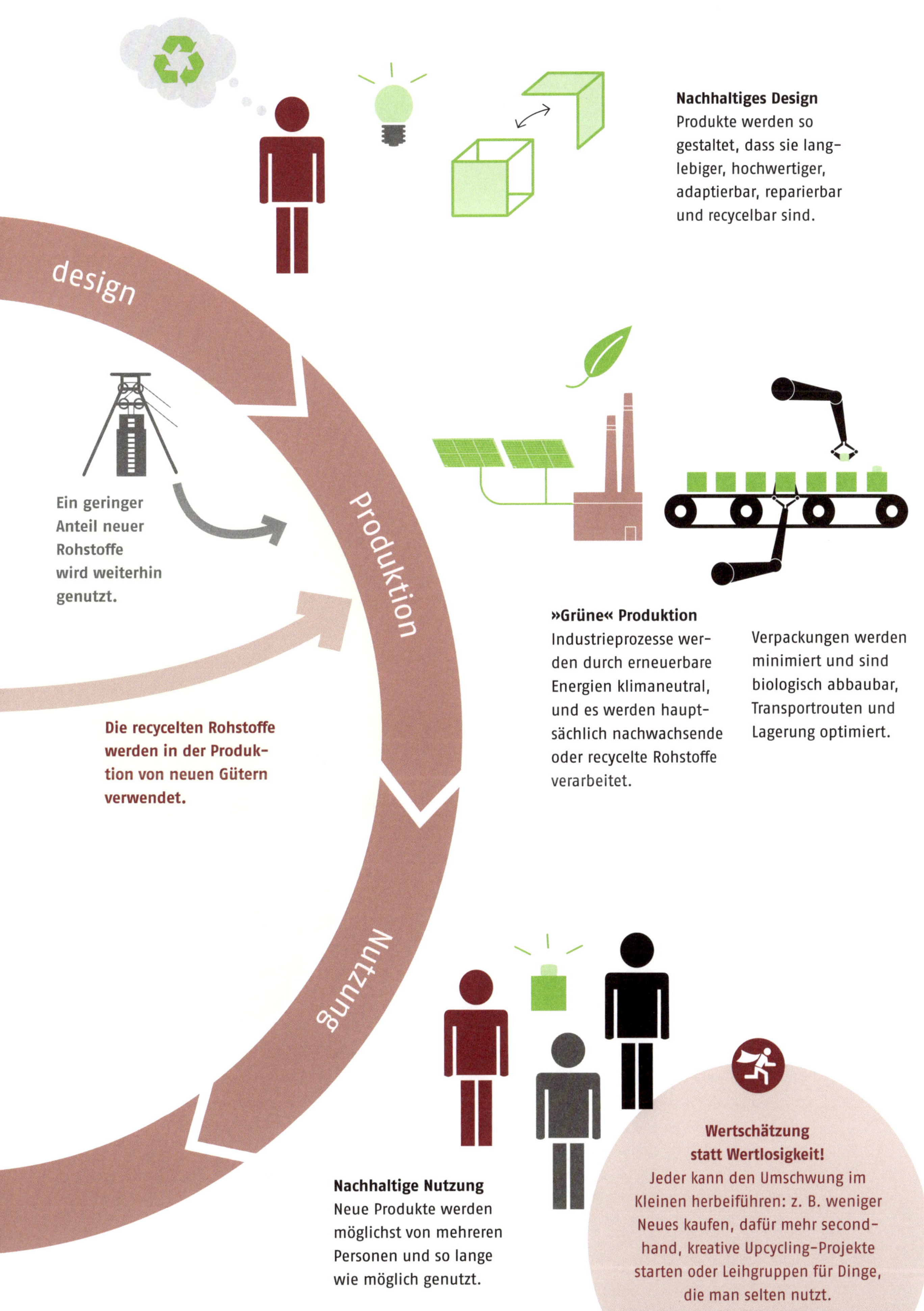

Quellen: EC (2022), WU (2022)

Infrastruktur

Globaler Warentransport

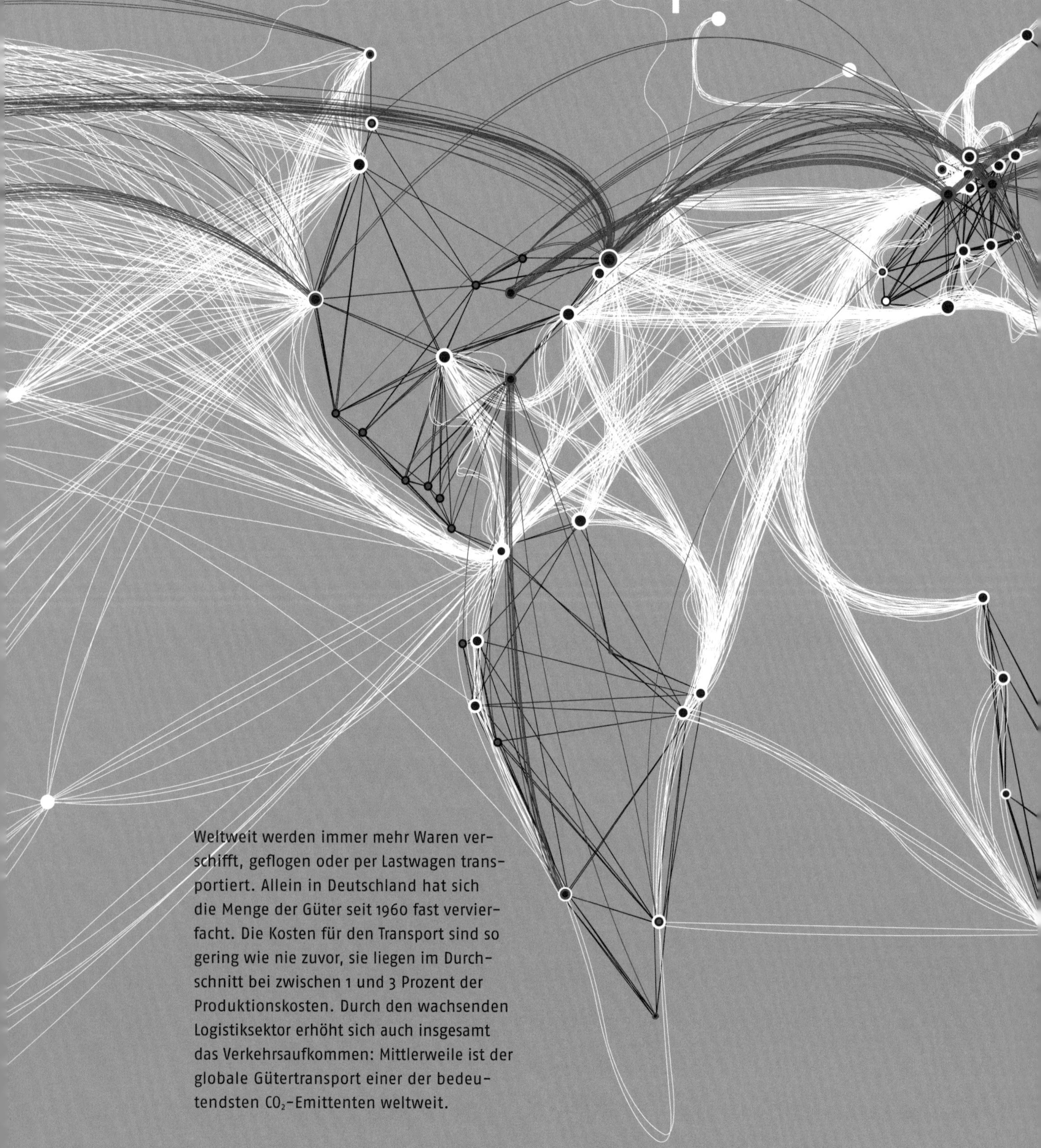

Weltweit werden immer mehr Waren verschifft, geflogen oder per Lastwagen transportiert. Allein in Deutschland hat sich die Menge der Güter seit 1960 fast vervierfacht. Die Kosten für den Transport sind so gering wie nie zuvor, sie liegen im Durchschnitt bei zwischen 1 und 3 Prozent der Produktionskosten. Durch den wachsenden Logistiksektor erhöht sich auch insgesamt das Verkehrsaufkommen: Mittlerweile ist der globale Gütertransport einer der bedeutendsten CO_2-Emittenten weltweit.

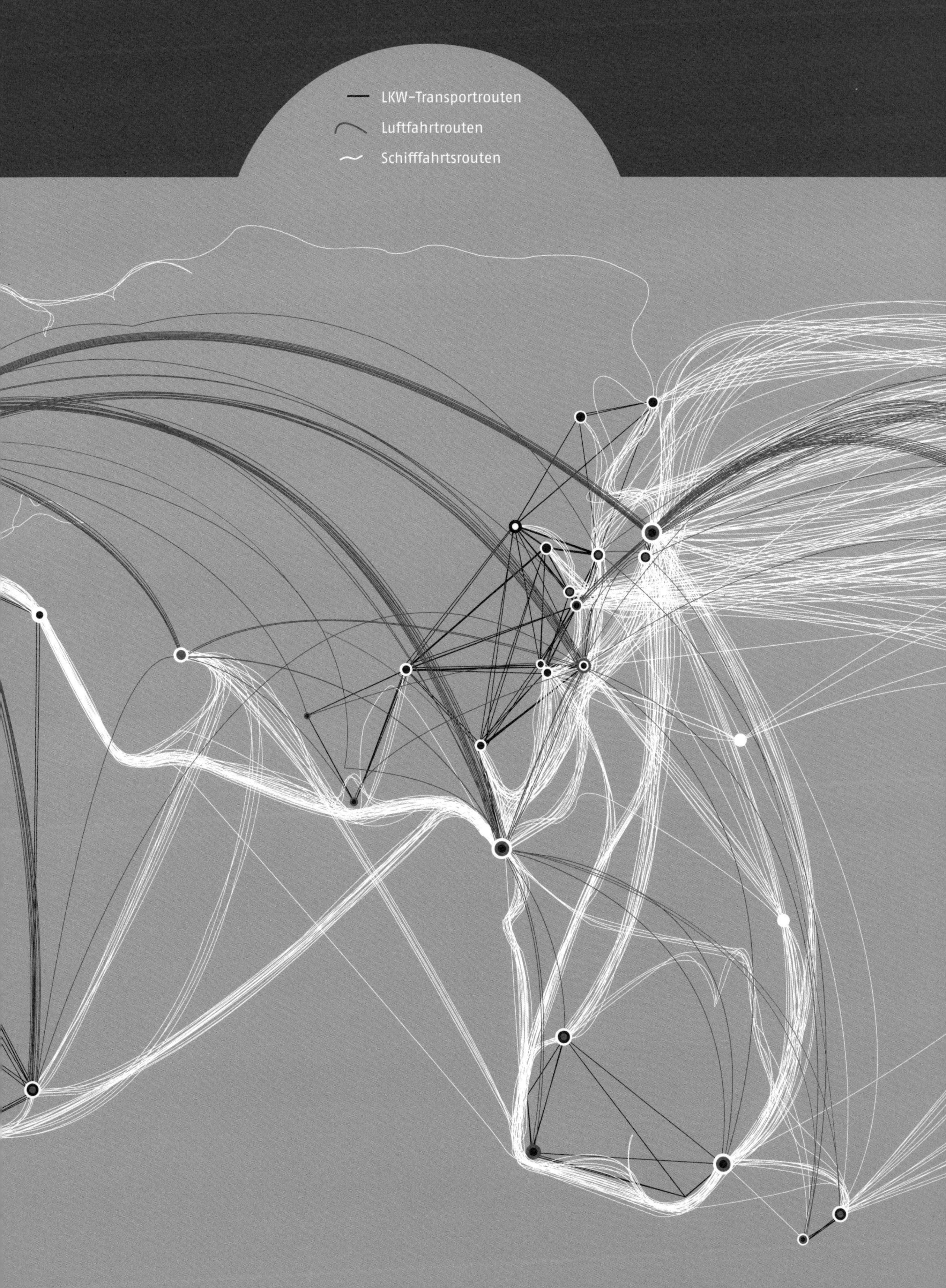

Quellen: ACI (2018), AAPA (2016), RITA (2018)

Transportweg Ozean

91 GT Welthandelsflotte 1955

2 062 000 000 dwt Welthandelsflotte 2020

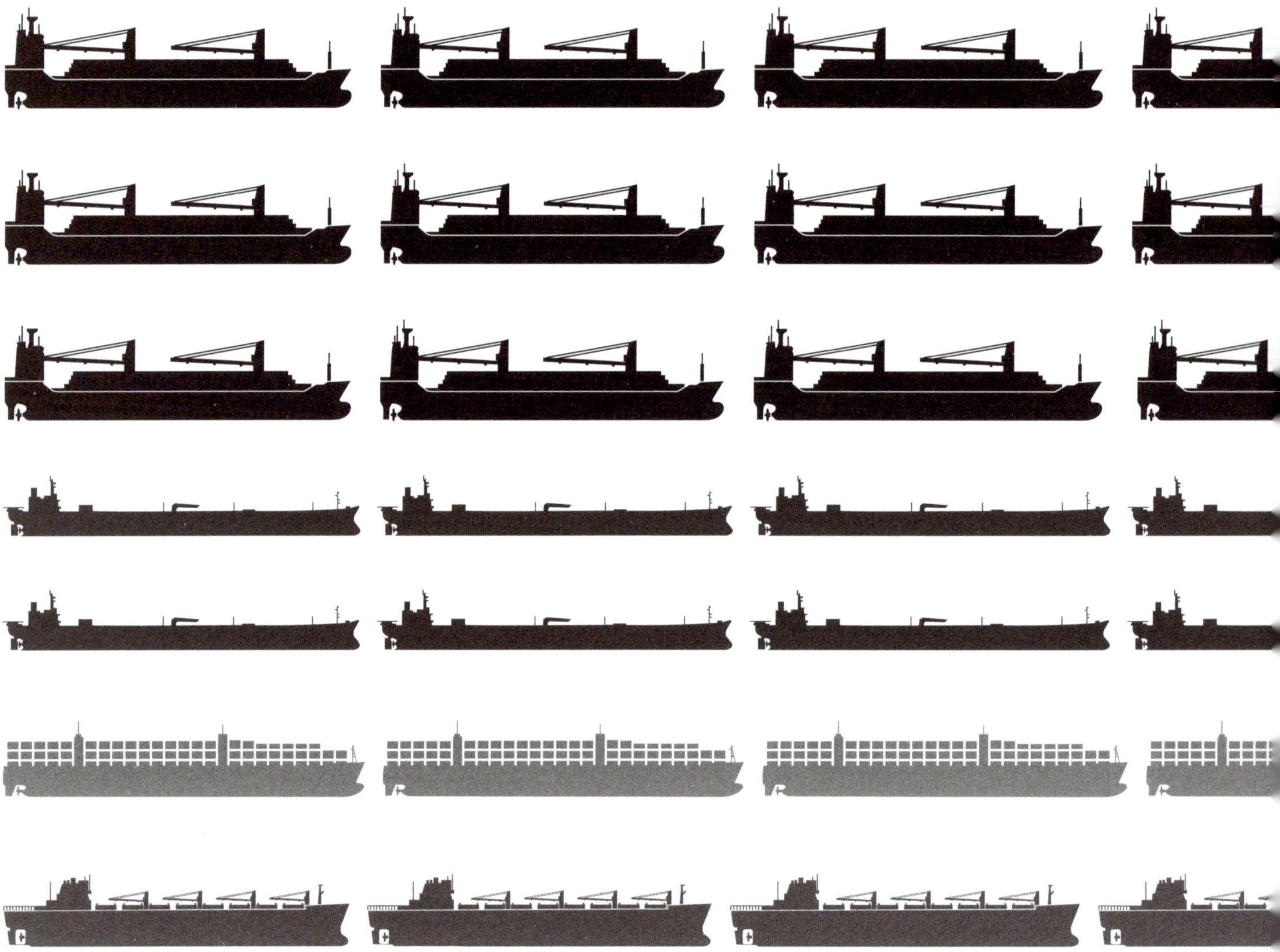

7 300 000 dwt Fähren und Passagierschiffe

GT = Gross Tonnage
dwt = deadweight tonnage
(Tragfähigkeit)

Rund 80 % des Welthandels werden durch ca. 62 100 Frachtschiffe bewältigt – sie sind der wahre Motor der Globalisierung. Mit der steigenden Größe der Schiffe fallen die Transportpreise pro Container, während die Emissionen insgesamt mit der Größe der Schiffe anwachsen. Die meisten Fracht- und Kreuzfahrtschiffe fahren mit Schweröl und ohne Rußfilter. Die dadurch emittierten Schwefeloxide und Schwermetalle sowie der Feinstaub tragen signifikant zu Gesundheitsproblemen bei, besonders im Küstenbereich.

1955

2020

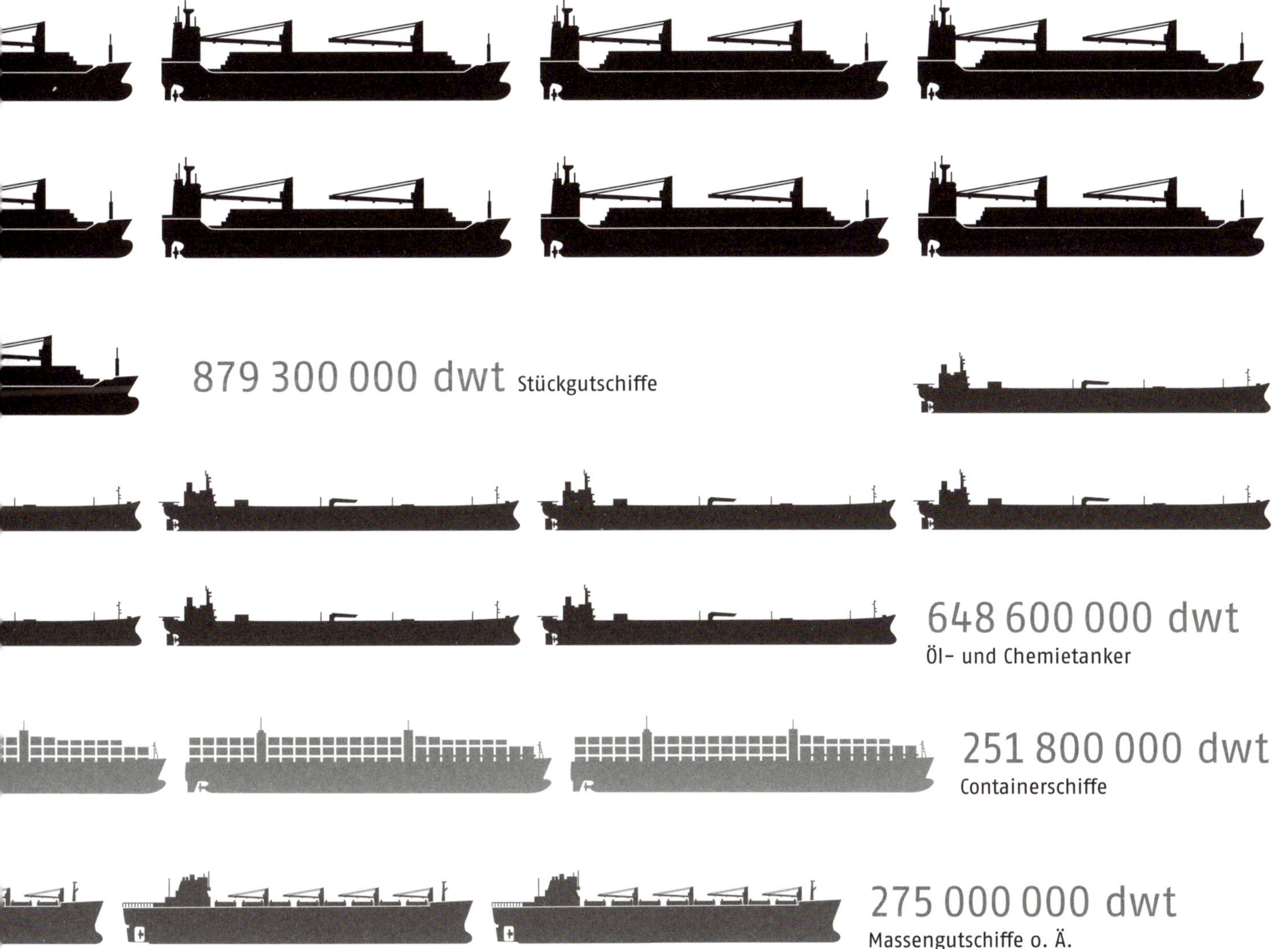

Quellen: KEG (1970), NABU (2014), UNCTAD (2020)

Transportwege an Land

0

Deutschland

Bestand der Kraftfahrzeuge

in Deutschland, 2021

CO_2-Emissionen im Güterverkehr

in Deutschland, jährlich

55 Mio. t

LKWs

CO_2

2,3 Mio. t CO_2

Güterzüge

Straßenneubau vs. Ausbau des Schienennetzes

in Deutschland

Straße

150 km

Je 1 km Schiene werden 150 km Straße neu gebaut in Deutschland.

Schiene

0 1 km

48 249 000

PKWs

3 410 000

LKWs

Gütertransport der Zukunft?

Würde man das aktuelle Gütervolumen in Deutschland komplett per Zug transportieren, entstünden nur:

11 Mio. t CO_2
Gesamtemissionen

Quellen: BMVI (2022), UBA (2021)

Infrastruktur treibt Entwaldung an …

5 % der Entwaldung finden in größerer Distanz zur Infrastruktur statt.

95 % der Entwaldung finden im 5-km-Radius um Straßen oder navigierbare Flüsse statt.

1 **Die erste Straße** wird durch den Wald gebaut.

2 **Arbeitskräfte** ziehen vermehrt in die Region.

3 **Dörfer** und kleine Felder entstehen.

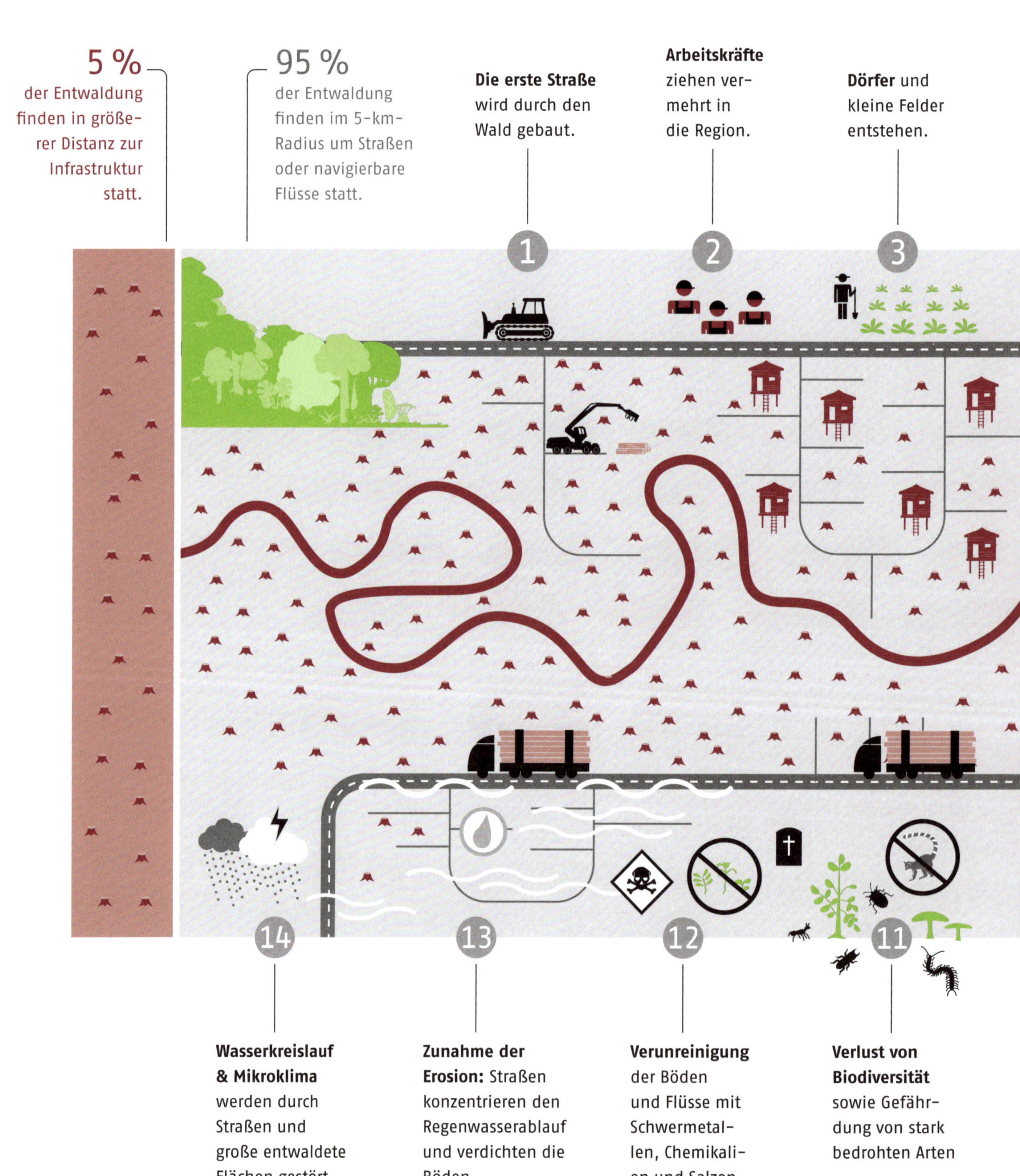

14 **Wasserkreislauf & Mikroklima** werden durch Straßen und große entwaldete Flächen gestört.

13 **Zunahme der Erosion:** Straßen konzentrieren den Regenwasserablauf und verdichten die Böden.

12 **Verunreinigung** der Böden und Flüsse mit Schwermetallen, Chemikalien und Salzen

11 **Verlust von Biodiversität** sowie Gefährdung von stark bedrohten Arten

Quellen: Bebbington et al. (2018), Yale University (2020)

Grüne Städte & urbane Wälder

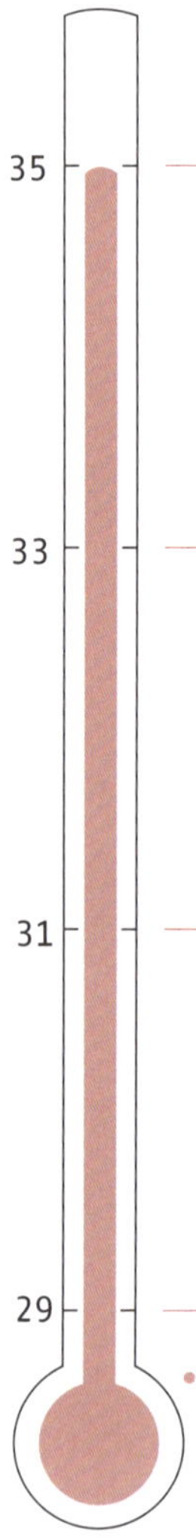

35
33
31
29

Hitzeinseln

In Innenstädten bilden sich im Sommer sogenannte Hitzeinseln. Wärmespeichernde Baumaterialen und Asphalt, zunehmender Verkehr, dichte Bebauung und daraus resultierende verminderte Windbewegungen erhöhen den Hitzestau in der Stadt.

Verlauf der Wärmekurve vom Stadtrand bis zum Zentrum in °C

Luftfilter

Bäume reinigen unsere Luft von Schadstoffen wie Feinstaub und Ozon. Je höher die Gesamtgröße der Blattfläche eines Baumes ist, desto mehr Schadstoffe kann er aus der Luft filtern. Spitzahorn ist dafür besonders geeignet.

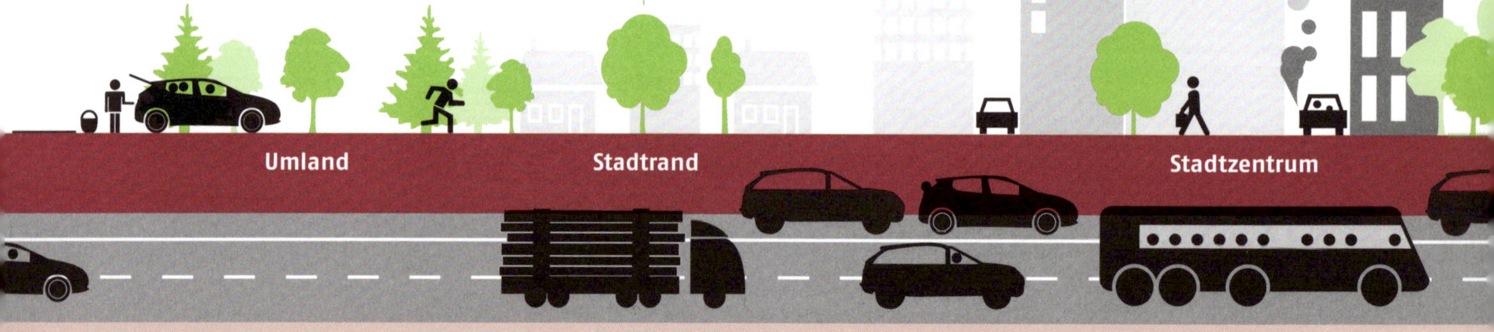

Umland
Stadtrand
Stadtzentrum

Starkregen
Bäume sorgen dank ihres Wurzelwerks für besseren Wasserablauf und Versickerung.

Temperatur
Der Schatten einer Baumkrone kann die Oberflächen- und Lufttemperatur sowie die Innentemperatur umliegender Gebäude senken.

Grüne Städte mit vielen Bäumen und Parkanlagen verbessern die Lebensqualität und die Gesundheit der Menschen. In Zeiten der Klimakrise ist mit mehr Hitzewellen zu rechnen, unter denen die städtische Bevölkerung (die bis 2030 rund 60 % der Weltbevölkerung ausmachen wird) stärker leidet, da sich dort die Hitze oft staut.

Bäume, Pflanzen und Rasenflächen sorgen in Parks und Grünanlagen durch Verdunstung für Kühlung. Einige Baumarten haben höhere Kühlungseffekte als andere. Generell gilt: Je weniger Wasser ein Baum benötigt, desto wirksamer ist er. Denn Bäume kühlen die Umgebung nur, solange ihnen genug Wasser zur Verfügung steht. Bei zu trockenem Boden ist keine Verdunstung möglich, die Bäume absorbieren allerdings weiterhin durch ihr dunkles Kronendach Sonnenenergie, was zur Erwärmung der Umgebung führt.

Klimaanlage

An einem heißen Sommertag können Bäume und begrünte Dächer ihre Umgebung signifikant kühlen. Während sie bis zu 400 Liter Wasser verdunsten, wird bei dem Prozess Wärme verbraucht, was wiederum die Umgebungsluft kühlt.

Lebensraum

Eichhörnchen, Fledermäuse, Bienen und Singvögel: Stadtbäume bieten vielen Tieren einen Lebensraum, erhöhen so die urbane Artenvielfalt und machen Städte lebenswerter.

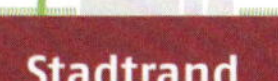

Park | Städtische Wohngebiete | Stadtrand | Umland

Lärm
Bäume und begrünte Fassaden verringern die Schallintensität des Straßenverkehrs.

Wind
Bäume bremsen Windböen aus und verringern das Aufwirbeln von Staub bei Stürmen.

Quellen: Livesley (2016), Marx (2017), Moser et al. (2017), Rahman et al. (2018), Roloff (2013)

Landwirtschaft

So wird die Welt ernährt

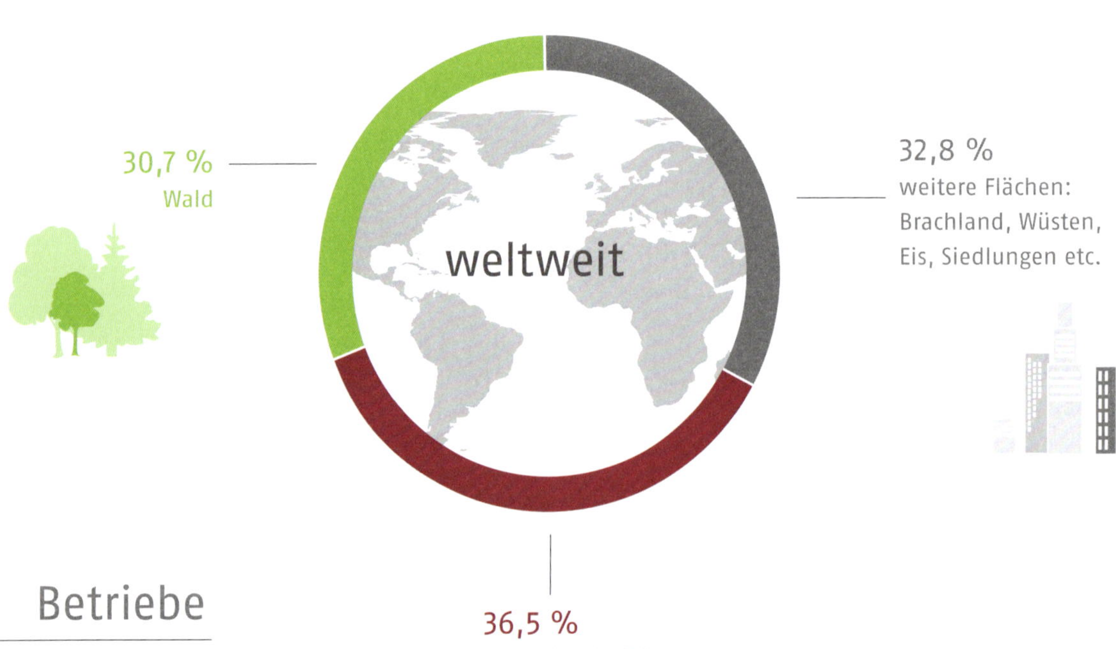

36,5 %
Landwirtschaftliche Flächen, aufgeteilt in:

77 %
Tierzucht, Fleisch und Milchprodukte

23 %
Anbau von Pflanzen

Betriebe

Mehr als

608 Mio.

landwirtschaftliche Betriebe gibt es weltweit, 84 % sind kleiner als 2 ha. Mehr als ein Drittel der Lebensmittel weltweit werden auf diesen kleinen Bauernhöfen angebaut.

Kleine Höfe leiden durch die Klimakrise am stärksten …

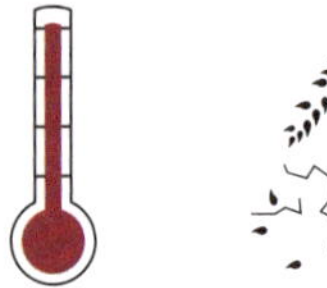

Hitzewellen | Dürren | Waldbrände | Überflutungen | Starkregen und Unwetter | Krankheiten

Schadstoffe

2,66 Mio. t

Pestizide wurden weltweit im Jahr 2020 auf Felder gesprüht. Damit könnte man über 1000 olympische Schwimmbecken füllen.

408 000 t

Pestizide wurden in den USA gesprüht, fast ebenso viel in Brasilien (377 000 t). China ist weltweit auf Rang 3 mit 263 000 t im Jahr 2020.

78 %

der weltweiten Überdüngung und damit einhergehenden sauerstoffarmen Todeszonen in den Ozeanen werden durch landwirtschaftliche Abwässer (z. B. Düngung und Pestizide) verursacht.

Süßwasserverbrauch

weltweit

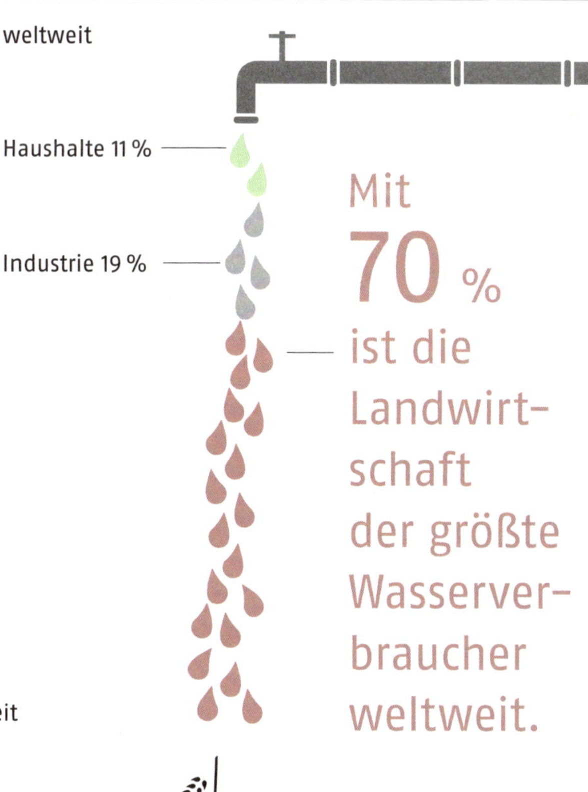

Mit **70 %** ist die Landwirtschaft der größte Wasserverbraucher weltweit.

Produktivität

28 %

produktiver muss die Landwirtschaft weltweit werden, um bis zum Jahr 2030 die Emissionsziele des Pariser Klimaabkommens und das »Null Hunger«-Ziel der Vereinten Nationen einzuhalten.

Quellen: FAO (2021), Fernandez (2022), Lowder (2021), OECD-FAO (2022), Sharma et al. (2019)

Agrarwende als Chance

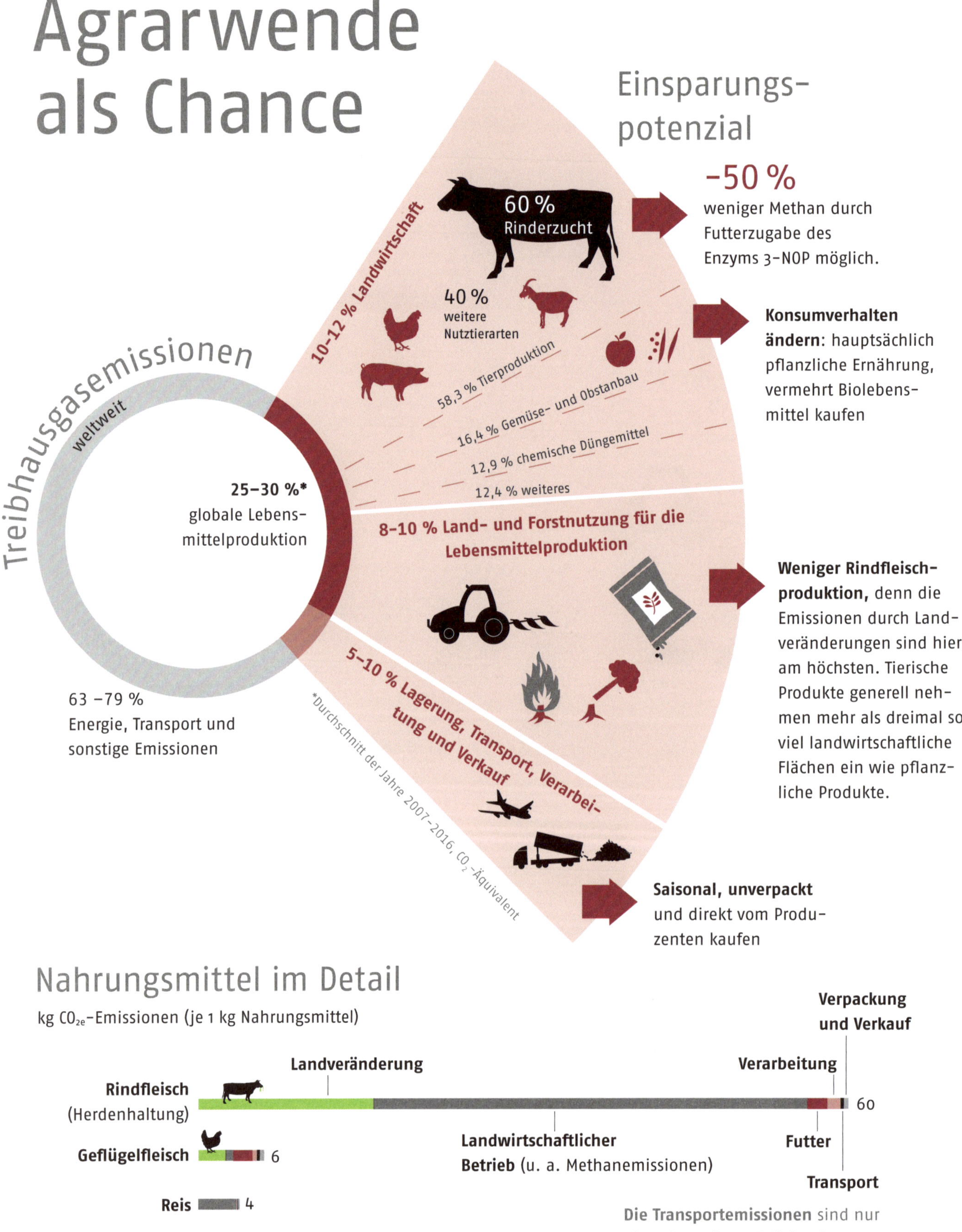

Quellen: Gerber et al. (2013), Guégan & Léger (2015), IPCC (2019), Thornton et al. (2018), De Ramon N'Yeurt et al. (2012), Ritchie & Roser (2020)

Gefährdung der Nahrungsmittelsicherheit durch die Klimakrise

-20 % weniger Ernteertrag bis 2050 für Sorten wie Mais in Afrika

Lösung: Anpassung der Agrartechniken

Klimaschutz & höhere Produktivität

Weniger Düngemittel und dadurch weniger Stickstoffemissionen

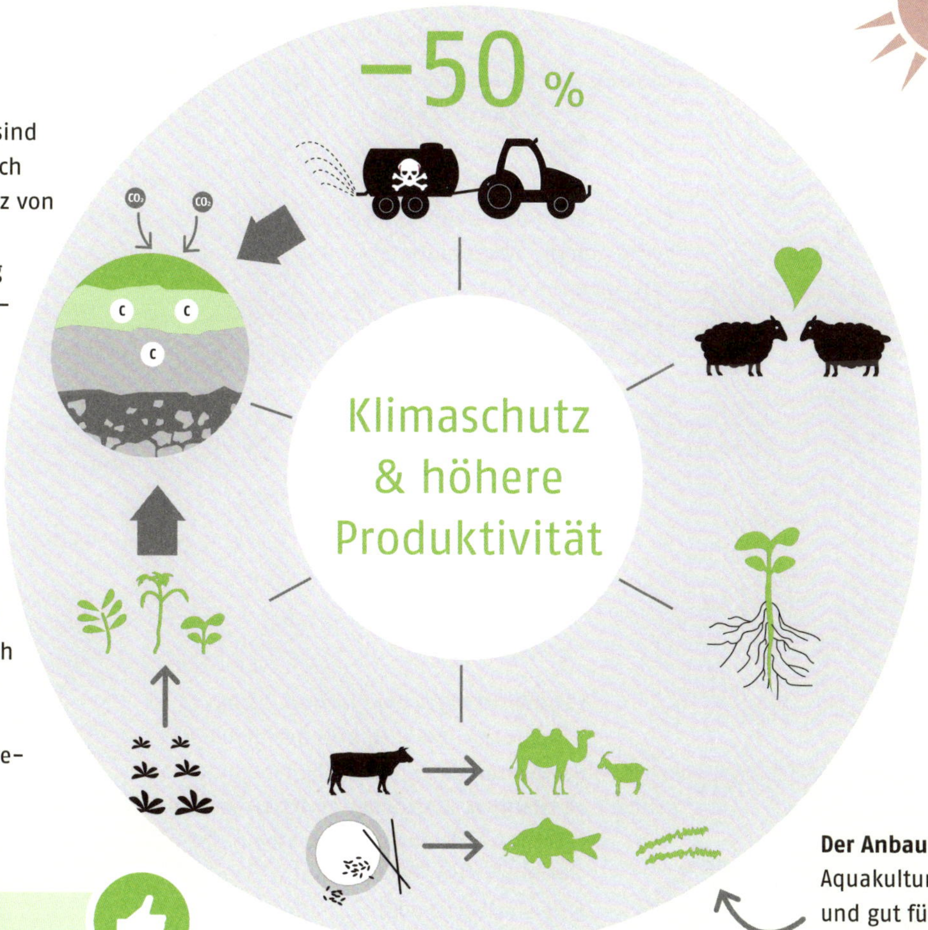

-50 %

Selektion in der Zucht: z. B. hitzeresistentere Unterarten züchten

Selektion der Sorten: parasiten-, feuchtigkeits-, hitze- und dürreresistente Sorten züchten

Der Anbau von Kelp in Aquakultur ist produktiv und gut für die Umwelt: Kelp hilft die Versauerung und Überdüngung der Ozeane zu reduzieren und ist nebenbei ein »Superfood«.

Umstellung auf angepasste Nutztierarten oder Aquakulturen bei Bodenversalzung

Permakultur und Mischkultur: Durch Vielfalt sind die Böden gesünder, feuchter und dürreresistenter.

Gesunde Böden sind CO_2-Speicher. Durch geringeren Einsatz von Maschinen und weniger Düngung bleibt die Humusschicht erhalten.

3–4 x höherer Ertrag pro m² durch den Anbau in Permakultur auf Kleinsthöfen

Zukunftsweisende Agroforstwirtschaft

»Alley Cropping«
Bäume und Ackerpflanzen werden in parallelen Reihen angebaut, teilweise so eng, dass sich die Baumkronen berühren können. Meist werden Fruchtbäume oder Werthölzer gepflanzt, z. B. Walnuss, Kirsche, Eiche oder Kastanie. Auf dem Acker werden Mais, Weizen, Roggen, Kartoffeln oder Bohnen angebaut.

Gewässerschutzstreifen
Sie werden gezielt um Flüsse und Seen herum angelegt, beherbergen Agroforstprodukte, stabilisieren den Uferbereich, schützen die Wasserqualität und erhöhen die Biodiversität. In einigen Ländern und Regionen sind Gewässerschutzstreifen per Gesetz auf öffentlichen und privaten Flächen sogar Pflicht.

Windschutzhecken
In U- oder L-Form werden unterschiedliche Gehölze einreihig oder mehrreihig an der windzugewandten Seite der Felder, meist Obstplantagen, angelegt. Sie können auf dem Acker ein kühleres und feuchteres Mikroklima erzeugen. Zudem bilden sie einen Lebensraum für viele Arten und erhöhen so die Biodiversität.

Nachhaltig & klimaflexibel

Landwirtschaftliche Flächen dürfen in Zeiten der Klimakrise und des globalen Bevölkerungswachstums keine Wälder verdrängen. Stattdessen müssen vorhandene Flächen klüger, produktiver und vielseitiger genutzt werden, u. a. durch eine strategische Kombination aus Landwirtschaft mit Bäumen und Waldflächen. So profitieren langfristig nicht nur die Landwirte, sondern die gesamte Gesellschaft von den daraus resultierenden ökologischen und ökonomischen Verbesserungen.

2 Tiere & Bäume

(Silvopastorale Systeme)

Halboffene Weidelandschaften & Streuobstwiesen
An heißen Tagen bieten Weiden mit Bäumen und Waldstücken Schatten für die Tiere und erhöhen die Bodenfeuchtigkeit bei Dürren, zudem können je nach Bewaldung auch Brennholz, Pilze, Beeren, Tierfutter oder Einstreu geerntet werden.

»Forest Farming«
Hauptsächlich in den USA und Kanada praktiziert. Dabei werden in einem Waldstück hochpreisige Heilpflanzen, Kräuter, Pilze oder Blumen angebaut, während gleichzeitig Werthölzer gefällt werden, allerdings in einer schonenden Art und Weise, sodass das Waldklima erhalten bleibt.

3 Äcker, Tiere & Bäume

(Agrosilvopastorale Systeme)

Dehesa & Waldgärten
In Spanien wurde um 2500 v. Chr. die sogenannte Dehesa eingeführt. Wie in Waldgärten wird hier eine Bewirtschaftung mit Holz, Vieh sowie Obst, Gemüse und Honig praktiziert.

Quellen: Franklin et al. (2018), FAO (2020), DeFAF (2020)

Persönlicher Wandel

Den ökologischen Fußabdruck reduzieren

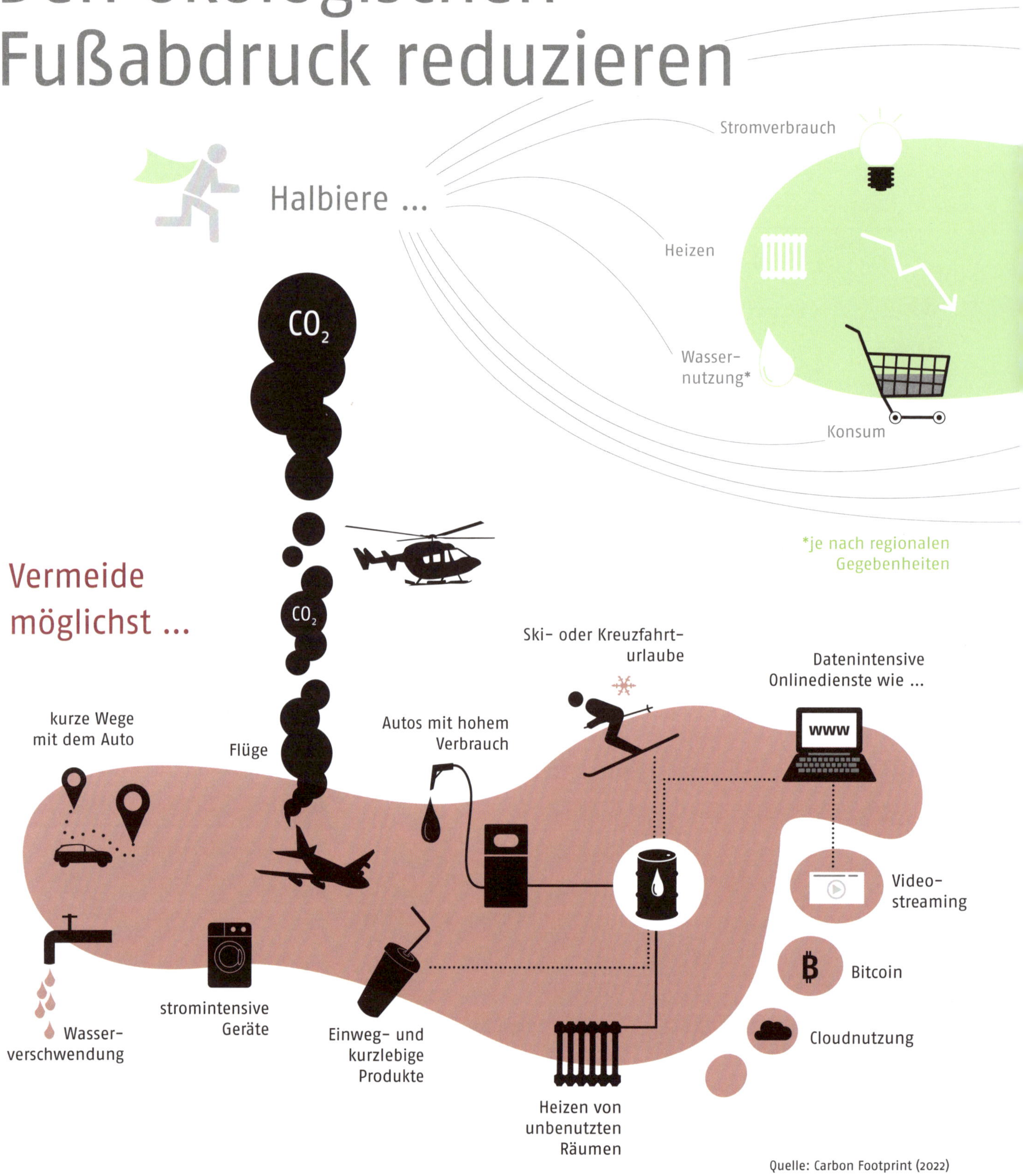

Halbiere ...

Stromverbrauch

Heizen

Wasser-
nutzung*

Konsum

*je nach regionalen Gegebenheiten

CO_2

CO_2

Vermeide möglichst ...

kurze Wege mit dem Auto

Flüge

Autos mit hohem Verbrauch

Ski- oder Kreuzfahrt-
urlaube

Datenintensive Onlinedienste wie ...

www

Video-
streaming

Bitcoin

Cloudnutzung

Wasser-
verschwendung

stromintensive Geräte

Einweg- und kurzlebige Produkte

Heizen von unbenutzten Räumen

Quelle: Carbon Footprint (2022)

… und verdopple

Hab Mut zur Veränderung …

Nachhaltig konsumieren

Heimische Hölzer statt Tropenholz oder noch besser: recyceltes Holz kaufen!

Zero Waste anstreben

Saisonale Nahrungsmittel direkt beim lokalen Erzeuger kaufen

Produkte, die Palmöl enthalten, wo möglich, vermeiden

Pflanzliche und Biolebensmittel bevorzugen

Fleischkonsum auf ein Minimum reduzieren

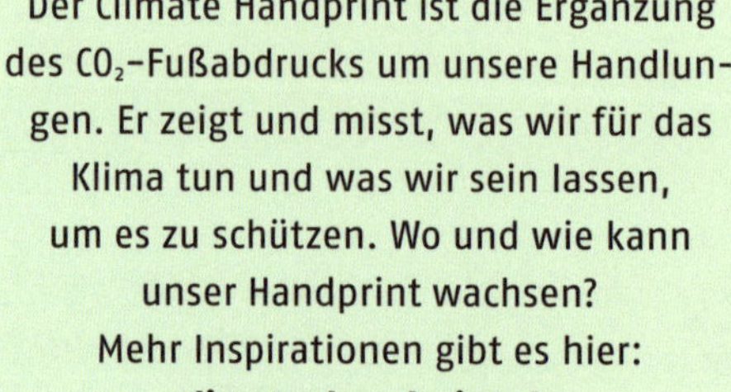

Verbessere Deinen CO_2-Handabdruck!
Der Climate Handprint ist die Ergänzung des CO_2-Fußabdrucks um unsere Handlungen. Er zeigt und misst, was wir für das Klima tun und was wir sein lassen, um es zu schützen. Wo und wie kann unser Handprint wachsen?
Mehr Inspirationen gibt es hier:
climate-handprint.de

Quelle: KlimAktiv (2020)

Beim Kauf auf Langlebigkeit achten

Jeden Neukauf hinterfragen, manche Dinge braucht man nicht wirklich.

KAUF MICH nicht!

Qualität statt Quantität bevorzugen, besonders bei Kleidung

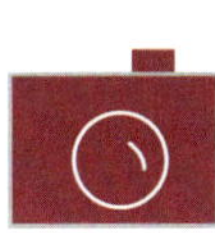

So viel wie möglich gebraucht kaufen

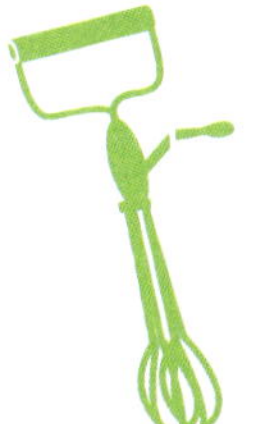

Weniger Elektrogeräte kaufen, nach manuellen Alternativen suchen

Reparieren statt neu kaufen, z. B. mithilfe von »Repair-Cafés«

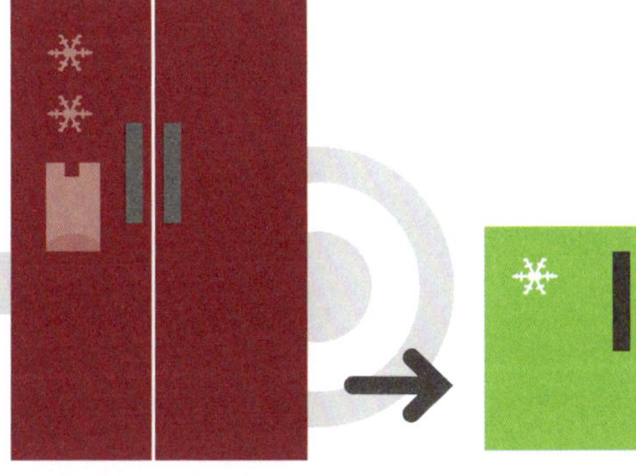

AAA+

Kleine und energieeffiziente Elektrogeräte bevorzugen

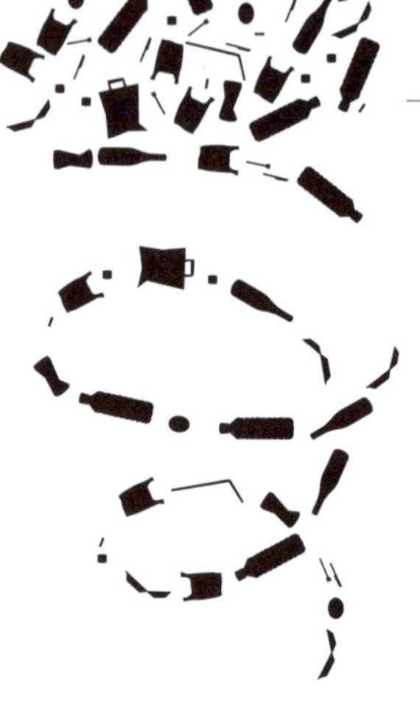

Natur schützen

Jeder Mensch mit Ideen und Tatendrang kann großes bewegen.

An 209 Wochenenden hat der Rechtsanwalt Afroz Shah 7000 t Müll vom Versova-Strand in Mumbai gesammelt – 220 000 Freiwillige haben ihm dabei geholfen. Die UN hat daraufhin die weltweite »Clean Seas«-Kampagne gestartet.

13 Mio. ha. Meeres- und Küstenlebensraum wurden in Argentinien unter Schutz gestellt. 25 Jahre lang hat Pablo Garcia Borboroglu mit seiner NGO »Global Penguin Society« darauf hingearbeitet.

Mit 16 Jahren ist John Abad aus Peru bereits Preisträger u. a. des International Young Eco-Hero Awards und mobilisiert Tausende Menschen, Plastik zu sammeln, studiert die Verschmutzung des Chillón-Flusses und trägt seine Ergebnisse u. a. dem Umweltminister vor.

Top 5

der bekanntesten Naturschützer*innen: Dokumentarfilmer David Attenborough, Gorillaexpertin Dr. Dian Fossey, Meeresbiologin Dr. Sylvia Earle, Schimpansenforscherin Dr. Jane Goodall und Klimaaktivistin Greta Thunberg – ohne sie wäre Natur- und Klimaschutz nicht im Fokus der Weltöffentlichkeit.

100 000 €

hat der deutsche Naturfotograf und Meeresbiologe Robert Marc Lehmann (Mission Erde e. V.) in einem Livestream auf Youtube in einer spontanen Aktion für den Haischutz gesammelt. #haibockangriff

Mit 111 Jahren

kümmert sich die Umweltschützerin Saalumarada Thimmakka aus Indien immer noch um den von ihr in den letzten 70 Jahren gepflanzten Banyan-Wald und setzt sich im Kabinett für den Umweltschutz ein.

Quellen: Captain Planet Foundation (2022), Hindustan Times (2022), Lehmann (2022), Smithsonian (2022), UNEP (2016)

Quellen

Alle Weblinks Stand 19.01.2023

Mehrmals verwendet:

Intergovernmental Panel on Climate Change IPCC (2019): IPCC Special Report on the Ocean and Cryosphere in a Changing Climate. https://www.ipcc.ch/srocc

Intergovernmental Panel on Climate Change (IPCC) (2021): Climate Change 2021. The Physical Science Basis. Working Group I. https://www.ipcc.ch/report/ar6/wg1/

IPCC (WG-II) (2022): Climate Change 2022. Mitigation of Climate Change. Working Group II. https://www.ipcc.ch/report/sixth-assessment-report-working-group-ii/

IPCC (WG-III) (2022): Climate Change 2022: Impacts, Adaptation and Vulnerability. Working Group III. https://www.ipcc.ch/report/sixth-assessment-report-working-group-3/

Umweltbundesamt (UBA) (2021): Die Treibhausgase. https://www.umweltbundesamt.de/themen/klima-energie/klimaschutz-energiepolitik-in-deutschland/treibhausgas-emissionen/die-treibhausgase

World Ocean Review (WOR) (2019): World Ocean Review 6, Arktis und Antarktis – extrem, klimarelevant, gefährdet. Hrg. Maribus, Hamburg. https://worldoceanreview.com/de/wor-6/

Seiten Quellenangaben

006 | 007 Aspen Global Change Institute (AGCI) (2022): Earth Systems. https://www.agci.org/earth-systems/geosphere

010 | 011 Markart, G.; Kohl, B. (2009): Wie viel Wasser speichert der Waldboden? Abflussverhalten und Erosion. BFW-Praxisinformation 19, 25-26. https://www.waldwissen.net/wald/schutzfunktion/wasser/bfw_wasserspeicher_boden/index_DE

Perlman, H. et al. (2019): The World's Water. https://www.usgs.gov/media/images/all-earths-water-a-single-sphere

United States Geological Survey (USGS) (2019): How Much Water is There on Earth? https://www.usgs.gov/special-topics/water-science-school/science/how-much-water-there-earth

Zimmermann, L. et al. (2008): Wasserverbrauch von Wäldern. https://www.lwf.bayern.de/mam/cms04/boden-klima/dateien/a66-wasserverbrauch-von-waeldern.pdf

012 Deutscher Wetter Dienst (DWD) (2022): Wetter- und Klimalexikon – Hochdruckgebiet. https://www.dwd.de/DE/service/lexikon/Functions/glossar.html?lv3=101176&lv2=101094; Wetter- und Klimalexikon – Tiefdruckgebiet. https://www.dwd.de/DE/service/lexikon/Functions/glossar.html?lv3=102762&lv2=102672

013 Coumou, D. et al. (2018): The influence of Arctic amplification on mid-latitude summer circulation. Nature Communications. https://www.nature.com/articles/s41467-018-05256-8

Kornhuber, K. et al. (2019): Amplified Rossby waves enhance risk of concurrent heatwaves in major breadbasket regions. Nature Climate Change. https://www.nature.com/articles/s41558-019-0637-z (12.08.2021)

National Oceanic and Atmospheric Administration (NOAA) (2019): The science behind the polar vortex. You might want to put on a sweater. https://www.noaa.gov/multimedia/infographic/science-behind-polar-vortex-you-might-want-to-put-on-sweater

NOAA (2021): How does sea ice affect global climate? Sea ice affects both global ocean temperatures and the global movement of ocean waters. https://oceanservice.noaa.gov/facts/sea-ice-climate.html

Voosen, P. (2020): New feedbacks speed up the demise of Arctic sea ice. Science 28.08.2020: Vol. 369, Ausgabe 6507. https://science.sciencemag.org/content/369/6507/1043

014 | 015 NOAA (2021): Saffir-Simpson Hurricane Wind Scale. National Hurricane Center. https://www.nhc.noaa.gov/aboutsshws.php; How do hurricanes form? https://oceanservice.noaa.gov/facts/how-hurricanes-form.html

Rahmstorf et al. (2018): Does global warming make tropical cyclones stronger?
https://www.realclimate.org/index.php/archives/2018/05/does-global-warming-make-tropical-cyclones-stronger/

Velden C. et al. (2017): Reprocessing the Most Intense Historical Tropical Cyclones in the Satellite Era Using the Advanced Dvorak Technique. Mon. Weather Rev. 145(3):971-983.

016–019 DWD (2018): Klimawandel – ein Überblick.
https://www.dwd.de/DE/klimaumwelt/klimawandel/ueberblick/ueberblick_node.html

Rahmstorf, S. (2013): Wie funktioniert eigentlich der Treibhauseffekt? http://www.pik-potsdam.de/~stefan/leser_antworten.html

Riedel, E., Janiak, C. (2015): Anorganische Chemie. De Gruyter Studium.

United Nations Climate Change (UNFCCC) (2022): What is the Kyoto Protocol? https://unfccc.int/kyoto_protocol

024 | 025 NOAA (2022): Greenhouse gas emissions are on the rise. https://research.noaa.gov/article/ArtMID/587/ArticleID/2816

UN (2013): World Population Prospects: The 2012 Revision. New York.
https://population.un.org/wpp/Publications/Files/WPP2012_highlights.pdf

UN (2018): World Population Prospects 2017. https://population.un.org/wpp/Graphs/

026 | 027 Global Carbon Atlas (GCA) (2022): Fossil Fuel Emissions. Interaktive Karte. http://www.globalcarbonatlas.org/en/CO2-emissions

028 | 029 Loeb, N. G. et al. (2021): Satellite and Ocean Data Reveal Marked Increase in Earth's Heating Rate. Geophysical Research Letters.
https://agupubs.onlinelibrary.wiley.com/doi/10.1029/2021GL093047

National Aeronautics and Space Administration (NASA) (2022): GISS Surface Temperature Analysis (v4). Global Maps.
https://data.giss.nasa.gov/gistemp/maps/

NOAA (2022): Climate at a Glance. Global Time Series.
https://www.ncei.noaa.gov/access/monitoring/climate-at-a-glance/global/time-series

030 | 031 Cheng, L. et al. (2019): How fast are the oceans warming? Science, 11.01.2019: Vol. 363,
Issue 6423, DOI: 10.1126/science.aav7619. https://science.sciencemag.org/content/363/6423/128

EPA (2016): Climate Change Indicators in the United States: Ocean Heat.
https://www.epa.gov/climate-indicators/downloads-indicators-report

Gleckler, P. J. et al. (2016): Industrial-era global ocean heat uptake doubles in recent decades. Nature Climate Change volume 6, S. 394–398. https://www.nature.com/articles/nclimate2915

Resplandy, L. et al. (2018): Quantification of ocean heat uptake from changes in atmospheric O_2 and CO_2 composition.
Nature 563, 105–108. https://www.nature.com/articles/s41586-018-0651-8

032 | 033 Armstrong McKay, D. I. et al. (2022): Exceeding 1.5°C global warming could triggerbmultiple climate tipping points.
Science Volume 377, Issue 6611, Sep 2022. https://www.science.org/doi/epdf/10.1126/science.abn7950

034 | 035 Cho, R. (2021): Climate Migration: An Impending Global Challenge.
https://news.climate.columbia.edu/2021/05/13/climate-migration-an-impending-global-challenge/

036 | 037 Carbon Brief (CB) (2017): Mapped: How climate change affects extreme weather around the world.
https://www.carbonbrief.org/mapped-how-climate-change-affects-extreme-weather-around-the-world

Funk, C. et al. (2015): Bull. Amer. Meteor. Soc., 96(12), S. 77–82.

Kam, J. et al. (2015): Bull. Amer. Meteor. Soc., 96(12), S. 61–65.

King, A. D. et al. (2015): Environmental Research Letters, 10(5), 54002.

Junghänel, T. et al. (2021): Hydro-klimatologische Einordnung der Stark- und Dauerniederschläge in Teilen Deutschlands im Zusammenhang mit dem Tiefdruckgebiet „Bernd" vom 12. bis 19. Juli 2021. Deutscher Wetterdienst. https://rcc.dwd.de/DE/leistungen/besondereereignisse/niederschlag/20210721_bericht_starkniederschlaege_tief_bernd.html

Murakami, H. et al. (2015): Bull. Amer. Meteor. Soc., 96(12), S. 115–119.

Shiogama, H. et al. (2013): Atmospheric Science Letters, 14(3), S. 170-175.

Sweet, W. V. et al. (2013): Bull. Amer. Meteor. Soc., 97(12), S. 25–30.

Sweet, W. V. et al. (2013): Bull. Amer. Meteor. Soc., 94(9), S. 17–20.

Szeto, K. et al. (2016): Bull. Amer. Meteor. Soc., 97(12), S. 42–46.

Zhang, W. et al. (2016): Bull. Amer. Meteor. Soc., 97(12), S. 131–135.

World Weather Attribution (WWA) (2020): Attribution of the Australian bushfire risk to anthropogenic climate change. https://www.worldweatherattribution.org/bushfires-in-australia-2019-2020/

WWA (2021): Siberian heatwave of 2020 almost impossible without climate change. https://www.worldweatherattribution.org/siberian-heatwave-of-2020-almost-impossible-without-climate-change/

WWA (2021): Climate Change made devastating early heat in India and Pakistan 30 times more likely. https://www.worldweatherattribution.org/climate-change-made-devastating-early-heat-in-india-and-pakistan-30-times-more-likely/

038 | 039 Eakin, C. M. et al. (2018): Unprecedented three years of global coral bleaching 2014–17. Bulletin of the American Meteorological Society, 99(8), S74–S75.

Friedlingstein, P. et al. (2022): https://www.globalcarbonproject.org/carbonbudget/22/files/GCP_CarbonBudget_2022.pdf
MCC (2022): https://www.mcc-berlin.net/en/research/co2-budget.html

Mercator Research Institute on Global Commons and Climate Change (MCC) (2022): That's how fast the Carbon Clock is ticking. https://www.mcc-berlin.net/en/research/co2-budget.html

Mora, C. et al. (2017): Global risk of deadly heat. Nature Climate Change volume 7, pages 501–506 (2017) https://www.nature.com/articles/nclimate3322 und https://maps.esri.com/globalriskofdeadlyheat

NASA (2022): Sea Level Rise Viewer. Interaktive Karte. https://sealevel.nasa.gov/data_tools/17

World Ressource Institute (WRI) (2022): Reefs at risk revisited. Interaktive Karte. https://www.wri.org/our-work/project/reefs-risk/interactive-map#project-tabs

040 | 041 Bai, X. et al. (2018): Six research priorities for cities and climate change. Nature 555, 23–25 (2018). DOI: 10.1038/d41586-018-02409-z. https://www.nature.com/articles/d41586-018-02409-z

Gitz, V. et al. (2016): Climate change and food security: risks and responses. Food and Agriculture Organization of the United Nations. http://www.fao.org/3/a-i5188e.pdf

Scherer, M., Tänzler, D. (2018): The Vulnerable Twenty – From Climate Risks to Adaptation. A compendium of climate fragility risks and adaptation finance needs of the V20 countries. adelphi research. https://www.adelphi.de/en/publication/vulnerable-twenty

042 | 043 Irvine, P., Keith, D. (2021): The US Can't Go It Alone on Solar Geoengineering. Environmental Affaires. https://policyexchange.org.uk/the-us-cant-go-it-alone-on-solar-geoengineering/

044 | 045 BP (2022): Statistical Review of World Energy. https://www.bp.com/en/global/corporate/energy-economics/statistical-review-of-world-energy.html

International Renewable Energy Agency (Irena) (2021): IRENA (2021). Renewable Energy and Jobs - Annual Review 2021. https://irena.org/publications/2021/Oct/Renewable-Energy-and-Jobs-Annual-Review-2021

The World Bank (WBG) (2017): Annual Report 2017.
http://pubdocs.worldbank.org/en/908481507403754670/Annual-Report-2017-WBG.pdf

World Health Organization (WHO) (2018): Interactive global ambient air pollution map.https://www.who.int/airpollution/en/

046 Quaschning, V. (2021): Erneuerbare Energien und Klimaschutz. Carl Hanser Verlag München.

Rollet, C. (2019): Are rare earths used in solar panels?
https://www.pv-magazine.com/2019/11/28/are-rare-earths-used-in-solar-panels/

047 Hornung, C. (2020): Windenergien. Wie funktioniert eine Windkraftanlage? enercity Magazin.
https://www.enercity.de/magazin/unsere-welt/so-funktioniert-eine-windkraftanlage

Fechner, H., Zwiauer, K. (2021): Grundlagen Windenergie. Geschichte der Windenergie.
https://www.e-genius.at/lernfelder/erneuerbare-energien/grundlagen-windenergie

048 | 049 Bundesverband Windenergie (BWE) (2021): Windenergie im Forst.
https://www.wind-energie.de/themen/mensch-und-umwelt/wind-im-forst/

Ember (2022): Global Electricity Review 2022. https://ember-climate.org/insights/research/global-electricity-review-2022

International Energy Agency (IEA) (2012): Net Zero by 2050. Report. https://www.iea.org/reports/net-zero-by-2050

Kühl, A. (2019): 24 Fakten zur Photovoltaik. Solarstrom Magazin Solarimo.
https://solarimo.de/solarstrom-magazin/24-fakten-photovoltaik/

050 | 051 IEA (2022): Transport sector CO_2 emissions by mode in the Sustainable Development Scenario, 2000-2030. https://www.iea.org/data-and-statistics/charts/transport-sector-co2-emissions-by-mode-in-the-sustainable-development-scenario-2000-2030

Paoli, L. et al. (2021): Electric Vehicles. IEA Report. https://www.iea.org/reports/electric-vehicles

Tiseo, I. (2021): Greenhouse gas emissions from the transportation sector worldwide from 1990 to 2018. Statista.
https://www.statista.com/statistics/1084096/ghg-emissions-transportation-sector-globally/#:~:text=Global%20greenhouse%20emissions%20from%20the,during%20the%202009%20global%20recession

Plötz, P., Link, S. (2021): Projekt Zero-Emission Delivery – Lieferverkehr mit Batterie-Lkw: Machbarkeit 2021. Fraunhofer-Institut für System- und Innovationsforschung ISI. https://www.transportenvironment.org wp-content/uploads/2021/12/2021_12_13_Fraunhofer-ISI_Webinar_Kann-der-Lieferverkehr-elektrisch.pdf

052 | 053 Carbfix (2022): We turn CO_2 into Stone. https://www.carbfix.com/

EnergyNow Media (2021): Introduction to Carbon Capture and Storage (CCS) Technology.
https://energynow.ca/2022/02/introduction-to-carbon-capture-and-storage-ccs-technology

Geoengineering Monitor (2021): Bioenergie mit CO_2-Abscheidung und -speicherung (BECCS).
https://www.boell.de/sites/default/files/2021-01/GM_BECCS_de.pdf

GEOMAR (2021): Den Ozean zum Verbündeten beim Klimaschutz machen.
https://www.geomar.de/news/article/den-ozean-zum-verbuendeten-beim-klimaschutz-machen

Mengis, N., Kalhori, A. (2021): Moore als natürliche CO_2-Speicher.
https://www.wissenschaftsjahr.de/2020-21/koepfe-des-wandels/moore-als-natuerliche-co2-speicher

UC Davis (2019): What is Carbon Sequestration and How Does it Work?
https://clear.ucdavis.edu/explainers/what-carbon-sequestration

054 | 055 IPCC (2014): Synthesis Report, Fifth Assessment Report. https://www.ipcc.ch/report/ar5/syr/

UNFCCC (2017): 20 Years of Effort and Achievement: http://unfccc.int/timeline/ (20.05.2019)
Adoption of the Paris Agreement: http://unfccc.int/resource/docs/2015/cop21/eng/l09r01.pdf

056 | 057 Burns, L. et al. (2019): Solar Geoengineering. Technology Factsheet Series. Harvard University.
https://geoengineering.environment.harvard.edu/geoengineering

Hüttmann, M. (2020): Geoengineering-Technologien: 9. Marine Cloud Brightening. Deutsche Gesellschaft für Sonnenenergie e. V.
https://www.dgs.de/news/en-detail/100120-geoengineering-technologien-9-marine-cloud-brightening/

Hüttmann, M. (2019): Geoengineering-Technologien: 2. Stratospheric Aerosol Injection.
https://www.dgs.de/news/en-detail/050719-geoengineering-technologien-2-stratospheric-aerosol-injection/

Irvine, P., Keith, D. (2020): Halving warming with stratospheric aerosol geoengineering moderates policy-relevant climate hazards. Environ. Res. Lett. 15 044011. https://iopscience.iop.org/article/10.1088/1748-9326/ab76de#:~:text=Stratospheric%20aerosol%20geoengineering%20is%20a,of%20reducing%20average%20climate%20changes.w

Irvine, P. (2022): Could solar geoengineering have a role in future climate policy? CfCA and Cross Government Climate Hub.
https://www.youtube.com/watch?v=cgaB5VS-o0w

060 | 061 Gartner, J., Armstrong, A. (2012): Mariana Trench and West Mariana Ridge, Pacific Ocean. The University of New Hampshire und NOAA, Center for Coastal and Ocean Mapping Joint hydrographic Center.
http://ccom.unh.edu/jim-gardner-and-andy-armstrong-survey-mariana-trench

GEOMAR (2021): 10 Fakten über die Meere. https://www.geomar.de/en/news/article/10-fakten-ueber-die-meere

Mora, C. et al. (2011): How Many Species Are There on Earth and in the Ocean?
https://www.ncbi.nlm.nih.gov/pmc/articles/PMC3160336/

NOAA (2021): What are the oldest living animals in the world? https://oceanservice.noaa.gov/facts/oldest-living-animal.html

062 | 063 Heinrich-Böll-Stiftung (HBS) (2017): Meeresatlas 2017. Daten und Fakten über unseren Umgang mit dem Ozean.
https://www.boell.de/de/2017/04/25/meeresatlas-daten-und-fakten-ueber-unseren-umgang-mit-dem-ozean

064 ARC Centre of Excellence, Coral Reef Studies (ARC) (2022): Coral bleaching and the Great Barrier Reef
https://www.coralcoe.org.au/for-managers/coral-bleaching-and-the-great-barrier-reef

NOAA (2019): Coral reef ecosystems. https://www.noaa.gov/education/resource-collections/marine-life/coral-reef-ecosystems#:~:text=Because%20of%20the%20diversity%20of,and%20crannies%20formed%20by%20corals.

065 IGBP, IOC, SCOR (2013): Ozeanversauerung. Zusammenfassung für Entscheidungsträger Third Symposium on the Ocean in a High-CO_2 World. http://www.igbp.net/download/18.2fc4e526146d4c130b72cf/1411549163212/OzeanversauerungZfE.pdf

Maribus (2010): World Ocean Review – Mit den Meeren leben. http://worldoceanreview.com

NOAA (2020): Ocean acidification. https://www.noaa.gov/education/resource-collections/ocean-coasts/ocean-acidification

066 | 067 Eriksen, M. et al. (2014): Plastic Pollution in the World's Oceans: More than 5 Trillion Plastic Pieces Weighing over 250,000 Tons Afloat at Sea. PLoS ONE 9(12): e111913. doi:10.1371/journal.pone.0111913

Greenpeace (GP) (2007): Plastic Debris in the World's Oceans. http://www.greenpeace.org/international/Global/international/planet-2/report/2007/8/plastic_ocean_report.pdf

Moore, C. J. et al. (2001): A Comparison of Plastic and Plakton in the North Pacific Central Gyre. Marine Bulletin 42 (12) 1297-1300.
http://www.sciencedirect.com/science/article/pii/S0025326X0100114X

Ocean Conservancy, International Coastel Cleanup (ICC) (2010): Trash Travels.
http://act.oceanconservancy.org/images/2010ICCReportRelease_pressPhotos/2010_ICC_Report.pdf

Maribus (2010): World Ocean Review – Mit den Meeren leben. http://worldoceanreview.com

United Nations Environment Programme (UNEP) (2005): Marine Litter. An Analytical Overview.
http://www.cep.unep.org/content/about-cep/amep/marine-litter-an-analytical-overview/view

068 | 069 Global Water System Project (GWSP) (2015): GRanD Database. http://sedac.ciesin.columbia.edu/data/collection/grand-v1

Lehner, B. et al. (2011): Global Reservoir and Dam Database, Version 1 (GRanDv1): Reservoirs, Revision 01. Palisades, NY: NASA Socioeconomic Data and Applications Center (SEDAC). http://dx.doi.org/10.7927/H4HH6H08.

070 | 071 Gustafson, C. et al. (2019): Aquifer systems extending far offshore on the U.S. Atlantic margin. https://www.nature.com/articles/s41598-019-44611-7

Li, P. et al. (2021): Sources and Consequences of Groundwater Contamination. https://link.springer.com/article/10.1007/s00244-020-00805-z
UBA (2022): Grundwasser. https://www.umweltbundesamt.de/themen/wasser/grundwasser

072 | 073 Hooijer, A. et al. (2010): Current and future CO_2 emissions from drained peatlands in Southeast Asia. https://helda.helsinki.fi/bitstream/handle/10138/29039/bg_7_1505_2010.pdf?sequence=2

Joosten, H. (2022): Moor muss nass. Wiedervernässung vorantreiben, Torfabbau verhindern, in: Wiegandt, K. (Hrsg.): 3 Grad mehr, S. 209–232, oekom verlag.

Page, S. E., Rieley, J. O., Banks, C. J. (2011). Global and regional importance of the tropical peatland carbon pool. Global Change Biology, 17(2), 798–818. https://doi.org/10.1111/j.1365-2486.2010.02279.x

074 | 075 Armstrong, R. L. et al. (2019): State of the Cryosphere. NSIDC. https://nsidc.org/cryosphere/sotc

National Oceanic and Atmospheric Administration (NOAA) (2021): Global Multisensor Snow/Ice Cover Map. https://www.star.nesdis.noaa.gov/smcd/emb/snow/HTML/multisensor_global_snow_ice.html

SSEC (2017): The Cryosphere in RealEarth. SSEC/CIMSS, University of Wisconsin-Madison. https://re.ssec.wisc.edu/s/l1l6Y9

Wadhams, P. (2017): A Farewell to Ice. Penguin Books.

World Meteorological Organization (WMO) (2021): Global Cryosphere Watch. About the Cryosphere. https://globalcryospherewatch.org/about/cryosphere.html

076 | 077 Garthwaite, J. (2019): Polar vortex. The science behind the cold. Stanford University. https://earth.stanford.edu/news/polar-vortex-science-behind-cold#gs.r04c0g

Kornhuber, K. et al. (2019): Amplified Rossby waves enhance risk of concurrent heatwaves inmajor breadbasket regions. Nature Climate Change. https://www.nature.com/articles/s41558-019-0637-z

National Oceanic and Atmospheric Administration (NOAA) (2021): The science behind the polar vortex. https://www.noaa.gov/multimedia/infographic/science-behind-polar-vortex-you-might-want-to-put-on-sweater

Pruppacher, H. R., Klett, J. D. (1978): Microphysics of Clouds and Precipitation. D. Reidel Publishing Company, Boston, S. 714.

078 | 079 Alfred-Wegener-Institut (AWI) (2015): Das aktuelle Wissen zum Thema. Meereis. Fact Sheet. https://www.meereisportal.de/fileadmin/user_upload/www.meereisportal.de/MeereisPortal/Archiv_Kurzmeldungen/AWI_Factsheet_Meereis.pdf

080 | 081 Alfred-Wegener-Institut (AWI) (2020): Arktis und Antarktis – mehr Unterschiede als Gemeinsamkeiten? Fact Sheet.

082 | 083 Wang, X. et al. (2019): A new look at roles of the cryosphere in sustainable development. Advances in Climate Change Research 10 (2019) 124e131. https://www.sciencedirect.com/science/article/pii/S1674927818301084

084 | 085 Global Cryosphere Watch (GCW) (2021): About Glaciers and Ice Caps & About Freshwater Ice. World Meteorological Organization. https://globalcryospherewatch.org/about.html

Intergovernmental Panel on Climate Change (IPCC) (2013): IPCC AR5 Working Group I. Polar Regions Polar Amplification, Permafrost, Sea ice changes. https://www.ipcc.ch/site/assets/uploads/2018/02/WG1AR5_SPM_FINAL.pdf

Slater, T. et al. (2021): Earth's ice imbalance. The Cryosphere, 15, S. 233–246. https://doi.org/10.5194/tc-15-233-2021

National Snow and Ice Data Center (NSIDC) (2021): State of the Cryosphere. Ice Sheets. https://nsidc.org/cryosphere/sotc/ice_sheets.html

086 Schuckmann, K. von et al. (2020): Heat stored in the Earth system. Where does the energy go?, Earth Syst. Sci. Data, Volume 12, Issue 3, 2020 https://doi.org/10.5194/essd-12-2013-2020

087 Siegert, M. et al. (2020): Twenty-first century sea-level rise could exceed IPCC projections for strong-warming futures. https://doi.org/10.1016/j.oneear.2020.11.002

Slater, T. et al. (2021): Earth's ice imbalance. The Cryosphere, 15, S. 233–246. https://doi.org/10.5194/tc-15-233-2021

088 | 089 Damania, R. et al. (2017): Uncharted Waters. The New Economics of Water Scarcity and Variability. World Bank. https://openknowledge.worldbank.org/handle/10986/28096

Luo, T. et al. (2015): Aqueduct Projected Water Stress Country Rankings. Technical Note. World Resources Institute. https://www.wri.org/publication/aqueduct-projected-water-stress-country-rankings

Hoekstra, A. (2008): Water for Food. The water footprint of food, S. 54. https://waterfootprint.org/media/downloads/Hoekstra-2008-WaterfootprintFood_1.pdf

Mekonnen, M., Hoekstra, A. (2016): Four Billion People Facing Severe Water Scarcity. Science Advances 2 (2), e1500323. http://advances.sciencemag.org/content/2/2/e1500323

Union of Concerned Scientists (UCS) (2011): Nuclear Power and Water. Quick facts on nuclear power generation and water use. https://www.ucsusa.org/sites/default/files/legacy/assets/documents/nuclear_power/fact-sheet-water-use.pdf

United Nations World Water Assessment Programme/UN-Water (WWAP) (2018): The United Nations World Water Development Report 2018. Nature-Based Solutions for Water. Paris, UNESCO. http://www.unwater.org/publications/world-water-development-report-2018/

watercalculator (2018): The Hidden Water in Everyday Products - Water Footprint Calculator. http://watercalculator.org

090 Adler, C. et al. (2019): Climate change in the mountain cryosphere. Impacts and responses. Regional Environmental Change. (2019) 19:1225–1228. https://doi.org/10.1007/s10113-019-01507-6

Armstrong, R. L. et al. (2019): Runoff from glacier ice and seasonal snow in High Asia. Separating melt water sources in river flow. https://link.springer.com/article/10.1007%2Fs10113-018-1429-0#Sec14

Ayala, A. et al. (2019): Glacier runoff variations since 1955 in the Maipo River Basin, semi-arid Andes of central Chile. The Cryosphere. https://doi.org/10.5194/tc-2019-233

Cashman, K. (2020): Water Crisis – Parched and Privatised. Development and Cooperation (D+C). https://www.dandc.eu/en/article/chile-faces-serious-water-shortages-due-climate-crisis

The International Commission for the Hydrology of the Rhine basin (CHR) (2018): Disappearing glaciers - New study on meltwater in the Rhine. https://www.chr-khr.org/en/news/disappearing-glaciers-new-study-meltwater-rhine

Pritchard, H. D. (2019): Asia's shrinking glaciers protect large populations from drought stress. Nature volume 569, S. 649–654 (2019). https://www.nature.com/articles/s41586-019-1240-1

Raoul, K. (2014): Can glacial retreat lead to migration? A critical discussion of the impact of glacier shrinkage upon population mobility in the Bolivian Andes. https://link.springer.com/article/10.1007/s11111-014-0226-z

US Bureau of Reclamation (USBR) (2013): Colorado River Basin Water Supply and Demand Study. https://www.usbr.gov/lc/region/programs/crbstudy/FactSheet_June2013.pdf

091 Mayer, C. et al. (2021): Zukunft ohne Eis. Zweiter Bayerischer Gletscherbericht: Klimawandel in den Alpen. https://www.bestellen.bayern.de/shoplink/stmuv_klima_014.htm

092 | 093 BMU/UBA (2018): Wasserwirtschaft in Deutschland. Grundlagen, Belastungen, Maßnahmen. Umweltbundesamt, Dessau-Roßlau. https://www.umweltbundesamt.de/publikationen/wasserwirtschaft-in-deutschland-grundlagen

Cazcarro, I. et al. (2022): Nations' water footprints and virtual water trade of wood products. Advances in Water Resources, 164. https://www.sciencedirect.com/science/article/pii/S030917082200063X

Mekonnen, M. M. & Hoekstra, A. Y. (2011): National water footprint accounts. The green, blue and grey water footprint of production and consumption, Value of Water Research Report Series No. 50, UNESCO-IHE.

Mekonnen, M. M. & Hoekstra, A. Y. (2012): A global assessment of the water footprint of farm animal products, Ecosystems, 15(3), S. 401–415.

Schyns, J. F., Booij, M. J. & Hoekstra, A. Y. (2017): The water footprint of wood for lumber, pulp, paper, fuel and firewood, Advances in Water Resources 107, S. 490–501. https://waterfootprint.org/en/resources/waterstat/product-water-footprint-statistics/

094 Centre for Science and Environment (CSE) (2013): 7th State of India's Environment Report: Excreta Matters. http://cseindia.org/content/excreta-matters-0

United States Environmental Protection Agency (EPA) (2012): Municipal Solid Waste Generation, Recycling, and Disposal in the United States. Facts and Figures for 2012. https://archive.epa.gov/epawaste/nonhaz/municipal/web/html/

Maribus (2010): World Ocean Review 1 – Mit den Meeren leben. http://worldoceanreview.com

Umweltbundesamt (UBA) (2015): Quellen für Mikroplastik mit Relevanz für den Meeresschutz in Deutschland. https://www.umweltbundesamt.de/sites/default/files/medien/378/publikationen/texte_63_2015_quellen_fuer_mikroplastik_mit_relevanz_fuer_den_meeresschutz_1.pdf

United Nations Environment Programme (UNEP) (2021): Drowning in Plastics – Marine Litter and Plastic Waste. https://www.unep.org/resources/report/drowning-plastics-marine-litter-and-plastic-waste-vital-graphics

095 UBA (2022): Grundwasser, der unsichtbare Schatz. Gewässertyp des Jahres 2022. https://stories.umweltbundesamt.de/grundwasser-der-unsichtbare-schatz

096 | 097 Circle of Blue (2010): Experts Name the Top 19 Solutions to the Global Freshwater Crisis. https://www.circleofblue.org/2010/world/experts-name-the-top-19-solutions-to-the-global-freshwater-crisis/

Intergovernmental Panel on Climate Change IPCC (2019): Global Warming of 1,5 °C. Summary for Policymakers. https://report.ipcc.ch/sr15/pdf/sr15_spm_final.pdf

United Nations (UN) (2021): UN expert: Water crisis is worsening, urgent response needed. News and Press Release. https://reliefweb.int/report/world/un-expert-water-crisis-worsening-urgent-response-needed

100 | 101 Hipp, S. (Hrsg.) (2020): Kleiner Kompass für mehr Bodenleben.

UBA (2020): Biologische Vielfalt im Boden schützen. https://www.umweltbundesamt.de/biologische-vielfalt-im-boden-schuetzen

UNEP (2015): Soils & Biodiversity. https://i.pinimg.com/736x/29/bc/20/29bc204b52eff70ab2ea66225673af60.jpg

102 | 103 Beiler, K. J. et al. (2010): Architecture of the wood-wide web. Rhizopogon spp. genets link multiple Douglas-fir cohorts. The New phytologist 185 2 (2010): S. 543–553. DOI: 10.1111/j.1469-8137.2009.03069.x

Gorzelak, M. A. et al. (2015): Inter-plant communication through mycorrhizal networks mediates complex adaptive behaviour in plant communities. Oxford University Press / Annals of Botany Company.

Steidinger, B. S. et al. (2019): Climatic controls of decomposition drive the global biogeography of forest-tree symbioses. Nature, 569(7756): S. 404. DOI: 10.1038/s41586-019-1128-0.

104 | 105 Chemnitz, C., Weigelt, J. (2015): Bodenatlas 2015 – Daten und Fakten über Acker, Land und Erde. Heinrich-Böll-Stiftung, Institute for Advanced Sustainability Studies, Bund für Umwelt- und Naturschutz Deutschland und Le Monde diplomatique. https://www.boell.de/de/bodenatlas

Bazyli, C., Kryszak, Ł. (2018): Impact of different models of agriculture on greenhouse gases (GHG) emissions: A sectoral approach. https://doi.org/10.1177/0030727018759092

Flessa, H. et al. (2018): Humus in landwirtschaftlich genutzten Böden Deutschlands. Bundesministerium für Ernährung und Landwirtschaft (BMEL) und Thünen-Institut für Agrarklimaschutz. https://www.bmel.de/SharedDocs/Downloads/Broschueren/Bodenzustandserhebung.pdf?__blob=publicationFile

Mukherjee, A., Kapoor, A. (2018): Organic farming: Learning from Sikkim's experiences. Indian Council for Research on International Economic Relations (ICRIER). https://qrius.com/going-organic-learning-from-sikkims-experiences/

Patzel, N., Wilhelm, B. (2018): Das Boden-Bulletin. Landbau in Zeiten der Erderhitzung, WWF Deutschland.

Wiegandt, K. (Hrsg.) (2022): 3 Grad mehr – Ein Blick in die drohende Heißzeit und wie uns die Natur helfen kann, sie zu verhindern, oekom verlag.

106 | 107 Bai, Y. & Cotrufo, M. F. (2022): Grassland soil carbon sequesttration: Current understanding, challenges and solutions. Science Magazin, 377. https://www.science.org/doi/10.1126/science.abo2380

Buisson, E. et al. (2022): Ancient grasslands guide ambitious goals in grassland restoration. Science Magazin, 377. https://www.science.org/doi/10.1126/science.abo4605

Hipp, S. (Hrsg.) (2020): Kleiner Kompass für mehr Bodenleben.

Isenberg, A. C. (2000): The Destruction of the Bison: An Environmental History , 1750-1920. Cambridge University Press.

108 | 109 Alfred-Wegener-Institut (AWI) (2015): Fact sheet. Das aktuelle Wissen zum Thema: Permafrost. https://www.AWI.de/im-fokus/permafrost.html

Dobiński, W. (2020): Permafrost active layer. Earth-Science Reviews Volume 208, September 2020, 10330. https://www.sciencedirect.com/science/article/abs/pii/S0012825220303470

Ehlers, J. (2011): Eis im Boden – die Formung der Periglazialgebieten: Das Eiszeitalter. Spektrum Akademischer Verlag. https://doi.org/10.1007/978-3-8274-2327-6_8

GRID-Arendal (2020): Coastal and Offshore Permafrost in a Changing Arctic. In: Rapid Response Assessment of Coastal and Offshore Permafrost, Story Map. https://storymaps.arcgis.com/stories/c163de04de7849cdb917fee88015dd73

Overduin, P. P. et al. (2019): Submarine Permafrost Map in the Arctic Modeled Using 1-D Transient Heat Flux (SuPerMAP) in: AGU, JGR Oceans 124, Issue 6.S. 3490–3507. https://doi.org/10.1029/2018JC014675

Obu, J. et al. (2019): Northern Hemisphere permafrost map based on TTOP modelling for 2000–2016 at 1 km² scale, in: Earth-Science Reviews 193. S. 299–316. https://doi.org/10.1016/j.earscirev.2019.04.023

110 | 111 Antonelli, A. et al. (2020): State of the World's Plants and Fungi 2020. Royal Botanic Gardens, Kew. DOI: https://doi.org/10.34885/172

Biology Dictionary (BD) (2017): Plants. https://biologydictionary.net/plant/

Landesbetrieb Wald und Holz Nordrhein-Westfalen (2022): Waldweg Grenzenlos. Eichenbaum. https://www.wald-und-holz.nrw.de/fileadmin/Wald-erleben/Waldweg-Grenzenlos/Manuskript_34_Eichenbaum.pdf

Spektrum (2001): Kompaktlexikon der Biologie. Chloroplasten. https://www.spektrum.de/lexikon/biologie-kompakt/chloroplasten/2352

112 | 113 California Invasive Plant Council (CAL-IPC) (2019): IPCW Plant Report – Eucalyptus globulus. https://www.cal-ipc.org/resources/library/publications/ipcw/report48/

Pawlik, L. et al. (2016): Roots, Rock, and Regolith. Biomechanical and Biochemical Weathering by Trees and its Impact on Hillslopes. https://www.researchgate.net/profile/ukasz_Pawlik/

Rahul, J. et al. (2015): Adansonia digitata L. (Baobab). A review of traditional information and taxonomic description. Asian Pac J Trop Biomed 2015: 5(1): 79–84. https://www.sciencedirect.com/science/article/pii/S222116911530174X

114 | 115 Beldin, S. I. & Perakis, S. S. (2009): Unearthing the secrets of the forest: U.S. Geological Survey Fact Sheet 2009-3078. https://pubs.usgs.gov/fs/2009/3078/

Campbell, N. A. et al. (2003): Biologie. Spektrum Akademischer Verlag.

Klein, D. & Schulz, C. (2011): Kohlenstoffspeicherung von Bäumen. LWF-Merkblatt Nr. 27. http://www.lwf.bayern.de/service/publikationen/lwf_merkblatt/022680/index.php

Klein, D. & Schulz, C. (2011): Der kräftige Atem der Waldböden. LWF aktuell 82, S. 23–25. http://www.lwf.bayern.de/boden-klima/umweltmonitoring/014491/index.php

Leitgeb, E. (2015): Waldböden und deren nachhaltige Nutzung. BFW-Praxisinformation 39, S. 3-7. https://www.waldwissen.net/wald/boden/bfw_waldboden_nachhaltig/index_DE#2

Schutzgemeinschaft Deutscher Wald (SDW) (2019): Aufbau des Baumstammes. http://www.sdw-nrw.de/waldwissen/oekosystem-wald/stammaufbau/

116 | 117 Food and Agriculture Organization of the United Nations (FAO) (2020): Global Forest Resources Assessment 2020. Main report. Rom. https://doi.org/10.4060/ca9825en

Gauthier, S. et al. (2015): Boreal forest health and global change. Science, 349, S. 819-822. DOI: 10.1126/science.aaa9092. https://science.sciencemag.org/content/349/6250/819

Jenkins, M. & Schaap, B. (2018): Forest Ecosystem Services – Background Analytical Study 1. https://www.un.org/esa/forests/wp-content/uploads/2018/05/UNFF13_BkgdStudy_ForestsEcoServices.pdf

Martone, M. et al. (2017): The global forest/non-forest map from TanDEM-X interferometric SAR data. https://doi.org/10.1016/j.rse.2017.12.002

Petersen, R. et al. (2016): Mapping Tree Plantations with Multispectral Imagery. Preliminary Results for Seven Tropical Countries, World Resources Institute. https://www.wri.org/research/mapping-tree-plantations-multispectral-imagery-preliminary-results-seven-tropical

Tyrrell, M. L. (2012): Carbon dynamics in the temperate forest, in: Managing Forest Carbon in a Changing Climate, Springer Science & Business Media, S. 77-107. https://link.springer.com/chapter/10.1007/978-94-007-2232-3_5

118 | 119 Critical Ecosystem Partnership Fund (CEPF) (2022): Biodiversity Hotspots Defined. https://www.cepf.net/our-work/biodiversity-hotspots/hotspots-defined

Conservation International (CI) (2022): Biodiversity Hotspots – Targeted investment in nature's most important places. https://www.conservation.org/priorities/biodiversity-hotspots

Koenig, K. (2016): Biodiversity Hotspots Map (2016.1). Zenodo. https://doi.org/10.5281/zenodo.4311850

120 | 121 Branch, G. (2018): Living Shores – Interacting with Southern Africa's marine ecosystems. Penguin Random House South Africa.

Calloway, M. (2018): Puget Sound Kelp – Trends, Roles and Stressors. Puget Sound Kelp Conservation & Recovery Plan. https://www.nwstraits.org/media/2802/calloway_kelproletrends6-13-19.pdf

Christie, H. et al. (2003): Species distribution and habitat exploitation of fauna associated with kelp (Laminaria hyperborea) along the Norwegian coast. J. Mar. Biol. Ass. U.K. (2003), 83, 4181/1/13.

Estes, J. A. et al. (1998): Killer whale predation on sea otters linking oceanic and nearshore ecosystems. Science 282(5388), S. 473–476. DOI: 10.1126/science.282.5388.473

Filbee-Dexter, K.; Wernberg, T. (2018): Rise of Turfs: A New Battlefront for Globally Declining Kelp Forests. https://academic.oup.com/bioscience/article/68/2/64/4797262

Grebe, G. et al. (2019): An ecosystem approach to kelp aquaculture in the Americas and Europe. https://doi.org/10.1016/j.aqrep.2019.100215

Krause-Jensen, D., Duarte, S. M. (2016): Substantial role of macroalgae in marine carbon sequestration. nature geoscience 9, S. 737–742. https://www.nature.com/articles/ngeo2790

National Oceanic and Atmospheric Administration (NOAA) (2020): Kelp Forests - a Description. Office of National Marine Sanctuaries. https://sanctuaries.noaa.gov/visit/ecosystems/kelpdesc.html

Schiel, D. R.; Foster, M. S. (2016): The Biology and Ecology of Giant Kelp Forests, University of California Press.

Wernberg, T. et al. (2019): Status and Trends for the World's Kelp Forests. World Seas: an Environmental Evaluation, Volume III: Ecological Issues and Environmental Impacts 2019. https://doi.org/10.1016/B978-0-12-805052-1.00003-6

122 | 123 **Artaxo, P. et al. (2018): Five Reasons The Earth's Climate Depends on Forests. https://www.climateandlandusealliance.org/scientists-statement/**

Centritto, M. et al. (2011): Above Ground Processes. Anticipating Climate Change Influences. https://www.researchgate.net/publication/226698604_Above_Ground_Processes_Anticipating_Climate_Change_Influences

Sanderson, M. et al. (2012): Relationships between forests and weather. EC Directorate General of the Environment. Met Office, Hadley Centre, UK. https://ec.europa.eu/environment/forests/pdf/EU_Forests_annex1.pdf

124 | 125 Betts, R. et al. (2008): Forests and Emissions. A Contribution to the Eliasch Review. Met Office Hadley Centre, UK. https://www.researchgate.net/publication/252653654_Forests_and_Emissions_A_Contribution_to_the_Eliasch_Review

Food and Agriculture Organization of the United Nations (FAO) (2018): The State of the World's Forests – Forest Pathways to Sustainable Development. http://www.fao.org/3/ca0188en/ca0188en.pdf

Harris, N. et al. (2020): Forests Absorb Twice As Much Carbon As They Emit Each Year. https://www.wri.org/insights/forests-absorb-twice-much-carbon-they-emit-each-year

IPCC (2014): Synthesis Report, Fifth Assessment Report. https://www.ipcc.ch/report/ar5/syr/

Max-Planck-Gesellschaft (MPG) (2010): Der Kohlenstoffkreislauf im Erdsystem. https://www.mpg.de/21324/Kohlenstoffkreislauf_im_Erdsystem

Gough, C. M. et al. (2008): Controls on Annual Forest Carbon Storage: Lessons from the Past and Predictions for the Future, in: Bioscience 58(7), S. 609–622. https://academic.oup.com/bioscience/article/58/7/609/237048

World Resources Institute (WRI) (2018): Global Forest Watch. https://www.globalforestwatch.org

126 | 127 **Great Green Wall (GGW) (2020): Growing a world wonder. https://www.greatgreenwall.org**

UNCCD (2020): The Great Green Wall. Implementation Status and Way Ahead to 2030. https://www.unccd.int/resources/publications/great-green-wall-implementation-status-way-ahead-2030

128 | 129 BOM (2019): Special Climate Statement 70 update–drought conditions in Australia and impact on water resources in the Murray–Darling Basin. http://www.bom.gov.au/climate/current/statements/scs70.pdf

Fei, S. et al. (2017): Divergence of species responses to climate change. Science Advances 3(5). DOI: 10.1126/sciadv.1603055. https://advances.sciencemag.org/content/3/5/e1603055/tab-pdf

Forsyth, G. G. et al. (2004): A rapid assessment of the invasive status of Eucalyptus species in two South African provinces. https://open.uct.ac.za/bitstream/item/17766/Forsyth_A_rapid_assessment_2004.pdf?sequence=1

Kolb, P. (2019): Tree-Climate Interactions. United States Department of Agriculture. https://climate-woodlands.extension.org/treeclimate-interactions/

Malhi, Y., Philips, O. L. (2005): Tropical Forests and Global Atmospheric Change. https://www.researchgate.net/publication/8496341_Tropical_Forests_and_Global_Atmospheric_Change

Mukherjee, S. et al. (2022): Hotspots shed light on »flash drought« causes. National Science Foundation. https://phys.org/news/2022-02-hotspots-drought.html

Nature Climate Change (NCC) (2020): In the line of fire. Editorial. Nature Climate Change 10(169). https://doi.org/10.1038/s41558-020-0720-5

Vose, J. M. et al. (2015): Effects of Drought on Forests and Rangelands in the United States. A Comprehensive Science Synthesis. Forest Service Gen. Tech. Report. https://www.fs.usda.gov/sites/default/files/GTR-WO-93a.pdf

130 | 131 Dinerstein, E. (2020): A »Global Safety Net« to reverse biodiversity loss and stabilize Earth's climate. https://www.science.org/doi/10.1126/sciadv.abb2824

132 | 133 IUCN (2022): IUCN Red List. https://www.iucn.org

Mora, C. et al. (2011): How many species are there on Earth and in the ocean? PLoS Biology, 9(8), e1001127.

Wiegandt, K. (Hrsg.) (2022): 3 Grad mehr. Ein Blick in die drohende Heißzeit und wie uns die Natur helfen kann, sie zu verhindern, oekom verlag.

134 | 135 Eulen- und Greifvögelstation Haringsee (2021): Wissenswertes über Eulen und Greifvögel. https://www.eulen-greifvogelstation.at/wissen-ueber-wildtiere/wissenswertes-ueber-eulen-und-greifvoegel

Euronatur: Steckbrief Braunbär. https://www.euronatur.org/unsere-themen/artenschutz/braunbaer/steckbrief-baer/

Froschnetz: Frösche, Kröten, Molche. https://www.froschnetz.ch

Jedrzejewski, W.; Jedrzejewski, B. (1992): Foraging and diet of the red fox Vulpes vulpes in relation to variable food resources in Biatowieza National Park, Poland, in: Ecography 15(2), S. 212–220.

Luchsprojekt Bayern: Nahrung. http://www.luchsprojekt.de/06_lebensweise/nahrung.html

Schlangen in Deutschland: 6 Heimische Schlangen leben bei uns. https://www.schlangen-in-deutschland.de

NABU: Der Buntspecht. Vogel des Jahres 1997. https://www.nabu.de/tiere-und-pflanzen/aktionen-und-projekte/vogel-desjahres/1997-buntspecht

Neuschulz, E. L. et al. (2016): Pollination and seed dispersal are the most threatened processes of plant regeneration. Nature. Scientific Reports. http://www.nature.com/articles/srep29839

Niethammer, J. & Krapp, F. (1986): Handbuch der Säugetiere Europas. Band 2/II Paarhufer – Artiodactyla. Aula Verlag.

Wildtiermanagement Niedersachsen: Baummarder (Martes martes). https://www.wildtiermanagement.com/wildtiere/haarwild/baummarder

Wolfsinformationszentrum Schleswig-Holstein: Biologie des Wolfes. https://www.wolfsinfozentrum.de/biologie-des-wolfes-1.html

136 | 137 Alroy, J. (2017): Effects of habitat disturbance on tropical forest biodiversity. 6056–6061 PNAS, 114(23). https://www.pnas.org/content/pnas/114/23/6056.full.pdf

Internationel Union for Conservation of Nature (IUCN) (2020): The IUCN Red list of threatened Species. https://www.iucnredlist.org

138 | 139 Bassett, Y., Lamarre, G. P. A. (2019): Toward a world that values insects. Science Magazin, 364(6447), S. 1230–1231. https://www.science.org/doi/10.1126/science.aaw7071

Eggleton, P. et al. (2020): The State of the World's Insects. https://www.annualreviews.org/doi/pdf/10.1146/annurev-environ-012420-050035

Kleijn, D. et al. (2016): Delivery of crop pollination services is an insufficient argument for wild pollinator conservation. Nature Communications. https://www.nature.com/articles/ncomms8414.pdf

Seibold, S. S. et al. (2019): Arthropod decline in grasslands and forests is associated with landscape-level drivers. Nature, 574(7780), S. 671–674. https://pubmed.ncbi.nlm.nih.gov/31666721/

United States Department of Agriculture (USDA) (2022): The Importance of Pollinators. https://www.usda.gov/peoples-garden/pollinators

Weber, Y. et al. (2019): Wie Pestizide das Überleben der Bienen gefährden. Infografik: Pestizide und Wildbienen. https://www.bund.net/umweltgifte/pestizide/bienen-und-pestizide/

140 | 141 Center for Biological Diversity (CBD) (2021): Emperor Penguin. Natural History. https://www.biologicaldiversity.org/species/birds/penguins/emperor_penguin.html

Davidson, S. C. et al. (2020): Ecological insights from three decades of animal movement tracking across a changing Arctic. Science, 370(6517), S. 712–715. https://www.science.org/doi/10.1126/science.abb7080

Drost, H. E. et al. (2016): Acclimation potential of Arctic cod (Boreogadus saida) from the rapidly warming Arctic Ocean. https://jeb.biologists.org/content/jexbio/219/19/3114.full.pdf

Jenouvrier, S. et al. (2014): Projected continent-wide declines of the emperor penguin under climate change. Nature Climate Change, 4, S. 715–718. https://www.nature.com/articles/nclimate2280

Klein, D. R., Sowls, A. (2015): Red Foxes Replace Arctic Foxes on a Bering Sea Island. Consequences for Nesting Birds. https://www.nps.gov/articles/aps-v14-i1-c5.htm

Lefort, K. J. et al. (2020): Killer whale abundance and predicted narwhal consumption in the Canadian Arctic. https://doi.org/10.1111/gcb.15152

Thyrrin, J., Sejr, M. K. (2018): Climate Change draws invasive species to the Arctic. Science Nordic. https://sciencenordic.com/animals--plants-climatechange-denmark/climate-change-draws-invasive-species-to-the-arctic/1454214

142 | 143 Barbet-Massin, M. et al. (2019): The economic cost of control of the invasive yellow-legged Asian hornet. NeoBiota 55, S. 11–25. http://neobiota.pensoft.net

Bellard, C. et al. (2013): Will climate change promote future invasions? Global Change Biology. https://doi.org/10.1111/gcb.12344

Ling et al. (2009): Overfishing reduces resilience of kelp beds to climate-driven catastrophic phase shift. Proceedings of the National Academy of Sciences 106(52), S. 22341-22345. https://www.researchgate.net/publication/40696070_Overfishing_reduces_resilience_of_kelp_beds_to_climate-driven_catastrophic_phase_shift

Lockwood, J. L. et al. (2019): When pets become pests. The role of the exotic pet trade in producing invasive vertebrate animals. Frontiers in Ecology and the Environment. https://doi.org/10.1002/fee.2059

Vickery, P. D. et al. (2020): Birds of Maine. Princeton University Press.

144 | 145 Grosberg, R. K. et al. (2012): Biodiversity in water and on land. Current Biology, 22(21). https://doi.org/10.1016/j.cub.2012.09.050

Maribus (2010): World Ocean Review. Mit den Meeren leben. http://worldoceanreview.com

Mittermeier, R. A. et al. (2011): Global biodiversity conservation. The critical role of hotspots. Springer.

Poulsen, J. Y. et al. (2016): Preservation Obscures Pelagic Deep-Sea Fish Diversity. Doubling the Number of Sole-Bearing Opisthoproctids and Resurrection of the Genus Monacoa (Opisthoproctidae, Argentiniformes). PLoS ONE 11(8): e0159762.

146 | 147 Abdulla, A. et al. (2013): Marine Natural Heritage and the World Heritage List. Interpretation of World Heritage criteria in marine systems, analysis of biogeographic representation of sites, and a roadmap for addressing gaps. IUCN.

IUCN (2017): The IUCN Red List of Threatened Species. http://www.iucnredlist.org

148 | 149 EU Fishing Fleet Register (2016): Fishing fleet capacities. https://oceans-and-fisheries.ec.europa.eu/fisheries/rules/fishing-fleet-capacities_en

Greenpeace (2014): Fish Fairly. http://www.greenpeace.de/fairfischen

Reedereien (2017): Havfisk, Norway. http://www.havfisk.no/en
Parlevliet en Van der Plas B.V.: Fish for Life. http://parlevliet-vanderplas.nl/

150 | 151 Global Fishing Watch (GFW) (2021): Apparent Fishing Effort. https://globalfishingwatch.org/map

Watson, R. et al. (2012): Spatial expansion of EU and non-EU fishing fleets into the global ocean 1950 to present. The Sea around us-Project, Fish Centre Univ. British Columbia, Kanada, und World Wildlife Fund (WWF)

http://wwf.panda.org/wwf_news/?203247/Wild-west-fishing-in-distant-waters

152 | 153 Department of Fisheries and Oceans Canada (DFO) (2013): Aquaculture in Canada: Integrated Multi-Trophic Aquaculture (IMTA) http://publications.gc.ca/collections/collection_2013/mpo-dfo/Fs45-4-2013-eng.pdf

Maribus (2013): World Ocean Review 2. Die Zukuft der Fische, die Fischerei der Zukunft.

154 | 155 Duarte, C. M. et al. (2021): The Soundscape of the Anthropocene ocean. Science, 371, eaba4658. https://science.sciencemag.org/content/371/6529/eaba4658.full

Nowacek, S. M. et al. (2001): Short-term effects of boat traffic on bottlenose dolphins, tursiops truncatus, in Sarasota Bay, Florida. Marine Mammal Science, 17(4), S. 673-688.

Schorr, G. S. et al. (2014): First Long-Term Behavioral Records from Cuvier's Beaked Whales (Ziphiuscavirostris) Reveal Record-Breaking Dives. PLoS One. 9(3): e92633. DOI: 10.1371/journal.pone.0092633

Veirs, S. et al. (2016): Ship noise extends to frequencies used for echolocation by endangered killer whales. PeerJ 4:e1657. https://doi.org/10.7717/peerj.1657

156 | 157 Australian Government Department of the Environment (AGDE) (2016): Commonwealth Marine Reserves Review. Goals and Principles. http://www.environment.gov.au/marinereservesreview/goals-principles

UN Environment Programm–World Conservation Monitoring Center (UNEP-WCMC), International Union for Conservation of Nature (IUCN) (2021): Protected Planet Report 2020. https://livereport.protectedplanet.net/

Sciberras, M. et al. (2015): Evaluating the relative conservation value of fully and partially protected marine areas. Fish and Fisheries, 16, S. 58-77. DOI: 10.1111/faf.12044

160 | 161 Vienna University of Economics and Business (WU Wien) (2022): Material flows by material group, 1970-2019. UN-IRP Global Material Flows Database. https://www.materialflows.net/visualisation-centre

WU Wien (2022): Fineprint Geovisualisations. https://www.fineprint.global/resources/mining-areas/

162 | 163 GEOMAR (2016): Massivsulfide. Rohstoffe aus der Tiefsee. http://www.geomar.de/fileadmin/content/service/presse/public-pubs/massivsulfide_2016_de_web.pdf

International Energy Agency (IEA) (2018): Offshore Energy Outlook 2018. World Energy Outlook Special Report. https://www.iea.org/reports/offshore-energy-outlook-2018

Janssen, F. et al. (2020): Manganknollen-Abbau gefährdet die Ökosysteme der Tiefsee. Potsdam Earth System Knowledge Platform (ESKP). https://doi.org/10.2312/eskp.023

Maribus (2014): World Ocean Review 3. Rohstoffe aus dem Meer. Chancen und Risiken. http://worldoceanreview.com

Rona, P. A. (2003): Resources of the sea floor. Science. http://science.sciencemag.org/content/299/5607/673

Umweltbundesamt (UBA) (2013): Tiefseebergbau und andere Nutzungsarten der Tiefsee. http://www.umweltbundesamt.de/themen/wasser/gewaesser/meere/nutzung-belastungen/tiefseebergbau-andere-nutzungsarten-der-tiefsee

United Nations Environmental Programme (UNEP) (2013): Wealth in the Oceans: Deep sea mining on the horizon? UNEP Global Environmental Alter Service. http://www.unep.org/geas

164 | 165 Centre of Documentation, Research and Experimentation on Accidental Water Pollution (CEDRE) (2016): Database of spill incidents and threats in waters around the world. http://wwz.cedre.fr/en/Our-resources/Spills

Maribus (2010): World Ocean Review 1. Mit den Meeren leben. http://worldoceanreview.com

National Academies of Sciences, Engineering, and Medicine (NA) (2022): Oil in the Sea IV. Inputs, Fates, and Effects. The National Academies Press. https://doi.org/10.17226/26410

Safety4sea (2020): 1978-2020: List of major oil spills. https://safety4sea.com/1978-2020-list-of-major-oil-spills/

Woods Hole Oceanic Institution (WHOI) (2011): Oil in the Ocean. A Complex Mix.
https://www.whoi.edu/oilinocean/page.do?pid=51878

166 | 167 Weltenergierat (2022): Energie in Deutschland: Zahlen und Fakten 2021. https://www.weltenergierat.de/publikationen/energie-fuer-deutschland/energie-fuer-deutschland-2021/energie-in-deutschland-zahlen-und-fakten-2/

AG Energiebilanzen e. V. (AGEB) (2022): Anwendungsbilanzen zur Energiebilanz Deutschland. Endenergieverbrauch nach Energieträgern und Anwendungszwecken. https://ag-energiebilanzen.de/wp-content/uploads/2020/10/ageb_20v_v1.pdf
UBA (2022): Primärenergiegewinnung und -importe. https://www.umweltbundesamt.de/daten/energie

168 | 169 Bundesministerium für Umwelt, Naturschutz, nukleare Sicherheit und Verbraucherschutz (BMUV) (2022): Fragen und Antworten zur AKW-Laufzeitverlängerung. https://www.bmuv.de/themen/atomenergie-strahlenschutz/nukleare-sicherheit/faq-akw-laufzeitverlaengerung

Centers for Disease Control and Prevention (CDC) (2020): Worker Health Study Summaries. Uranium Miners.
https://www.cdc.gov/niosh/pgms/worknotify/uranium.html

EIA (2022): Nuclear explained. U.S. nuclear industry. https://www.eia.gov/energyexplained/nuclear/us-nuclear-industry.php

EIA (2022): Annual Energy Outlook 2022. https://www.eia.gov/outlooks/aeo/narrative/electricity/sub-topic-02.php

World Nuclear Association (WNA) (2022): World Uranium Mining Production. https://world-nuclear.org/information-library/nuclear-fuel-cycle/mining-of-uranium/world-uranium-mining-production.aspx

WNA (2022): Nuclear Power in France. https://world-nuclear.org/information-library/country-profiles/countries-a-f/france.aspx

170 | 171 Food and Agriculture Organization of the United Nations (FAO) (2018): The State of the World's Forests. Forest Pathways to Sustainable Development. http://www.fao.org/3/ca0188en/ca0188en.pdf

FAO (2020): Forestry Production and Trade. http://www.fao.org/faostat/en/#data/FO

Goncalves, A. C. et al. (2018): Solid Biomass from Forest Trees to Energy. A Review. Intech Open. https://www.intechopen.com/books/renewable-resources-and-biorefineries/solid-biomass-from-forest-trees-to-energy-a-review

Sterman, J. D. et al. (2018): Does replacing coal with wood lower CO2 emissions? Dynamic lifecycle analysis of wood bioenergy Environmantal Research Letter. 13. https://iopscience.iop.org/article/10.1088/1748-9326/aaa512/pdf

U.S. International Trade Commission (USITC) (2018): International Trade in Wood Pellets: Current Trends and Future Prospects.
https://www.usitc.gov/publications/332/executive_briefings/wood_pellets_ebot_final.pdf

Voegele, E. (2022): US pellet exports reach 7.52 million metric tons in 2021. United States Department of Agriculture.
https://biomassmagazine.com/articles/18705/usda-us-pellet-exports-reach-7-52-million-metric-tons-in-2021

World Bioenergy Association (WBA) (2017): Global Bioenergy Statistics 2017.
https://worldbioenergy.org/uploads/WBA%20GBS%202017_hq.pdf

172 | 173 Schmidt-Curelli, J. & Knebel, A. (2017): Energiewendeatlas Deutschland 2030. Agentur für Erneuerbare Energien e. V.
https://www.unendlich-viel-energie.de/mediathek/publikationen/energiewendeatlas-deutschland-2030

Quaschning, V. et al. (2022): 20 Gigawatt Photovoltaik pro Jahr sind nicht genug. In: Systemwissen für die vernetzte Energie- und Mobilitätswende. Hrsg. Vereinigung für Betriebliche Bildungsforschung e. V.
https://ibbf.berlin/assets/images/Dokumente/220627_IBBF_Kompendium_2022_WEB_final%20(1).pdf

174 Becher, G. (2016): Clusterstatistik Forst und Holz. Tabellen für das Bundesgebiet und die Länder 2000 bis 2014. Thünen Working Paper 67. Thünen-Institut für Internationale Waldwirtschaft und Forstökonomie.

Bundesministerium für Ernährung und Landwirtschaft (BMEL) (2018): Der Wald in Deutschland. Ausgewählte Ergebnisse der dritten Bundeswaldinventur. https://www.bmel.de/SharedDocs/Downloads/Broschueren/Bundeswaldinventur3.pdf?__blob=publicationFile

175 Food and Agriculture Organization of the United Nations (FAO) (2019): Global Forest Products Facts and Figures 2018. http://www.fao.org/3/ca7415en/ca7415en.pdf

FAO (2020): Forestry Production and Trade. http://www.fao.org/faostat/en/#data/FO

Hetemäki, L. & Hurmekoski, E. (2016): Forest Products Markets under Change: Review and Research Implications. https://link.springer.com/article/10.1007/s40725-016-0042-z

Internationale Energie Agentur (IEA) (2022): Pulp and paper. Not on track. Tracking Report. September 2022. https://www.iea.org/reports/pulp-and-paper

UNECE/FAO (2019): Forest Products. Annual Market Review 2018–2019. United Nations Publication. http://www.unece.org/fileadmin/DAM/timber/publications/SP48.pdf

176 | 177 Dewi, I. K. et al. (2019): Implementation of environmental management policies on the impact of illegal sand mining . IOP Conf. Ser.: Earth Environ. Sci. 343 012129. https://iopscience.iop.org/article/10.1088/1755-1315/343/1/012129/pdf

Langrand, M., Peduzzi, P. (2022): UN environment: world needs to ditch sand addiction. Geneva Solutions. Climate & Environment Interview. https://genevasolutions.news/climate-environment/un-environment-world-needs-to-ditch-sand-addiction

Masalu, D. C. P. (2019): Coastal Erosion and Its Social and Environmental Aspects in Tanzania: A Case Study in Illegal Sand Mining Coastal Management 30, S. 347-359. https://www.semanticscholar.org/paper/Coastal-Erosion-and-Its-Social-and-Environmental-in-Masalu/ac8c1d27aa51ae40887c1a9430841dd43ab5cdd5

UNEP (2022): Sand and Sustainability: 10 Strategic Recommendations to Avert a Crisis. https://www.unep.org/resources/report/sand-and-sustainability-10-strategic-recommendations-avert-crisis

178 | 179 Schlining, K. et al. (2013): Debris in the deep: Using a 22-year video annotation database to survey marine litter in Monterey Canyon, Central California, USA. Monterey Bay Aquarium Research Institute (MBARI).

Petroleum Economist (2019): Plastic recycling threatens oil demand growth. https://www.petroleum-economist.com/articles/midstream-downstream/refining-marketing/2019/plastic-recycling-threatens-oil-demand-growth

Plastics Europe (2016): EU Plastics Production and Demand First Estimates for 2020. https://www.plasticseurope.org/en/newsroom/news/eu-plastics-production-and-demand-first-estimates-2020

Subba Reddy, M. et al. (2014): Effect of Plastic Pollution on Environment. Department of Chemistry, S.B.V.R. Aided Degree College, badvel, Kadapa-516227, India. Journal of Chemical and Pharmaceutical Sciences.

United Nations Environment Programme (UNEP) (2015): The Plastics Disclosure Project. http://www.plasticdisclosure.org/about/why-pdp.html

World Economic Forum (WEF) (2016): The New Plastics Economy. Rethinking the future of plastics. https://www.weforum.org/reports/the-new-plastics-economy-rethinking-the-future-of-plastics

180 | 181 Europäische Kommission (EC) (2022): Circular economy action plan. https://environment.ec.europa.eu/strategy/circular-economy-action-plan_de#actions

WU (2022): The importance of Circular Economy actions for GHG emission reductions. http://www.materialflows.net/stories

182 | 183 Airports Council International (ACI) (2018): Statistics. World Airport Traffic 2018. https://aci.aero/news/2018/09/20/aci-world-publishes-annual-world-airport-traffic-report/

American Association of Port Authorities (AAPA) (2016): World Port Rankings 2016. http://aapa.files.cms-plus.com/Statistics/WORLD%20PORT%20RANKINGS%202016.xlsx

U. S. Department of Transportation, Bureau of Transportation Statistics (RITA) (2018): Transportation Statistics Annual Report 2018. https://www.bts.gov/tsar

184 | 185 Kommission der Europäischen Gemeinschaften, Statistisches Amt (KEG) (1970): Der Seeverkehr der Länder der Gemeinschaft. 1955, 1960 und 1967. Eine statistische Studie, Brüssel-Luxemburg, Mai 1970.

NABU (2014): Luftschadstoffemissionen von Containerschiffen. Hintergrundpapier. https://www.nabu.de/imperia/md/content/nabude/verkehr/140623-nabu-hintergrundpapier_containerschifftransporte.pdf

United Nations Conference on Trade and Development (UNCTAD) (2020): Review of Maritime Transport 2020. United Nations. https://unctad.org/system/files/official-document/rmt2020_en.pdf

186 | 187 Bundesministerium für Verkehr und digitale Infrastruktur (BMVI) (2022): Verkehr in Zahlen 2021/2022. https://www.bmvi.de/SharedDocs/DE/Publikationen/G/verkehr-in-zahlen-2021-2022-pdf.pdf?__blob=publicationFile

UBA (2021): Emissionsdaten. https://www.umweltbundesamt.de/themen/verkehr-laerm/emissionsdaten#hbefa

188 | 189 Bebbington, A. J. et al. (2018): Resource extraction and infrastructure threaten forest cover and community rights. https://www.pnas.org/content/115/52/13164

Yale School of Forestry and Environmental Studies (2020): Global Forest Atlas. Roads and Forests. https://globalforestatlas.yale.edu

190 | 191 Livesley, S. J. et al. (2016): The Urban Forest and Ecosystem Services: Impacts on Urban Water, Heat, and Pollution Cycles at the Tree, Street, and City Scale. J. Environ. Qual. 45:119–124 (2016). doi:10.2134/jeq2015.11.0567

Marx, A. (Hrsg.): Klimaanpassung in Forschung und Politik. Helmholtz-Zentrum für Umweltforschung GmbH, UFZ Leipzig. Springer Spektrum.

Moser, A. et al. (2017): Stadtbäume. Wachstum, Funktionen, und Leistungen. Risiken und Forschungsperspektiven. Allgemeine Forst und Jagdzeitung, Jg. 5/6, S. 188ff. http://waldwachstum.wzw.tum.de/fileadmin/publications/Moser_2018.pdf

Rahman, M. A. et al. (2018): Vertical air temperature gradients under the shade of two contrasting urban tree species during different types of summer days. Science of The Total Environment 633. DOI: 10.1016/j.scitotenv.2018.03.168

Roloff, A. (2013): Bäume in der Stadt. Besonderheiten – Funktion – Nutzen – Arten – Risiken. Ulmer.

192 | 193 FAO (2021): Small family farmers produce a third of the world's food. New FAO research focuses on contributions of farmers with fewer than two hectares. https://www.fao.org/news/story/en/item/1395127/icode/

Fernandez, L. (2022): Global pesticide agricultural use 2020, by leading country. Statista. https://www.statista.com/statistics/1263069/global-pesticide-use-by-country/

Lowder, S. et al. (2021): Which farms feed the world and has farmland become more concentrated? https://www.sciencedirect.com/science/article/pii/S0305750X2100067X?via%3Dihub

OECD-FAO (2022): AGRICULTURAL OUTLOOK 2022–2031. https://www.oecd.org/publications/oecd-fao-agricultural-outlook-19991142.htm

Sharma, A. et al. (2019): Worldwide pesticide usage and its impacts on ecosystem. Review Paper. Springer Nature. https://link.springer.com/content/pdf/10.1007/s42452-019-1485-1.pdf

194 | 195 Gerber, P. J. et al. (2013): Tackling climate change through livestock. A global assessment of emissions and mitigation opportunities. FAO.

Guégan, S., Léger, F. (2015): Case Study. Permacultural Organic Market Gardening and Economic Performance.

IPCC (2019): Climate Change and Land. An IPCC Special Report on climate change, desertification, land degradation, sustainable land management, food security, and greenhouse gas fluxes in terrestrial ecosystems. https://www.ipcc.ch/site/assets/uploads/2019/08/Fullreport-1.pdf

Thornton, P. et al. (2018): Agriculture in a changing climate. Keeping our cool in the face of the hothouse. https://journals.sagepub.com/doi/10.1177/0030727018815332

De Ramon N'Yeurt, A. et al. (2012): Negative Carbon Via Ocean Afforestation. https://www.researchgate.net/publication/259892834_Negative_Carbon_Via_Ocean_Afforestation

Ritchie, H., Roser, M. (2020): Environmental Impacts of Food Production. OurWorldInData.org. https://ourworldindata.org/environmental-impacts-of-food

196 | 197 Franklin, J. F. (2018): Ecological Forest Management. Waveland Press, Inc.

Food and Agriculture Organization of the United Nations (FAO) (2019): Agroforestry. http://www.fao.org/forestry/agroforestry/en/
Deutscher Fachverband für Agroforstwirtschaft (DeFAF) (2020): Arten von Agroforstsystemen.
https://agroforst-info.de/arten

198 | 199 Carbon Footprint (2022): Carbon Calculator. Carbon Footprint Calculator For Individuals And Households.
https://www.calculator.carbonfootprint.com

200 | 201 KlimAktiv (2020): Klimaschutz mit Handprint. https://www.climate-handprint.de

202 | 203 Captain Planet Foundation (2022): JOHN ABAD. https://captainplanetfoundation.org/about/our-people/john-abad/

Hindustan Times (2022): Meet Saalumarada Thimmakka, 111-year-old environmentalist given a cabinet rank.
https://www.hindustantimes.com/cities/bengaluru-news/meet-saalumarada-thimmakka-111-year-old-environmentalist-given-a-cabinet-rank-101657513076203.html

Lehmann, R. M. (2022): 100.000€ in 3h - Der Wendepunkt des Internets | #HaiBockAngriff. Mission Erde.
https://www.youtube.com/watch?v=IEjHYRn7840

Smithsonian (2022): Pablo Garcia Borboroglu. https://ocean.si.edu/contributors/pablo-garcia-borboroglu

UNEP (2016): Champions of the Earth. Afroz Shah - Inspiration and Action.
https://www.unep.org/championsofearth/laureates/2016/afroz-shah

Über die Autorin

Wenn Esther Gonstalla nicht gerade in der Natur unterwegs ist, beim Surfen, Wandern, auf Rad- oder Kajaktouren, arbeitet sie als freie Infografikerin und Autorin von Umweltbüchern. Zu ihren Kunden gehören u. a. NGOs, wissenschaftliche Institute und Magazine wie National Geographic Deutschland, Deutsche Meeresstiftung, Brot für die Welt, BUND, Mehr Demokratie, Institut für Betriebliche Bildungsforschung, Bundesverband Windenergie, Coalition for Fair Fisheries Arrangements (Belgien), Global Water Partnership (Schweden), Institute for Climate Physics (Südkorea) und University of Manoa, Hawaii (USA).

Seit Abschluss des Grafikdesignstudiums an der Fachhochschule Münster im Jahr 2009 arbeitet Esther als Freelancerin, dabei hat sie die Freiheit, ihren Arbeitsort zu wechseln, 10 Jahre lang ausgiebig genutzt, indem sie jedes Jahr von einem anderen Land aus arbeitete. Seit 2022 lebt Esther mit ihrem Mann an der »Great Ocean Road« im Südosten Australiens.

Das erste Buch dieser Art hat Esther im Jahr 2009 als Diplomarbeit an der Fachhochschule Münster gestaltet und geschrieben: »Das Atombuch – Radioaktive Abfälle und verlorene Atombomben«. Sie wurde dafür mit dem Preis der Stiftung Buchkunst ausgezeichnet für »eines der schönsten deutschen Bücher 2009«. Daraufhin folgte seit 2017 im oekom verlag die Reihe »Unsere Welt in 50 Grafiken«. Den Auftakt machte »Das Ozeanbuch«, danach kam »Das Klimabuch«, und zuletzt erschienen 2021 »Das Waldbuch« sowie »Das Eisbuch«.

Portfolio: www.gonstalla.com **Instagram:** @infographic_nomad **Podcast:** Der Klimaspickzettel

Danke!

Dieses Buch ist eine Hommage an die teils jahrzehntelange Arbeit von mehr als tausend Wissenschaftler*innen, die zu den Hunderten von Studien beigetragen haben, deren Erkenntnisse hier dargestellt sind.

Ein immenses Dankeschön für die fachliche Unterstützung geht an: **Dr. Thorben Amann** (Universität Hamburg), **Prof. Dr. Christian Ammer** (Universität Göttingen), **Dr. Inka Bartsch** (Alfred-Wegener-Institut), **Hans von der Goltz** (Arbeitsgemeinschaft Naturgemäße Waldwirtschaft Deutschland e. V.), **Prof. Dr. Hartmut Graßl** (Max-Planck-Institut für Meteorologie), **Dr. Inge Grünberg** (AWI), **Dr. Sven Günter** (Thünen-Institut), **Prof. Robert Hänsch** (Technische Universität Braunschweig), **Dr. Sabine Henders** (climatekos), **Prof. Pierre Ibisch** (Hochschule für nachhaltige Entwicklung Eberswalde), **Prof. Peter Irvine** (University College London), **Prof. Hans Joosten** (Universität Greifswald), **Prof. Dr. Daniela Kleinschmit** (Universität Freiburg), **Prof. Dr. Michael Köhl** (Universität Hamburg), **Dr. Christoph Mayer** (Bayerische Akademie der Wissenschaften), **Dr. Marcel Nicolaus** (AWI), **Prof. Dr. Barbara Niehoff** (AWI), **Prof. Andreas Oschlies** (GEOMAR), **Dr. Paul Overduin** (AWI), **Prof. Dr. Daniel Pauly** (University of Vancouver), **Dr. Nikola Patzel** (Büro für Bodenkommunikation), **Dr. Sven Petersen** (GEOMAR), **Prof. Volker Quaschning** (HTW Berlin), **Dr. Ingo Sasgen** (AWI), **Dr. Fabian Schlösser** (Universität Hawaii), **Janine Schmidt-Curelli** (Klimaschutz- und Energieagentur kleVer), **Prof. Kai Schröter** (TU Braunschweig), **Stefan Schwarzer** (Universität Genf), **Frank Schweikert** (Deutsche Meeresstiftung), **Prof. Axel Timmermann** (IBS Center for Climate Physics, Südkorea) und **Dr. Susanne Winter** (TU Dresden).

Folgenden Grafiken sind in Zusammenarbeit mit ...
S. 38–39: Prof. Axel Timmermann, IBS Center for Climate Physics, Busan, Südkorea
S. 154–155: Philippe Pajot, Magazin **»La Recherche«**, Paris, Frankreich
S. 176–177: Janine Schmidt-Curelli, Klimaschutz- und Energieagentur kleVer, Verden (Aller)
... entstanden und wurden für dieses Buch aktualisiert oder angepasst. Ganz herzlichen Dank!

Ein großer Dank geht an meinen Mann **Craig Martin**, der mich diesmal während des Schreibens zu abenteuerlichen Seekajaktouren an der Ostküste Kanadas inspiriert hat.

Ein ganz herzlicher Dank geht wie immer an meine wunderbare Lektorin **Dr. Laura Kohlrausch** und an das gesamte Team des oekom verlags für die langjährige Zusammenarbeit und das entgegengebrachte Vertrauen!

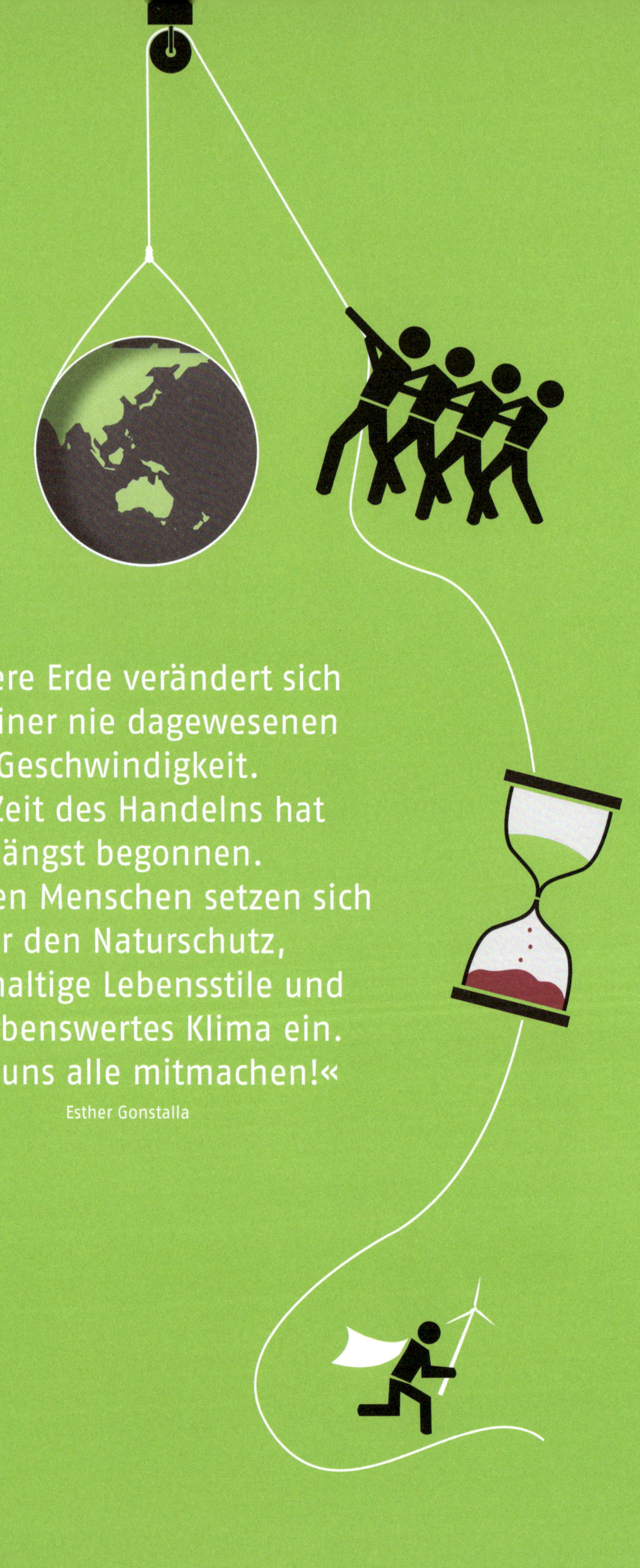

»Unsere Erde verändert sich
mit einer nie dagewesenen
Geschwindigkeit.
Die Zeit des Handelns hat
längst begonnen.
Millionen Menschen setzen sich
für den Naturschutz,
nachhaltige Lebensstile und
ein lebenswertes Klima ein.
Lasst uns alle mitmachen!«

Esther Gonstalla